Eric Mührel · Bernd Birgmeier (Hrsg.)

Theoriebildung in der Sozialen Arbeit

Soziale Arbeit in Theorie und Wissenschaft

Herausgegeben von
Eric Mührel
Bernd Birgmeier

Eric Mührel · Bernd Birgmeier (Hrsg.)

Theoriebildung in der Sozialen Arbeit

Entwicklungen in der Sozialpädagogik
und der Sozialarbeitswissenschaft

VS VERLAG

Bibliografische Information der Deutschen Nationalbibliothek
Die Deutsche Nationalbibliothek verzeichnet diese Publikation in der
Deutschen Nationalbibliografie; detaillierte bibliografische Daten sind im Internet über
<http://dnb.d-nb.de> abrufbar.

1. Auflage 2011

Alle Rechte vorbehalten
© VS Verlag für Sozialwissenschaften | Springer Fachmedien Wiesbaden GmbH 2011

Lektorat: Dorothee Koch

VS Verlag für Sozialwissenschaften ist eine Marke von Springer Fachmedien.
Springer Fachmedien ist Teil der Fachverlagsgruppe Springer Science+Business Media.
www.vs-verlag.de

Umschlaggestaltung: KünkelLopka Medienentwicklung, Heidelberg
Gedruckt auf säurefreiem und chlorfrei gebleichtem Papier
Printed in Germany

ISBN 978-3-531-18170-7

Inhaltsverzeichnis

Einleitung: Auf dem Wege zu *einer* Theoriebildung *der* Sozialen Arbeit? Über Möglichkeiten und Aporien

Eric Mührel & Bernd Birgmeier

Die Entwicklung *von* und der Umgang *mit* Theorien setzt eine gewisse Haltung voraus. Bezogen auf diese Haltung stellt Jose Ortega y Gasset (1883-1955), einer der einflussreichsten spanischen Philosophen des 20. Jahrhunderts, die – vorläufige – These auf, „dass die Theorie keine ernsthafte Sache ist" (vgl. Ortega 2008, 191). Ortega begründet diese These damit, dass die Theorie lediglich einen kleinen, wenn auch in der Ökonomie des Lebens zentralen, Bereich unserer Person beansprucht, den wir *Intellekt* nennen. Der Intellekt als Erkenntnisvermögen und Geisteskraft basiert auf einer spezifischen Art der Wahrnehmung und Betrachtung, die als theoretisch bezeichnet werden kann. Um die Art und Weise des theoretischen Betrachtens zu verstehen, mag ein Hinweis auf den Begriff Theorie genügen, der auf den *Theoros*, den unbeteiligten und reinen Betrachter einer Festmahlgemeinschaft, zurückgeht. Theorien zwingen uns nicht dazu, sie zu glauben oder nicht zu glauben, sie erfordern dem gegenüber eine Tätigkeit, *bestimmte Ideen* auf andere *bestimmte Ideen* und alle diese wiederum auf *bestimmte Sachverhalte* zu beziehen (vgl. ebenda).

Den Gegensatz zur eventuell anzunehmenden Leichtigkeit der Theorie sieht Ortega im *alltäglichen* Leben, in der stets unerbittlichen Aufgabe, sein Leben gestaltend zu führen. Diese Aufgabe zwingt uns, mit den Dingen und Lebensumständen, die uns umgeben, zu rechnen, d.h. wir gehen davon aus, dass wir ihnen in unserem Alltag so wieder begegnen, wie wir es in unseren Routinen gewohnt sind. Wir glauben daher selbstverständlich an ihre Verfügbarkeit und Existenz. So in – nicht religiös zu verstehenden – Glaubensgewissheiten lebend, wobei wir in und mit diesen stetigen Schiffbruch erleiden (vgl. Ortega 1978, 269), stellt die Theorie uns eine andere Aufgabe: Rechenschaft über die Dinge und die Umstände des Lebens abzulegen.

Ist dies nun eine Spielerei im Sinne eines leichtfertigen und vergnüglichen intellektuellen Zeitvertreibs? Dies würde wohl der Verantwortung des Rechenschaft Ablegens nicht entsprechen. Ortega verortet daher die Haltung zur Theorie „genau in der Mitte zwischen der lastenden Ernsthaftigkeit des Lebens und der unverantwortlichen Leichtigkeit des Spiels. Dies aber, was genau in der Mitte liegt, ist der *Sport*, insofern er vom Leben die unerbittliche Anstrengung und vom Spiel die Freiheit des Willens beinhaltet" (Ortega 2008, 183). Der Umgang *mit* und die Entwicklung *von* Theorien erfordert sportliche Geschicklichkeit, Heiterkeit und auch Unbekümmertheit. Damit verbunden ist das Ansinnen, Theorien nicht in Glaubensgewissheiten verwandeln zu müssen, sondern sie überzeugend in den Diskurs mit anderen einzubringen. Denn die *Wahrheit* von Theorien, die ja ihre spezifische Qualität ausmacht, hängt nicht zuletzt von ihrer Kraft des Überzeugens ab.

Auf den sportlichen Wettkampf der Theorien insistiert auch Albert Scherr (vgl. Scherr 2010, 285). Dieser Wettkampf wird seiner Meinung nach in der jeweiligen disziplinären *scientific community*, der Wissenschaftsgemeinde, ausgetragen, wobei der sportliche Aspekt nicht selten von Machtverhältnissen der einzelnen Theorie*schulen* und deren – teils unerbittlich geführten – Reputationskämpfen überlagert wird.

Mit Bezug auf die Wissenschaften der Sozialen Arbeit ist Scherr folgend festzustellen, dass zwei Wissenschaftsgemeinden, die Sozialpädagogik(-wissenschaft) und die Sozialarbeitswissenschaft, vorzufinden sind. Diese beiden Wissenschaften stehen einerseits in Konkurrenz zueinander, wobei auch das gegenseitige Nicht-Wahrnehmen eine Aussage zum Konkurrenzverhältnis ist. Zum anderen finden aber auch in den jeweils eigenen disziplinären Reihen zuweilen höchst sportliche Wettkämpfe um die Theorien sowie ein Kampf und die Reputation der unterschiedlichen Theorieschulen statt.

Ist es nicht seltsam, dass in einem Genre, welches die Inklusion als professionelles und disziplinäres Leitthema erhoben hat, die Exklusion – nehmen wir als Beispiel die Zitationskartelle – solche Blüten treibt?

Bezogen auf den Stand der Theorieentwicklung in der Sozialpädagogik und Sozialarbeitswissenschaft haben wir – Bernd Birgmeier und Eric Mührel – als Herausgeber unlängst zwei Bestandsaufnahmen vorgelegt. Die in diesen beiden Bänden zu Tage gebrachten Theorien der Sozialpädagogik (vgl. Mührel/Birgmeier 2009) wie auch die Theorien der Sozialarbeitswissenschaft (vgl. Birgmeier/Mührel 2009) eröffnen ein sehr weites und vielschichtiges Feld unterschiedlichster Theorieansätze und -positionen, was sicherlich auch den vielen erkenntnistheoretischen wie wissenschaftsmethodischen Zugängen geschuldet sein mag. Gleichwohl scheint die Entwicklung einer kognitiven und disziplinären Identität schon innerhalb der einzelnen Wissenschaftsgemeinden nicht absehbar, zumal – beide Zweige zusammen betrachtet – das Bild der Theorienlandschaften immer noch bunter und heterogener wird, wenn wir zum Vergleich auch noch andere, aktuelle Bestandaufnahmen der Theoriediskurse in Sozialer Arbeit mit berücksichtigen (vgl. May 2008; Engelke et al. 2008, Vahsen 2010, Birgmeier & Mührel 2011).

Mit Blick auf die Tendenzen aktueller Theorieentwicklung scheint die einst als Grenzlinie zwischen Sozialpädagogik und Sozialarbeitswissenschaft gezogene Unterscheidung der Verortung der Sozialpädagogik in den Erziehungswissenschaften (vgl. Buchka 2009) sowie die der Sozialarbeitswissenschaft in den Sozialwissenschaften (vgl. Kunstreich 2009 u. Mührel 2009) mehr und mehr aufzuweichen (dazu beispielhaft Birgmeier 2009).

Nichtsdestotrotz sind jedoch auch Gemeinsamkeiten und Verbindungslinien zwischen den beiden Wissenschaften Sozialer Arbeit deutlich erkennbar. Hierzu ein Beispiel aktueller Theorieentwicklung: es werden sowohl in der Sozialpädagogik (vgl. Ziegler et al. 2010) wie in der Sozialarbeitswissenschaft (vgl. Mührel/Röh 2008; Staub-Bernasconi 2007) Themen wie Capability Approach, Befähigungsgerechtigkeit und gelingendes bzw. gutes und glückliches Leben bearbeitet und erforscht, ohne jedoch nennenswerten Bezug zueinander zu referieren. Es scheint also so, als kochten die Sozialpädagogik(-wissenschaft) und die Sozialarbeitswissenschaft ihr jeweils eigenes Theorie-*Süppchen*, ohne zu wissen, dass die jeweils andere Disziplin mit den gleichen Rezepten und Zutaten arbeitet!

Eröffnet sich nicht auch anhand anderer Themenstellungen die Möglichkeit, der im Feld der Profession Soziale Arbeit als sehr weit fortgeschritten zu betrachtenden Entwicklung der sich vereinigenden Handlungs- und Praxisbereiche von Sozialpädagogik und Sozialarbeit unter das Dach *Soziale Arbeit* eine solche im disziplinären Bereich folgen zu lassen? Oder anders formuliert: die Profession „Soziale Arbeit" stellt bereits eine fruchtbare, notwendige und willkommene Vereinigung sozialpädagogischer und sozialarbeiterischer Praxis dar. Ist es im Vergleich dazu aber auch möglich und denkbar, dass die Disziplin „Soziale Arbeit" künftig in gleichem Maße einer Vereinigung scheinbar unterschiedlicher Positionierungen näher zu kommen scheint?

Die Aufspaltung in zwei Wissenschaftsgemeinden erschwert es, „dass gemeinsame Interessen formuliert und artikuliert werden. So betrachtet gibt es Argumente dafür, diese Auseinandersetzung einzustellen und an ihrer Stelle sachhaltige, theoretisch und empirisch fundierte Klärungen der Fragen anzustreben, die für die Theorie und Praxis der Sozialen Arbeit relevant sind" (Scherr 2010, 293). Kann und soll es daher zur Entwicklung *einer* Theoriebildung *der* Sozialen Arbeit kommen? Ob es hierzu überhaupt *theoretische Möglichkeiten* gibt, das erörtern die Beiträge in diesem Band.

In Teil I „*Kritik" als Fundament aller Theoriebildung und -entwicklung in Sozialer Arbeit?* widmen sich die Beiträge aus jeweils verschiedenen Perspektiven der Fundierung der Theorien Sozialer Arbeit in einer kritischen Haltung zur gesellschaftlichen Wirklichkeit. *Michael Winkler* nimmt mit seinen „vorbereitenden Bemerkungen zu einer Theorie der Vereinnahmung eines Zugangs" die Frage nach den vielschichtigen Bedeutungen der Kritik in der Sozialen Arbeit und Sozialpädagogik in den Blick. Er eröffnet dem Leser auf der Basis feinsinniger und tiefgründiger Analysen sowie durchaus auch provokanter Stellungnahmen einen Zugang zu den gegenwärtigen, höchst heterogenen „Kritikverständnissen" in den Wissenschaftsdiskursen in Sozialer Arbeit und Sozialpädagogik. Damit wird ein Rahmen gebildet, mit dem Funktionalitäten, Ambivalenzen und Perversionen der Kritik – am Beispiel der Diskurse über Empowerment, Bildung und Inklusion – enttarnt werden und die tatsächlichen Aufgaben einer „kritischen Sozialpädagogik" extrahiert werden können.

Auf der Basis von Beobachtungen, dass nicht nur die Praktiker, sondern auch so manche Kollegin bzw. mancher Kollege aus der Disziplin Soziale Arbeit offensichtlich einem Diktum folgt, mit dem theoretische Anstrengungen ihre Berechtigungen erst dann erhalten dürfen, wenn diese auch „praxistauglich" sind, konkretisiert *Klaus-Dieter Scheer* im Kontext des Programms einer „Kritischen Sozialen Arbeit" seine Überlegungen zum Theorie-Praxis-Verhältnis in einer notwendigen Auflösung dieses „affirmativen Zirkels" von Theorie und Praxis. In einem Vergleich der Konzeptualisierung der Akteure in der „Soziologie der Kritik" von Boltanski mit der in der Sozialtheorie Bourdieus zeigt er die Unterschiedlichkeit der Verständnisse von Akteuren in der gesellschaftlichen Wirklichkeit auf und diskutiert Möglichkeiten und Grenzen eines Zusammenspiels zwischen strukturalistischen und pragmatistischen Paradigmen in der Theorieentwicklung einer Kritik verpflichteten Sozialer Arbeit.

Susanne Dungs verweist in ihrem Beitrag zur Programmatik einer „negativistischen Kritik" in der Theoriebildung Sozialer Arbeit gleichermaßen auf Dialektiken und Ambivalenzen, die sich in der Diskussion zum eigentlichen Wesen und zum Gehalt der „Kritik" in aktuellen Theoriediskursen offenbaren. Der Zwiespalt zwischen der Unmöglichkeit, aber auch der Unverzichtbarkeit der Kritik dient dabei als Basis ihrer eng an normativen Gesichtspunkten angelegten Analyse, die schließlich in ein Plädoyer für eine Rephilosophisierung Sozialer Arbeit mündet.

Im Anschluss an die Fokussierung auf eine grundlegend kritische Haltung in der Theoriebildung der Sozialen Arbeit öffnen die Beiträge in Teil II *Forschung und Theoriebildung in Sozialer Arbeit zwischen Politik, Ethik, Ökonomie und Gesellschaft* Blickwinkel auf spezifische disziplinäre Fragestellungen im Spannungsbogen der Ambivalenzen gesellschaftlicher Entwicklungen. Die Frage nach bzw. das Problem der Normativität in der Theoriebildung Sozialer Arbeit erörtern Nina Oelkers und Nadine Feldhaus in ihrem Beitrag, mit dem Möglichkeiten einer Theoriebildung in Sozialer Arbeit konkret benannt werden. Das „Normativitätsproblem" – so die Autorinnen – eint die Soziale Arbeit und die verschiedenen Ansätze ihrer Theoriebildung. Mit Hilfe einer Systematisierung arbeiten sie heraus, welche unterschiedliche Dimensionen des Normativitätsproblems in Sozialer Arbeit diese Einheit begründen helfen und wie – bspw. mit dem sog. Capability Approach – disziplinäre Grenzen zwischen empirischen Sozialwissenschaften und philosophischer Ethik mit Hilfe einer Zusammenführung von strukturtheoretischen, subjekttheoretischen und normativen Perspektiven überschritten werden können.

Für *Friedhelm Vahsen* spielen neben dem Capability Approach auch andere theoretische Konzeptionen und Theorieansätze eine zentrale Rolle im gegenwärtigen wissenschaftlichen Diskurs, die den Weg in einen (vermeintlichen?) Paradigmenwechsel aktueller Theorieentwicklung Sozialer Arbeit deutlich zu machen scheinen. Insbesondere der libertäre Paternalismus und das Prinzip „Nudge" liefern – so der Autor – zentrale Anregungen zur Theoriedebatte, die jedoch in ihren Kernannahmen und Ausprägungen insbesondere aus der Perspektive neuerer gesellschaftstheoretischer Modelle und Konzepte durchaus kritisch hinterfragt werden sollten. Dies vor allem dann, wenn die Ambivalenzen, in denen sich Soziale Arbeit aufgrund ihres subjektiv-individuellen und politisch-gesellschaftlichen Mandats bewegt, bewältigt werden wollen.

Eine Theorie Sozialer Arbeit müsste – so ließe sich hier vermuten – zumindest die subjektorientierten Elemente der „Befähigung" und die politischen bzw. sozialpolitisch bedeutsamen Parameter der „Gerechtigkeit" umfassen. Befähigung und Gerechtigkeit zählen seit jeher nicht nur zu den zentralen Kernthemen der Sozialen Arbeit, sondern sie definieren auch das Fundament, auf dem sich der bereits mehrfach erwähnte Capability Approach zu begründen sucht. Liefert ein solcher Gleichklang bzw. eine derartige Einheit der Interessen nicht auch hinreichend Gründe genug anzunehmen, dass es mit dem Capability Approach möglicherweise gelingen mag, einen *integrativen* Theorierahmen für die Soziale Arbeit abzustecken, der sozialpädagogische Bildungstraditionen mit sozialarbeiterischen Fürsorgetraditionen sinnvoll verbindet? Eine interessante Antwort auf diese Frage gibt *Dieter Röh*, der in seinem Beitrag zunächst einmal die kategorialen Grundannahmen des Capability Approach umfassend skizziert, um von dieser Basis aus einen Vergleich zu Lebenslagentheorien anzustellen und Möglichkeiten auszuloten, den Capability Approach für eine Handlungstheorie für Soziale Arbeit nutzbar zu machen.

Handlungstheorien werden seit vielen Jahren im Rahmen der Debatte zu einer Wissenschaft Sozialer Arbeit sehr intensiv diskutiert. Sie dienen in erster Linie dazu, die Soziale Arbeit – dementsprechend – auch als Handlungswissenschaft zu konturieren. Der Begriff der „Handlungswissenschaft" wird in der scientific community jedoch sehr heterogen gefasst. *Bernd Birgmeier* stellt in seinem Aufsatz die Differenzen der Verwendung dieses Begriffes dar und zeigt an zwei „Versionen" zum Begriff der Handlungswissenschaften die Hintergründe und Ursachen der unterschiedlichen Definitionsvarianten dieses Wissen-

schaftsprogrammes für Soziale Arbeit, aber auch denkbare Wege zu einer Verknüpfung zwischen Angewandten Wissenschaften und Grundlagenwissenschaften auf.

Während die Beiträge in Teil II spezifisch disziplinäre Fragestellungen im
Kontext der Ambivalenzen gesellschaftlicher Entwicklungen thematisieren, widmen sich die Beiträge von Teil III *Philosophische und wissenschaftstheoretische*
Reflexionen zur Einheit und Differenz von Forschung und Theoriebildung in Sozia-
ler Arbeit einer Selbstvergewisserung der Disziplin Soziale Arbeit bezüglich ihrer
Ausgangspunkte, Forschungsmethoden und Gegenstandsobjekte. Der Zeitpunkt
einer Diskussion über die Möglichkeiten einer Zusammenführung der unterschiedlichen Theoriestränge aus der Sozialpädagogik(-wissenschaft) und der Sozialarbeitswissenschaft erscheint für eine solche Selbstvergewisserung als besonders
geeignet. Angelehnt an die methodische Vorgehensweise Immanuel Kants in den
„Prolegomena zu einer jeden künftigen Metaphysik, die als Wissenschaft wird
auftreten können" entwickelt *Carsten Müller* in seinen Prolegomena zu einer Theorie der Sozialen Arbeit Kriterien für eine Theoriebildung. Die anschließende
Bestandsaufnahme der Theorieentwicklung in Sozialer Arbeit anhand der aufgestellten Kriterien stimmt humorvoll nachdenklich und macht mit Bezug auf die *alte*
Sozialpädagogik sogar noch gewisse – wenn auch wenige – Hoffnungen, dass
eines Tages das Ziel einer Theorie der Sozialen Arbeit erreicht werden könnte.

Auch *Christoph Ried* und *Bernd Birgmeier* loten in ihrem Beitrag die hohen
Potentiale philosophischer Fundamente für die Theoriebildung und -entwicklung
in der Sozialpädagogik aus. Eng angelehnt an die Philosophie Heideggers und
Lenks skizzieren sie ein Denkmodell, mit dem die Konturen einer „existenzialen
Anthropologie" abgeleitet werden können. Im Kontext dieser anthropologischen
Grundlegung und Neujustierung sozialpädagogischer Wissenshorizonte werden
die für die wissenschaftliche Sozialpädagogik so zentralen Kernthemen wie z.B.
die Existenziale, die Lebenswelt, das Weltverständnis, das Selbst und die Krise
reflektiert und – darüber – Antworten auf die Frage nach der Theorie und Theoriebildung in Sozialpädagogik und Sozialer Arbeit gegeben.

In der Absicht, Licht ins Dunkel der Diffusionen um den Forschungsan-
spruch und die Forschungswirklichkeit in Sozialer Arbeit zu bringen, analysieren
Tilman Thaler und *Bernd Birgmeier* in ihrem Beitrag den Begriff und das Wesen
der „Sozialforschung". Zur Durchdringung dieses Interesses ist es notwendig, die
grundlegenden Bedingungen und die methodologischen Möglichkeiten einer
Erforschung der „sozialen Welt" zu untersuchen und unterschiedliche For-
schungsparadigmen in Sozialer Arbeit zu kategorisieren und voneinander abzugrenzen. Auf der Basis einer Heuristik, mit der eine forschungsmethodologische
Systematisierung nach den Kategorien einer empirischen, qualitativen und philosophischen Erforschung sozialer Welten empfohlen wird, lassen sich forschungs-

logische Grundfragen in der Theoriedebatte in Sozialer Arbeit beantworten und methodologisch-pluralistische Forschungszugänge in Sozialer Arbeit begründen. Abschließend hinterfragt *Eric Mührel*, ob als zentraler zukünftiger Gegenstand der Forschung und Theoriebildung in Sozialer Arbeit die *Soziale Welt* hinreichend zu beschreiben und zu erklären ist. Der Terminus *Soziale Welt*, der in der neueren Literatur der Sozialen Arbeit vermehrt zur Gegenstandskonstitution der Theorien und der Forschung der Sozialen Arbeit Verwendung findet, wird dabei in seinen unterschiedlichen Verstehensweisen kritisch mit Bezug auf deren Kompatibilität mit den Charakteristika der Sozialen Arbeit erörtert.

Grundlage dieses Bandes sind die Beiträge zum Forschungs- und Fachkolloquium „Soziale Arbeit und ihre Wissenschaften" zum Thema „Auf dem Wege zu *einer* Theoriebildung in *der* Sozialen Arbeit?", das am 5. und 6. November 2010 an der Hochschule Emden/Leer stattfand. Wir widmen dieses Buch dem Kollegen Konrad Maier aus Freiburg i. Br., der wenige Wochen vor dem Kolloquium, zu dem er eingeladen war, verstarb.

Last but not least ein letzter, kleiner Hinweis zur Einführung: Theorien stehen mitunter bei Studierenden und Praktikern der Sozialen Arbeit nicht besonders hoch *im Kurs*. Das Theoretisieren, eine gerne auch mit *Weltfremdheit* verglichene und daher mit einer eher negativen Konnotation belegte Handlungsweise, gilt als Haarspalterei. Mit einem weiteren Bezug auf Ortega y Gasset und dessen Unterscheidung zwischen Friseuren und Theoretikern (vgl. Ortega 2008, 216) mag ohne eine Bewertung der verschiedenen Handlungsweisen darauf hingewiesen werden, dass dieser Sachverhalt zutreffend ist: der Friseur schneidet das Haar, der Theoretiker spaltet es!

Literatur

Birgmeier, Bernd (2009): Theorie(n) der Sozialarbeitswissenschaft – *reloaded!* In: Birgmeier, Bernd; Mührel, Eric (Hg.) (2009): Die Sozialarbeitswissenschaft und ihre Theorie(n). Positionen, Kontroversen, Perspektiven. VS Verlag. Wiesbaden. S. 231-243

Birgmeier, Bernd; Mührel, Eric (Hg.) (2009): Die Sozialarbeitswissenschaft und ihre Theorie(n). Positionen, Kontroversen, Perspektiven. VS Verlag. Wiesbaden

Birgmeier, Bernd; Mührel Eric (2011): Wissenschaftliche Grundlagen der Sozialen Arbeit. Wochenschau-Verlag. Schwalbach/Ts.

Buchka, Maximilian (2009): Sozialpädagogik und Heilpädagogik. Eine Betrachtung über verwandschaftliche und nachbarschaftliche Theorie-Praxis-Bezüge. In: Mührel, Eric; Birgmeier, Bernd (Hg.): Theorien der Sozialpädagogik – ein Theorie-Dilemma? VS Verlag. Wiesbaden. S. 33-43

Engelke, Ernst; Borrmann, Stefan; Spatscheck, Christian (2008): Theorien der Sozialen Arbeit. Eine Einführung. Lambertus. Freiburg i. Br.

Kunstreich, Timm (2009): Anmerkungen zu einer dialogischen Sozialwissenschaft. In: Birgmeier, Bernd; Mührel, Eric (Hg.) (2009): Die Sozialarbeitswissenschaft und ihre Theorie(n). Positionen, Kontroversen, Perspektiven. VS Verlag. Wiesbaden. S. 291-303

May, Michael (2008): Aktuelle Theoriediskurse Sozialer Arbeit. Eine Einführung. VS Verlag. Wiesbaden

Mührel, Eric (2009): Die Begründung der Sozialarbeitswissenschaft in den Sozialwissenschaften. In: Birgmeier, Bernd; Mührel, Eric (Hg.) (2009): Die Sozialarbeitswissenschaft und ihre Theorie(n). Positionen, Kontroversen, Perspektiven. VS Verlag. Wiesbaden. S. 257-267

Mührel, Eric; Birgmeier, Bernd (Hg.) (2009): Theorien der Sozialpädagogik – ein Theorie-Dilemma? VS Verlag. Wiesbaden

Mührel, Eric; Röh, Dieter (2008): Menschenrechte als Bezugsrahmen in der Sozialen Arbeit. Eine kritische Diskussion der ethisch-anthropologischen, fachwissenschaftlichen, sozialpolitischen und sozialphilosophischen Dimensionen. In: Widersprüche. Zeitschrift für sozialistische Politik im Bildungs-, Gesundheits- und Sozialbereich. Heft 107. S. 47-63

Ortega y Gasset, Jose (2008): Der Mensch ist ein Fremder. Schriften zur Metaphysik und Lebensphilosophie. Karl Alber. Freiburg i. Br.

Ortega y Gasset, Jose (1978): Um einen Goethe von innen bittend. GW BD IV, Deutsche Verlags-Anstalt. S. 267-297

Scherr, Albert (2010): Sozialarbeitswissenschaft. In: Thole, Werner (Hg.): Grundriss Soziale Arbeit. Ein einführendes Handbuch. Dritte, überarbeitete und erweiterte Auflage. VS Verlag. Wiesbaden. S. 283-296

Staub-Bernasconi, Silvia (2007): Soziale Arbeit als Handlungswissenschaft. Systemtheoretische Grundlagen und professionelle Praxis – Ein Lehrbuch. Haupt Verlag. Bern

Vahsen, Friedhelm (2010): Agency, Capability, Dialogische Soziale Arbeit und libertärer Paternalismus (Nudge). Theoretische Bezugspunkte sozialarbeiterischen Handelns? In: np Heft 4. S. 359-379

Ziegler, Holger; Schrödter, Mark; Oelkers, Nina (2010): Capabilities und Grundgüter als Fundament einer sozialpädagogischen Gerechtigkeitsperspektive. In: Thole, Werner (Hg.): Grundriss Soziale Arbeit. Ein einführendes Handbuch. Dritte, überarbeitete und erweiterte Auflage. VS Verlag. Wiesbaden. S. 297-310

I. „Kritik" als Fundament aller Theoriebildung und -entwicklung in Sozialer Arbeit?

Kritische Sozialpädagogik

Oder: vorbereitende Bemerkungen zu einer Theorie der Vereinnahmung eines Zugangs

Michael Winkler

Wer die Frage nach der Kritik in Sozialpädagogik und Sozialarbeit aufwirft, macht sich gegenwärtig wenig Freunde. Viele winken ab oder haben Mühe, ein Gähnen zu unterdrücken: Studierende maulen, das Thema stehle ihnen die Zeit, die für die Vermittlung von Wissen, das Training von Fähigkeit und die Entwicklung von Kompetenzen gebraucht werde. Kritik – sie gehört offensichtlich zu einer alten Welt, ist vergangen und verloren, Schlachten, die geschlagen sind. Der öffentlichen wie der fachlichen Debatte erscheint sie obsolet, überholt und sogar irgendwie unschicklich.[1] So schnell kommen die Vorbehalte, dass man sich ihnen gar nicht widersetzen will.

Es gibt also eine Art Affekt schon gegen die Kritik selbst, erst recht gegen die Beschäftigung mit ihr. Indes: das Ausmaß an Emotionalität macht die Sache ein wenig verdächtig. Wenn sich jemand aufregt, hat er einen Grund dafür – und handle es sich nur um Verdrängung: So lässt sich gar nicht ganz ausschließen, dass sich hinter dem Affekt gegen Kritik eine neue Tendenz zu dem verbirgt, was vor einigen Jahrzehnten als positivistische Denkweise oder als affirmativer Zug konstatiert wurde. Kritik abzuweisen, über sie gar nicht mehr reden zu wollen, immunisiert nämlich gegen Zugänge und Themen, allzumal, wenn diese darauf angewiesen sind, diskursiv präsent gehalten zu werden, aufmerksam und pfleglich behandelt zu werden. Kritik aber, wie sie seit der Neuzeit das bürgerliche Selbstverständnis auszeichnet, hat eher Züge einer Passion, da sie mit Krisen einhergeht, wenn nicht diese sogar hervorruft (Koselleck 1976). Passionen aber lassen sich weder ablegen, noch können sie selbstverständlich werden. Der schnelle Vorbehalt gegenüber Kritik entkleidet sie nicht nur ihrer aufrührenden Rolle, auf die sie aber nicht verzichten kann. Sie hebt auf, was als Leidenschaft zu gelten hat, versteckt zuweilen in Nörgelei und Raunzerei.

Wie halten wir es also mit der Kritik? Um eine Vergewisserung geht es also im Folgenden. Die Überlegungen setzen sich mit der Stellung und der Rolle von

---

[1] Das ist natürlich allzu pauschal und überzogen formuliert, vgl. dagegen etwa Musfeld/Quandel/Schmidt 2008. Aber belegen Gegenbeweise nicht auch die Regel?

Kritik in der Sozialen Arbeit und Sozialpädagogik auseinander. Sie wollen dem Element des Kritischen in ihr nachspüren, es vielleicht situieren und verteidigen – allgemein wie konkret, an einzelnen Punkten, die eben einer kritischen Betrachtung bedürfen. Die Frage beschäftigt, welche Bedeutung Kritik in der Sozialen Arbeit und Sozialpädagogik hat, haben könnte und vielleicht haben sollte. Die Antworten klingen dabei möglicherweise irritierend und fast paradox, sie fallen zumindest nicht eindeutig aus. Deshalb geht es auch nur um vorbereitende Bemerkungen, um mehr nicht, aber auch nicht um weniger.

1. Selbstverständlich ist die Rede von der Sozialen Arbeit, der Sozialarbeit und der Sozialpädagogik schlechthin unzulässig. Abgesehen von der analytisch unabdingbaren, dann – bedingt durch die wissenschaftliche Ausbildung – möglicherweise sogar wieder aufzulösenden Differenz zwischen Disziplin und Profession, lassen sich Sozialarbeit und Sozialpädagogik kaum als konsistent beschreiben und begreifen. Schon traditionell begegnet man einer Vielfalt von Strömungen, von – wie Herman Nohl sie genannt hat – geistigen Energien. Sie lassen sich keineswegs auf einen Nenner bringen. Die Spannung ist groß, konservative, traditionalistische Vorstellungen, welche eher auf Wiederherstellung einer verlorenen Welt zielen, religiös und säkular bestimmte Formen des Altruismus, die gute Absicht, Menschen zu retten und ihnen zu helfen, all das steht Strömungen gegenüber, die auf Disziplin und Kontrolle des gefährlichen Menschen, der Abweichenden und Devianten zielen, die unter Kuratel gestellt werden müssen. Schon immer gehörten Positionen dazu, die ökonomisch begründet Soziale Arbeit als notwendigen Teil gesellschaftlicher Reproduktion sehen, dabei selbst noch das Projekt der Modernisierung von Gesellschaft im Auge haben, entweder um dieses in seinen Auswirkungen zu kompensieren oder um voranzutreiben, weil es um Fortschritt und Vernunft, um Gerechtigkeit und Gleichheit geht. Endlich finden sich diejenigen, die aus Gründen eines Humanismus oder aus rechtsstaatlicher Überzeugung für die Würde des Menschen eintreten und deshalb Soziale Arbeit für unverzichtbar halten.

Man findet kaum einen anderen Bereich gesellschaftlichen Handelns, der gleichermaßen von solch unterschiedlichen Motiven und Ambitionen durchzogen ist. Soziale Arbeit war und ist heterogen, sie ist weder im Sachverständnis noch im Selbstverständnis der Beteiligten eindeutig. Zugleich aber zeigt sich doch eine Gemeinsamkeit: Soziale Arbeit ist in der Gegenwart reputierlich und wirtschaftlich interessant geworden. Zwar spielen weiterhin divergierende Ambitionen eine Rolle, die kaum auf einen Nenner zu bringen sind. So werden die von anderen lautstark abgelehnten Vorhaben der Steuerung anhand des Outcome, werden Messung und Evaluation, wird sogar die Ökonomisierung des ganzen Feldes von Vertretern der Sozialen Arbeit selbst getragen und verfolgt. Manches An-Institut einer Hochschule erschließt sich hier einen Markt und seinen Mitarbeiterinnen ein ordentliches Einkommen. Konkreter noch: Sogar Entwicklungen wie die zu einem verstärkten Angebot etwa freiheitsentziehender Maßnahmen in der Jugendhilfe werden von Angehörigen der Sozialen Arbeit vorangetrieben, weil sie dort einen Unternehmenszweig sehen, der den Träger von Angeboten und Maßnahmen für ihre Mitarbeiterinnen und Mitarbeiter Arbeitsplätze sichert.

Generalisierende Aussagen sind also gefährlich, man kann nur von Trends sprechen, die – sofern man diesen überhaupt unterstellen möchte – einen dann doch einigenden Diskurs strukturieren. Diesen aber zeichnet dann doch eine gemeinsame Tendenz aus, die sich zunächst aus dem ergibt, was man fortschreitende Modernisierung nennen darf. Ob man dies als Last oder positiv sieht: Soziale Arbeit ist, zunächst im Großen und Ganzen, dann ebenso im Kleinen und Besonderen ein bedeutendes Wirtschaftsunternehmen geworden, insofern unverzichtbarer Teil des Gesellschaftssystems und der Wertschöpfung. Allzumal eine moralisierende Kritik läuft demgegenüber schnell auf Grund und bleibt liegen. Insofern könnte man sagen, dass die Soziale Arbeit systemisch, in ihren Haltungen und Motiven affirmativ geworden ist, wie menschenfreundlich sie sich dabei gibt. Kritik kann daher gar keine Rolle mehr spielen. Sie muss als überholt erscheinen. Doch das ist nur die eine Seite der Wahrheit, die vielleicht die eigentümlich absorbierende Kraft der Moderne selbst noch verkennt. Die andere zeigt sich im Widerspruch zu diesem Befund und mit einer überraschenden Pointe. Sie lautet: das einigende Element für all diese Strömungen in der modernen Sozialen Arbeit liegt in einem *selbstverständlichen Gebrauch von Kritik*, wie latent dies noch für die Beteiligten geworden ist. Kritik wäre demnach obsolet, obwohl oder weil sie das bei aller Divergenz übergreifende Selbstverständnis der Sozialen Arbeit in all ihren Schattierungen prägt.

2. Wie lässt sich ein solcher Widerspruch erklären? Das – noch einmal: latent gewordene – Selbstverständnis als kritisch und die Selbstverständlichkeit von Kritik in der Sozialen Arbeit hängen eng damit zusammen, dass wenigstens die moderne Soziale Arbeit nicht jenseits von Gründen bestimmt werden und agieren kann. Sie ist auf Grundlagen angewiesen, die letztendlich zwar spiritueller Natur sein mögen, gleichwohl heute als szientifisch bezeichnet werden (was vielleicht nur graduell als ein Unterschied zu fassen ist). Möglicherweise bildet das sogar einen Hintergrund der Kontroverse darum, ob als angemessen mehr der Begriff der Sozialarbeit oder jener der Sozialpädagogik gelten soll: Keineswegs frei von Illusionen über das eigene Herkommen versteht sich Sozialarbeit heute in einer Traditionslinie rationaler, wissenschaftsnaher Begründungszusammenhänge, in der sie ihre theologischen Legitimationsmuster abgelegt hat; die Sozialpädagogik, allzumal mit ihren impliziten Verweisen auf Bildung und Erziehung wird dagegen in einer Linie mit Mustern gesehen, in welchen Kustodialität, Kuratel und patriarchalische Momente ebenso eine Rolle spielen wie

Strukturen der Herrschaft. Gegenüber einem derart ständischen Denken ist also das Element des Kritischen in der Wendung zu ökonomischem und administrativem Denken nicht verloren gegangen, sondern hat sich gerade bewährt; seit Max Weber zeigt sich Rationalität gegen die Mächte des Mythischen gesetzt, als Ausdruck einer Entzauberung, die ohne Kritik gar nicht zu denken gewesen wäre. Nicht zuletzt die Nähe der Sozialarbeit zur Sozialpolitik belegt noch diese – wenn man so will – moderne Kritik und Vernunftzugewandtheit, die sich von überkommenen Motiven einer altruistisch begründeten Hilfe löst, um sich einer systematisierten Daseinsfürsorge zuzuwenden, welche kritischer Prüfung standzuhalten vermag.

Bei aller Abneigung gegenüber dem Thema ist also für die Soziale Arbeit von einer Selbstverständlichkeit der Kritik auszugehen. Sie ist so stark ausgeprägt, dass der Begriff einer kritischen Sozialarbeit oder der einer kritischen Sozialpädagogik eigentlich verwirrt. Man braucht nicht betonen, was einen ohnedies auszeichnet – es sei denn, man hat es wirklich nötig. In der Tat transportiert die Vorstellung von einer kritischen Sozialarbeit höchstens ein Moment des Nostalgischen, wenn nicht sogar eine Art Mythos, die beide Zeugnis von Irrationalität geben. Von kritischer Sozialarbeit zu sprechen betreibt dann gesinnungsstiftende Erinnerungskultur, weil sie eine Entwicklung präsent halten will, die mit Kapitalismuskritik und – kaum einem ist das noch präsent – Randgruppenstrategie einher gegangen ist. Der Begriff der Kritischen Sozialarbeit hält diese Entwicklungen fest, leistet ansonsten aber nicht mehr, spricht weder eine spezifische Erkenntnisfunktion oder gar eine habituelle Eigenschaft aus; angesichts der Normalisierung von Sozialer Arbeit als eines integralen Teils zur Bewältigung gesellschaftlicher Systemanforderungen braucht man ihn eigentlich nicht mehr. Es sei denn, man richtet das Augenmerk auf eben diesen Sachverhalt: Als *Profession* betrachtet, *funktioniert* die Soziale Arbeit heute, wie zynisch dies angesichts des zuweilen zu beobachtenden menschlichen Elends klingen mag, als Disziplin gehorcht sie Standards wissenschaftlichen Arbeitens, die gewissermaßen zum kleinen Einmaleins einer jeden Wissenschaft gehören und im Allgemeinen keiner Betonung mehr bedürfen. Die Pointe besteht darin: Funktionieren und Standards – eben dies schließt den Prozess ab, den eine kritische Soziale Arbeit intendiert hat. Funktionieren heißt doch: frei von Zufälligkeit und Willkür, Standards bedeutet, dass Maßstäbe der Gleichheit und Gerechtigkeit, der Systematik einer Infrastruktur oder einer begründeten Programmatik zum Zuge kommen.

Könnte es also sein, dass die Soziale Arbeit und Sozialpädagogik als *kritische* affirmativ wird, vielleicht sogar totalitär? Um diesen Verdacht geht es nun. Denn: sowohl auf der disziplinären wie auf der professionelle Ebene lassen sich zumindest Spannungen, wenn nicht Spaltungen beobachten. Die Prüfung ergibt, dass sich die Soziale Arbeit der Kritik an gesellschaftlichen und sozialpolitischen Entwicklungen keineswegs enthält, weniger zumindest als der abwehrende Gestus erwarten lässt. So werden die Problemlagen von Klienten ins Auge gefasst. Aber zugleich werden die Klienten zunehmend als riskante Gruppen angesehen, die in ihrer Lebenspraxis aufgestöbert und aufgestört werden sollen, denen die Kompetenz abgesprochen wird, für ihre Lebensverhältnisse, allzumal für ihren Nachwuchs zu sorgen. Dabei machen sich Formen der Überwachung und Kontrolle breit, werden Strategien des Treatment etabliert, dessen Erfolge als gesichert gelten, mehr und mehr werden institutionelle Lösung präferiert – aber noch mal: regelmäßig geschieht dies unter dem Etikett einer erforderlichen Kritik gesellschaftlicher Zustände.

3. Die Soziale Arbeit ist also zu einem integrierten und integrativen, funktional wirksamen Teil der modernen Gesellschaft geworden. Sie ist heute – wie Lockwood das allgemein beschrieben hat – systemisch integriert, mit Luhmann gesprochen: Funktionssystem der Gesellschaft, Teil des – so hätte Habermas argumentiert – kapitalistischen Betriebs. Sie ist mithin normal geworden, nötig und notwendig, vergleichbar dem Bildungssystem, Teil einer Maschinerie, welche die Gesellschaft wirksam am Laufen hält. Damit streift sie die Widerständigkeiten ab, welche lebensweltlich bedingt waren. Zwar agiert sie im, wie Hans Thiersch betont, schmuddeligen Alltag, doch verliert selbst dieser seine Qualität, auf die man sich beziehen könnte; eine alltags- und lebensweltorientierte Sozialarbeit hat es zunehmend schwer, wenn soziale und kulturelle Erosionsprozesse die Milieus und ihre generationsübergreifenden Praktiken zerfressen, dabei selbst noch die zynisch wirkenden Rituale zerstören, an welche Menschen anknüpfen könnten, um wenigstens so etwas wie inneren Widerstand zu entwickeln. Das Paradox aber besteht darin, dass dieser Zustand nicht nur als ein Ergebnis ihrer kritischen Einstellung und Haltung zu verstehen ist, sondern dass sie vielmehr in ihrer kritischen Haltung benötigt wird, um ihre Funktionalität zu bewahren. Faktisch, so lautet die These, ist sie gerade in ihrer Kritik produktiv geworden. Als kritische Instanz wird sie gewissermaßen selbst ein generierender Teil dieser Gesellschaft, wobei sie sich dieser ihrer Funktion überhaupt nicht mehr bewusst ist.

An drei Beispielen soll diese – vorsichtig formuliert – Funktionalität, Ambivalenz oder – deutlicher – Perversion der Kritik diskutiert werden. Das ist nicht frei von Provokation, zumal es sich um einen Vorgang handeln könnte, dem man nicht ausweichen kann – und dennoch bedarf er der Aufklärung:

Erstens: Indizien für eine produktive Nützlichkeit *und* Perversion von Kritik gibt es schon im Kleinen: Wer die Erfolgsgeschichte der Formel vom *Fördern und Fordern* verfolgt, kann kaum übersehen, dass und wie diese in den Debatten um ressourcenorientierte Ansätze, dann um das Empowerment entstanden ist; selbst wenn die Dissemination fachlicher Vorstellungen sich mit hoher Kontingenz und in der Trivialisierung ursprünglich komplexer Ideen vollzieht, war das Geschehen mit Reputationsgewinnen verbunden: Kritik erzeugt sozialen

Erfolg, der selbst wiederum korrumpiert und zur Preisgabe der kritischen Haltung, allzumal einer Selbstkritik führt.

Dabei ist hier die Funktionalisierung des Kritischen mehr als deutlich zu erkennen: Die Idee des Empowerment setzte sich durch, weil die Soziale Arbeit auf Grund der an sie gerichteten Erwartungen in ihrer Praxis dazu tendierte, Menschen zu objektivieren, indem sie weder deren faktisches Leben zur Kenntnis nahm bzw. dieses nur diskriminierend interpretierte; sie fragte nicht nach den eigenen Potenzialen der von sozialarbeiterischem Handeln Betroffenen und ignorierte den Willen der bloß als Adressaten Angesprochenen. Ein kritischer Impetus kam mithin zum Tragen, der sich auf der von der Einsicht der Dienstleistungsökonomik in die Notwendigkeit von Co-Produktion und Uno-Actu-Prinzip leiten ließ und einem starken normativen Prinzip gerecht werden wollte, wie man ihn im Begriff der Subjektivität fassen könnte. Endlich bestimmte den Impetus ein Denken, das auf die lebensweltlichen Zusammenhänge abgehoben hat und bereit war, von den mittelschichtorientierten Denkmustern Abschied zu nehmen, um stattdessen zu prüfen, wozu Menschen selbst in Belastungssituationen fähig sind, auch wenn dies auf den ersten Blick gar nicht auffällt. Dieser – noch einmal – kritische Impetus ist wirksam geworden, ließ sich aber doppelt, fast fatal instrumentalisieren: Zum einen wurde er in die neuen Konzepte von Sozialpolitik aufgenommen, welche die im Empowerment-Konzept enthaltene Idee des Anstoßes und der Unterstützung als – neudeutsch – Incentive in das als neoliberal bezeichnete Modell der Selbstverantwortung integriert (vgl. Kessl 2005, 2006). Das kritische Element der Sozialpädagogik, das auf die Subjektivität der Subjekte als unabdingbares Element einer emanzipatorisch gedachten Arbeit gemeint war, taucht als Verpflichtungsmoment im Zusammenhang einer Umstellung sozialpolitischer Rhetorik auf, wie sie in der Ideologie des aktivierenden Sozialstaats verdichtet wird (vgl. Castel 2005, Lessenich 2008). Man könnte dies als Missbrauch lesen und sich von fachlicher Verantwortung freisprechen. Aber die Soziale Arbeit entwickelt das mithin längst verdorbene Prinzip des Empowerment und der Ressourcenorientierung in den Ansätzen des Case-Management systematisch weiter. Die Devise lautet hier, dass man die „Fälle" nur noch formal, allzumal im Blick auf Transferleistungen organisiert, nicht nur stillschweigend Ressourcen unterstellt, sondern durch eine Art Non-Commitment sich des Eingriffs in individuelle Lebensführung verweigert, um so die Aktivierung der Ressourcen zu erzwingen. Pikanterweise wird dies dann als non-direktiv behauptet, manche begründen es sogar in einer anti-pädagogischen Tradition[2], betonen somit erst recht das kritische Element.

Und dennoch: mehr als eine halbierte Kritik kommt so nicht zum Ausdruck. Denn Ressourcenorientierung und Empowerment übersehen die Veränderung der

---

2   Dies kommt besonders in den Arbeiten von Wolfgang Hinte zum Ausdruck.

sozialen und kulturellen Verhältnisse, welche sich in den letzten Jahrzehnten voll-zieht. Sie besteht darin, dass zwei eigentlich unvereinbare Vorgänge eingetreten sind: Beobachten lässt sich nämlich *einerseits*, wie die modernen Gesellschaften zunehmend Strukturen, institutionelle Regelungen und Stabilitätsmuster verlieren, mithin bis tief in die unmittelbaren Erfahrungs- und Erlebniszusammenhänge so flüchtig und flüssig werden, dass sich die Subjekte ent-bettet sowie jeglicher An-knüpfungspunkte für ihre Lebensgestaltung beraubt fühlen. Wer diese Situation bewältigen will, bedarf nun psychischer und kognitiver Muster, die man heute zunehmend als *Kompetenz* beschreibt, welche aber nur mit großem Aufwand zu erwerben sind – die sozial erzwungene Flexibilität bleibt dabei in einem Maße anstrengend und belastend, dass die – um Alain Ehrenberg zu zitieren – dem Kult der Performanz Ausgesetzten irgendwann erschöpft zusammenbrechen (Ehrenberg 1991, 2000). *Andererseits* korrespondiert nun diesem Vorgang der sozialen und der kulturellen Diffusion ein nicht minder massives Geschehen der Ausgrenzung; gegenüber der Mehrdeutigkeit zeigt sich massive Eindeutigkeit. Menschen werden also von der Teilhabe und Teilnahme an gesellschaftlichen Prozessen ausgeschlos-sen, nicht nur materiell, sondern zunehmend sozial und kulturell – wobei sich die angedeutete Auflösung von Strukturen verschärfend auswirkt, weil Milieus sowie kooperative Organisationszusammenhänge verschwinden, die kollektives Handeln ermöglicht haben. Die *liquid society* geht mit einem Zwang zur Individualisierung einher (vgl. Bauman 2000), der eine Vereinzelung entstehen lässt, wie sie sich ein den Vorgang schon ahnender Marx nicht hat vorstellen können. Daher entsteht eine paradoxe Situation: massenweise werden Einzelne aus dem Zusammenhang des Ganzen entfernt. Ausgrenzung, Ausschluss wirken nun total, sie haben eine vernichtende Bedeutung, nicht zuletzt, weil sie sich buchstäblich in der Mitte pros-perierender Gesellschaften ereignen. Man denkt bei Ausgrenzung meist an die Menschen, die in Lagern leben, in vergessenen Ortschaften, wie sie selbst Luh-mann in den Walisischen Bergbauregionen gesehen hat (Luhmann 1996) oder die sich heute für ehemalige DDR-Landarbeiter in Ostdeutschland beobachten lassen. Nur: die Ausgegrenzten wohnen heute im Nachbarviertel, begegnen auf dem Bahnhof, wenn sie dort die Mülleimer durchsuchen. Wasted lives, wie Bauman diese Situation benennt, haben eine bedrückende Ubiquität gewonnen – und blei-ben doch ein Merkmal sozialer Strukturbildung (Vgl. Bauman 2004).

Im Zusammentreffen dieser beiden Entwicklungen gewinnt selbst noch der Gedanke des Empowerment zynische Züge. Was als eine wichtige Kritik an einer beherrschenden Sozialen Arbeit entwickelt war, was vielleicht schon im-mer eine Tendenz zur ökonomischen Optimierung in sich barg – immerhin soll-ten Hilfeprozesse verbessert und wirksamer werden – verkehrt sich nun in ein Werkzeug der Zerstörung menschlicher Existenz: Gleich ob man sich nämlich auf die diffuse soziale Welt der Moderne oder an die strukturelle Ausgrenzung der Einzelnen bezieht, weder hier noch dort gibt es Ressourcen, an welche man anknüpfen könnte und die man stärken könnte, damit die Subjekte ihre Handlungsfähigkeit zurück gewinnen. Selbst in den privaten Zusammenhängen gibt es häufig eben nichts mehr, das als Stärke zu nutzen und weiter zu fördern ist.

Das *zweite Beispiel* bietet der Diskurs um Bildung. Soziale Arbeit und die Sozialpädagogik haben sehr schnell reagiert, als die ersten Befunde aus den international vergleichend durchgeführten Large Scale Assessments öffentlich zugänglich gemacht wurden und ein – so die Interpretation in Politik und Medien – vorgeblich desaströses Bild von der Bildungssituation in Deutschland gezeichnet haben. Erstaunlicherweise sind die Befunde mit sozialpädagogischer Kompetenz nie in Frage gestellt worden; wer Zweifel artikulierte, musste sich den Vorbehalt anhören, dass es doch gut sei, wenn die Dinge endlich beim Namen genannt werden. Dieser Vorbehalt wird auf zwei Ebenen entwickelt: Inspiriert durch skandinavische und angelsächsische Theoretiker hat sich zum einen die Auffassung durchgesetzt, dass Bildungspolitik die beste Sozialpolitik sei. Zum anderen wird geltend gemacht, dass Bildung das Instrument schlechthin sei, um soziale Gerechtigkeit als Chancengerechtigkeit oder als Chancengleichheit zu verwirklichen. Beidemal haben wir mit *kritisch* gemeinten Argumenten zu tun. Aber: Die – im Kern sozialdemokratische – Perspektive birgt als dunkle Seite das Marktprinzip und die mit ihm verbundene Konkurrenz. Chancengerechtigkeit und Chancengleichheit fingieren einen „Gleichstand", der unschwer als eine willkürlich gezogene Startlinie zu erkennen ist. Alle müssen und dürfen an dieser Startlinie antreten, ganz unabhängig davon, ob sie denn nun gute Läufer sind oder nicht – in den optimistischen Versionen möchte man Einzelne noch darin unterstützen, an der Startlinie überhaupt anzukommen, doch wird dies beim neuesten Zauberwort, der Diversity noch getilgt. Unterschiede anzuerkennen, bedeutet keineswegs, dass jeder seine eigene Startlinie hat, sondern nur, dass er – immerhin – in seiner Unterschiedlichkeit nicht von vornherein vom Start ausgeschlossen wird.

Man kann jedenfalls gegenüber dieser Auffassung von der Bildungspolitik als Sozialpolitik einige Einwände geltend machen, die aber erstaunlicherweise von der Sozialen Arbeit und der Sozialpädagogik nicht aufgenommen werden. Im Gegenteil verblüfft geradezu die Naivität, mit der sie sich als Disziplin und Profession auf diese Formel und damit auf die Stellung des Bildungssystems eingelassen haben. Um dies nur in einigen Punkten zu verdeutlichen: Wenn die Behauptung überhaupt zutrifft, Bildungspolitik sei die beste Sozialpolitik, dann gilt diese nur perspektivisch, nämlich frühestens für die nächste Generation. Die kritisch gemeinte Überlegung eskamotiert also die aktuell lebende Generation aus dem Zusammenhang der Betrachtung; der bekannte Berlin-Neuköllner Bürgermeister hat dies dann explizit zur Parole erhoben: Man könne die Eltern vergessen, ihn berühre nur das Schicksal der Kinder. Das ist eine Form der Päderastie, die der in der Sozialen Arbeit und Sozialpädagogik weit verbreiteten Familienfeindlichkeit entgegenkommt. Dann: Bildungspolitik kann ganz unterschiedlich gestaltet sein und Privilegierte durchaus bevorzugen; mehr noch, empirisch zeigt sich, wie alle Bildungssysteme Ungleichheit hervorrufen. Jede Schule vollzieht Selektion nach Kriterien, die auf den Nachweis von – wie falsch diese Annahme sein mag – Können in Leistungstests abheben. Bildungssysteme, Schulen qualifizieren, betreiben Selektion und Allokation, wobei diese entscheidend von den Beschäftigungsmöglichkeiten im Gesellschafts- und vor allem im Beschäftigungssystem abhängen; das macht ihre Funktion aus, wie noch jede Einführung in die Bildungsökonomie lehrt. Bildungssysteme unterscheiden sich allein darin, wo die Abrisskanten liegen, an welchen Betroffene auf soziale Strata verteilt werden; das vielgelobte französische Bildungssystem zeigt sich exkludierend bei Migranten sowie am Übergang vom Sekundar- zum Tertiärsystem (Vgl. Bourdieu 2001, Bourdieu/Passeron 1973). Die gegenwärtig im Blick auf soziale Gerechtigkeit und Gleichheit erfolgreich erscheinenden Bildungssysteme sind in sozial homogene Gesellschaften eingebettet, in welchen Bildung als eine wichtige Leitmetapher des allgemeinen Lebens erscheint (oder aber die Homogenität über wenig camouflierte Diktaturen erreicht wird).[3] Das aber kann sich ändern. Unterm Strich lässt sich jedenfalls die Formel „Bildungspolitik als Sozialpolitik" als Kausalannahme zur Förderung von Gerechtigkeit nicht rechtfertigen; sie stützt sich bestenfalls auf Korrelationsdaten, die ihrerseits noch dubios sind (vgl. Wolf 2002, 2004). Und so nebenbei bleibt festzuhalten, dass die Erwartung nicht weit trägt, Bildung könnte für ökonomischen Erfolg sorgen: Die DDR ist trotz ihrer gut gebildeten Bevölkerung untergegangen, die BRD hat zuletzt trotz der attestierten Mängel in ihrem Bildungssystem und an ihrer Bevölkerung einen Wirtschaftsaufschwung wie kein anderes Land erlebt. Eine ganz andere Dimension gewinnt das Geschäft allerdings, wenn Bildungspolitik als Element sozialer Integration angesehen wird, wie das interessanterweise von Bildungsökonomen, vor allem jedoch von Psychologen gefordert wird, welche sehen, dass das ganze System durch seine Privilegierung kognitiver Leistungen einen fatalen Desintegrationseffekt erzeugt. Er verdient die Aufmerksamkeit der Sozialpädagogik. Nur fällt er ihr nicht auf, obwohl oder gerade weil sie selbst einen Bildungsbegriff verwendet, der auf das scholare Setting sowie curricular normierte Inhalte ausgerichtet wurde. Soziale Arbeit betreibt also zwar Gesellschaftskritik, lässt sich aber durch die von ihr selbst mit getragene Verengung auf das Bildungssystem

---

3   Finnland darf noch als sozial homogene Gesellschaft gelten, wenngleich hier massive Exklusivprozesse im Übergang zum Beschäftigungssystem zu beobachten sind; so hat Finnland eine der europaweit höchsten Raten bei der Jugendarbeitslosigkeit. Zu den camouflierten Diktaturen muss wohl Singapur gerechnet werden.

darauf ein, dass sie zur Hilfsinstanz von Schulen wird, die sich in ihren scholaren Mechanismen ausdehnen. So verschwindet *nicht nur* aus dem Blick, was Soziale Arbeit und Sozialpädagogik zunächst und zurecht gegenüber dem etwa durch PISA ausgelösten Schulhype geltend gemacht haben, nämlich die Bedeutung des informellen und non-formalen Lernens für die Entwicklung junger Menschen, auf die Lern- und Erfahrungsprozesse unter Peers und in frei gewählten Lebenszusammenhängen wie etwa der Jugendarbeit. Diese Einsicht tritt zunehmend in den Hintergrund; bei den Debatten etwa um vernetzte Bildungslandschaften geht es allein um den Primat der Schulen, der alle anderen zuarbeiten müssen. *Vielmehr* übernimmt die Sozialpädagogik als inhaltliches Handlungsprinzip die schulische Selektionsfunktion. Seitdem der Elementarbereich aus der Zuständigkeit der Sozialministerien in die der Kultusministerien übergeht, werden Leistungstests – etwa im Blick auf die Sprachkompetenz der Vierjährigen und Fünfjährigen – vorgenommen, welche ihrerseits wieder Zuordnungen zu Leistungsgruppen nach sich ziehen. (Nebenbei: Die Entwicklung von Sozialkompetenzen rückt dafür in den Hintergrund.) So finden Selektionsprozesse statt, welchen dann Soziale Arbeit – „irgendwie" – kompensatorisch zur Seite treten soll. *Endlich* wird übersehen, wie dieser Bildungsbegriff die Felder der Sozialen Arbeit verfehlt. Dass es um Begleitung in Krisen und um deren subjektive Bewältigung geht, dass es um den Aufbau und die Entwicklung von Einstellungen, Fähigkeiten und Fertigkeiten für die Bewältigung lebensweltlicher und alltäglicher Herausforderungen geht, dass es um Haltungen und Praktiken geht, die ein Leben erlauben, das von Sanktionen nicht bedroht ist, dass es mithin um Erziehung in einem weiten Sinne des Ausdrucks geht, bleibt völlig auf der Strecke. Scholare Bildung steht auf der Tagesordnung der Sozialen Arbeit – auch das war gemeint als Teil von Gesellschafts*kritik*. Ob die Menschen etwas von dieser haben und für sich gewinnen, bleibt offen.

Ein *drittes Beispiel* für die pervertierte Kritik bietet die Debatte um *Inklusion*: Der Begriff steht bekanntlich für das anspruchsvolle, auf die universellen Menschenrechte, dann auf die Konvention für Behinderte und die UN-Kinderrechtskonvention gestützte Programm, Menschen in ihrer Unterschiedlichkeit, in ihrer je besonderen Verfassung, die sie aufgrund ihrer Naturausstattung, ihrer Lebensgeschichte, aufgrund von Krankheit oder besonderer biographischer Entwicklung haben oder erleiden mussten, sicher zu stellen, dass sie an sozialen und kulturellen Prozessen teilhaben (vgl. Wernstedt/Ohnesorg 2010; Schwohl/Sturm 2010). Deutlich wird das gesellschaftskritische Element des Ansatzes, indem er nicht nur an Würde als zentrale Kategorie des neuzeitlichen humanen Selbstverständnisses und als Grundsatz aller modernen Verfassung erinnert, sondern zugleich ins Bewusstsein hebt, dass und wie Würde eben nicht realisiert wird. Nicht minder deutlich wird der Maßstab eines, dem gegebenen Wohlstandsniveau angemessenen, sozialen und kulturellen Lebens. Und endlich geht es darum, die Chance zugänglich zu machen und zu eröffnen, am gesellschaftlichen, materiellen wie kulturellen Reichtum teilhaben zu können. Anders als in klassischen Programmen der sozialen Absicherung wird den Menschen kein Normalitätsentwurf auferlegt. Sie sollen sich keiner Norm beugen, vielmehr gilt: Sie werden in ihrer Individualität als Mitglieder einer Gesellschaft prinzipiell anerkannt. Dabei geht es nicht um ein Grundeinkommen, wie sie den Gedanken des Existenzminimums bestimmt, vielmehr zielt die Überlegung auf die Ausstattung mit den je individuell erforderlichen Mitteln, welche als „capabilities" souveränes Handeln erst ermöglichen (vgl. BMFSFJ 2009). Soweit die noch gut klingende Nachricht.

Inklusion wird kritisch als Kontrastfolie gegenüber allen Formen von Exklusion geltend gemacht und soll nicht mit Integration vermengt werden. Faktisch bleibt bei dem Konzept unklar, was und wen es eigentlich meint. Inklusion zielt auf eine Veränderung und Verbesserung der sozialen und kulturellen Situation insbesondere von Kindern und Jugendlichen, hält jedoch offen, wer der Akteur des Geschehens sein soll. Formuliert die Programmatik der Inklusion eine Forderung an das politische Gemeinwesen, wird der Skeptiker nach dem Neuen in dieser Forderung fragen. Der Staat hat sich solche Forderungen längst zu eigen gemacht hat, aber meist nicht realisiert, im Gegenteil die Ausgrenzungsprozesse selbst mit betrieben – immer schon bei behinderten Menschen, die er lange für geschäftsunfähig erklärt hat oder heute durch seine Sozialgesetzgebung systematisch ausschließt, wenn sie Auflagen nicht nachkommen. Oder richtet sich die Inklusionsprogrammatik an die Fachkräfte? Dann bleibt wie bislang unentschieden, ob diese überhaupt einer generell angelegten Empfehlung für ihre fachliche Praxis folgen wollen, oder nicht doch der Tendenz zur Spezialisierung gehorchen, welche die Felder der Behinderten- und Integrationspädagogik wie auch der Sozialpädagogik bestimmen. Empirisch scheint offen, welche Modelle der Arbeit mit behinderten Menschen sich durchsetzen – und diese hängt weniger von der Lebenssituation und der Biographie der Betroffenen ab, sondern mehr von den Intentionen der Professionellen, deren jeweilige Spezialisierungen auch Statusfragen transportieren.

Endlich – und dafür spricht die zeitliche Koinzidenz des Auftretens – könnte und kann das Konzept der Inklusion als ein Element in der Politik des aktivierenden Sozialstaats gesehen werden, wie dieser nach der marktliberalen Wende etabliert wird. Jenseits punitiver Maßnahmen verzichtet der aktivierende Sozialstaat weitgehend auf Infrastrukturen, setzt auf Incentives und verlangt die Selbstverantwortung der Hilfebedürftigen. Wir haben mit höchst ambivalenten Vorgängen einer Bemächtigung zu tun, die zwar Subjektivität stärkt, zugleich aber doch jene in labile Situationen bringt, welche der damit transportierten Norm von Subjektivität nicht gerecht werden. So bleibt zumindest undeutlich, ob und wie weit das Konzept der Inklusion nicht bloß der neuen Aktivierungssemantik verfällt. Denn die Codierung der Pragmatiken als Selbststeuerung der Individuen steht allerdings in der Gefahr, diesen eine Selbstsorge aufzuerlegen, der sie dann doch nicht nachkommen können (vgl. Hosemann/Trippmacher 2003, bes. Lüttringhaus 2003).

Dass und wie diese Gefahr besteht, zeigt sich in mehreren Punkten: *Zum einen* wird Inklusion in einem Moment geltend gemacht, in welchem Entwicklungs- und Bildungsprozesse hoch normierten Mustern unterworfen werden (vgl. zur Problematik: Seelmeyer 2008). Dem Bekenntnis zu Heterogenität und Diversity stehen Testverfahren gegenüber, die Individualität, Besonderheit, Eigenwilligkeit gerade nicht anerkennen, geschweige denn fördern. Prämiert werden standardisierte Lösungen von Testaufgaben. Mehr noch: Eigenwillige Lebensmodelle gelten als riskant, die Träger solcher Risiken sollen möglichst frühzeitig identifiziert und als Belastung von Gesellschaft bearbeitet werden. Kritische Soziale Arbeit rechtfertigt sich damit, dass so Ausschluss verhindert wird, doch nicht nur die Psychologie will individuelle Besonderheiten als Risiken frühzeitig diagnostizieren, um sie einem Treatment zugänglich zu machen, das die Betroffenen zwischen die Leitplanken eines Normalitätspfades bringt. Die Einzelnen sollen gut funktionieren, gemäß der Standards, die an allen Ecken und Enden dieser Gesellschaft verbindlich werden – Inklusion bedeutet dann flexible Anpassung („Fitness") an gesellschaftliche, vor allem an ökonomische Imperative. *Zum anderen* haben wir zu tun mit Formen der sozialen Behinderung, bei welchen Menschen Opfer von sozialen Prozessen werden, durch die sie schlicht idiotisiert werden. Die Kritische Soziale Arbeit klammert diese Dimension des Geschehens geradezu systematisch in ihrer Ablehnung des sogenannten Kulturalismus aus (Nolte 2005; Kessl/Reutlinger/Ziegler 2007); Armut müsse demnach vorrangig in ihrer materiellen Dimension und als ökonomischer Tatbestand angesehen werden. Auch das verstärkt die Tendenz, die Folgelasten der Inklusion wie die in ihr mitgedachten Verantwortlichkeiten den Individuen aufzuerlegen. Folgen die neuen Konzepte der Sozialen Arbeit nicht längst einer Methodik, welche man als schwarze Seite der Inklusion interpretieren könnte? Wieder lässt sich jedenfalls ein Paradox der Kritik beobachten: Gegenüber vorgeblicher Herrschaft noch durch die Soziale Arbeit selbst verweisen Sozialraumorientierung und Case-Management Menschen schlicht auf sich selbst. Sie erhalten dann zwar noch Transfermittel, sollen aber ihre Autonomie und Selbstverantwortung in ihrer Lebenssituation mit diesen Mitteln beweisen. Inklusion heißt dann, man soll selbst bewältigen, dass Infrastrukturen verschwinden, Ressourcen ausgedünnt werden. Die begleitende Unterstützung wird mit dem – wiederum kritisch gegen Bevormundung gerichteten – Hinweis verweigert, dass sie zur Unselbständigkeit und so am Ende zu einer Ausgrenzung führt. *Endlich* liegt eine problematische Seite der Inklusion darin, dass mit dem ganz Ernst gemacht wird, was der Begriff wörtlich besagt. Inklusion heißt nämlich Einschluss. In der gegenwärtigen Debatte werden zwar Anerkennung und Partizipation, Teilhabe an gesellschaftlichen und kulturellen Möglichkeiten beschworen. Systematisch und systemisch betrachtet unterstellt dies aber eine Gesellschaft, die einigermaßen eindeutig zu identifizieren ist. Anders gesagt: Inklusionskonzepte unterstellen trotz allen Insistierens auf Differenz einen sozialen Holismus. Eine sorgfältige Analyse von modernen Gesellschaften verweist aber darauf, dass diese in sich widersprüchlich, brüchig, von Veränderungs- und Beschleunigungsprozessen betroffen sind, welche die Rahmungen biographischer Arbeit verschwinden lassen. Dis-Embedding, Entbettung löst eine zunehmend verzweifelte Suche nach Gemeinschaft aus, um überhaupt leben zu können. Wo sollen aber die individuellen Subjekte in der Inklusion angeschlossen werden, wo können sie andocken, wenn ihnen doch alles entgleitet? Oder ist das Konzept zynischer? Geht es von einem geschlossenen Zusammenhang aus, in welchen die Einzelnen hineingeholt werden sollen – übrigens ganz unabhängig davon, ob die Einzelnen das überhaupt wollen? Dieser geschlossene Zusammenhang kann aber dann nur in den Grundprinzipien bestehen, welche in einer modernen, kapitalistischen Gesellschaft herrschen. Wer inkludiert wird oder inkludiert sein möchte, gibt also seine Zustimmung, beispielsweise dazu, sich auf Lebensmuster einzulassen, die mit kapitalistischen Wirtschaftsformen, mit der Bereitschaft etwa verbunden sind, die eigene Arbeitskraft als Ware auf dem Markt wohlfeil – also auch zu Niedriglöhnen – anzubieten. Gesellschaftliche Strukturen und soziale Normen wie rechtliche Verbindlichkeiten treten hier viel näher zusammen, als dies beispielsweise in der Debatte um den Verfassungspatriotismus als Kontrapunkt zur leidigen Leitkultur so behauptet wird. Etwas boshaft formuliert: Wir haben mehr denn je eine Leitkultur, nämlich die Ökonomie des Kapitalismus, die wir mit unserer Inklusion nun für uns selbst einkaufen.

Die Gefahr der Einschließung entspringt keineswegs bloßer Phantasie: Im Umgang mit Kindern und Jugendlichen besteht längst die reale Dimension einer inklusionsorientierten Sozialpolitik darin, die institutionelle Betreuung von Kindern und Jugendlichen massiv auszuweiten. Familie, die informelle und non-formale Bildung in der Begegnung zunächst mit Peers, dann mit anderen, nämlich mit nicht-professionellen Erwachsenen wird zurück gedrängt, obwohl solche nicht-systematisierten, nicht-curricularisierten, nicht-methodisierten Interaktions- und Kommunikationsprozesse die Substanz von menschlicher Bildung überhaupt erst ausmachen (sich freilich nicht messen lassen). So dehnen sich Überwachungs- und Kontrollmechanismen aus, die mit Politiken der Entdeckung von Risikogruppen und zur Eindämmung ihres möglichen Gefahrenpotenzials für die Gesellschaft einhergehen. Dann entsteht eine ausgedehnte Landschaft von – je nach politischem Credo – staatlich etablierten und organisierten oder privatisierten, aber Standards unterworfenen Betreuungs- und Belehrungsinstanzen und Institutionen, die keinen Raum mehr für individuelle Entwicklung lassen. Institutionen, die einer letztlich kapitalistischen Produktionslogik gehorchen, bei der Abweichler zunehmend ausgestoßen werden. Christian Lüders hat vor einiger Zeit in einem Beitrag für „SOS-Dialog" darauf hingewiesen, wie gerade die neugeformten, verbindlichen Bildungsinstitutionen sozusagen als Nebeneffekt ein Ausgrenzungsklientel erzeugen. Mit anderen Worten: die Politik der Inklusion tendiert offensichtlich zur Institutionalisierung und damit zu einer Einschließung, mit der die Vorstellungen von subjektiver Entwicklung, von individueller Normalität und Autonomie zwar nicht unbedingt dementiert, aber doch infrage gestellt werden. Denn: Institutionen, die alle Menschen einschließen, tendieren dazu, Selbstentdeckung und Selbstverwirklichung, Mitbestimmung und Partizipation auf ein Maß zu reduzieren, das der sozialen Logik von Institutionen und ihres störungsfreien Funktionierens genügt – mehr aber nicht zulässt. Oder zugespitzt: Inklusion in und durch Institutionen erzeugt in Gesellschaften selbst eine Form der Ausgrenzung; es werden exterritoriale Räume geschaffen, in welchen die Subjekte dann objektiviert werden.

Hinzu kommt endlich, dass moderne Gesellschaften jene Entwicklungsvorgänge verhindern, welche für das Aufwachsen, für Sozialisation, für Personwerdung erforderlich sind, welche erst recht Menschen benötigen, die in eine Krisendynamik aufgrund von Belastungen geraten, welche sich nicht bewältigen lassen. Das Dilemma dieser modernen Gesellschaften besteht also darin, dass sie in ihrer Vielfalt von Situationen und Unübersichtlichkeit nur von Menschen bewältigt werden, die in einem hohem Maße entwickelt haben, was man heute als Kompetenz bezeichnet – nämlich eine Mischung aus abstrakten Fähigkeiten, allzumal solchen zum Networking, von Disengagement und Flexibilität, die wir weder bei der Klientel der Heilpädagogik noch bei der der Sozialpädagogik voraussetzen können. Und zwar deshalb nicht, weil sie ihnen lebensgeschichtlich vorenthalten worden ist. Hier verkehrt sich nun das Konzept der Inklusion geradezu. Es spricht den Subjekten Autonomie und Eigenwilligkeit zu, will ihnen Bevormundung ersparen und sie in den Status souveräner Akteure versetzen, die ihren Platz und ihren Weg in Gesellschaft und Kultur selbst bestimmen. Doch nicht nur, dass kontingent bleibt, wo sie in einer Gesellschaft landen, an welche Settings sie also anknüpfen können – die empirische Forschung etwa zur Jugendhilfe deutet ja schon heute an, in welch extremen Maße Unterschiede in den Versorgungsstrukturen bestehen und somit den Hilfeprozess faktisch zu einem absoluten Willkürakt werden lassen. Vielmehr werden die Subjekte nicht nur normativ, sondern faktisch auf sich selbst verwiesen; der Gewinn der Inklusionsstrategie wendet sich also gegen sie, weil sie unter individuellen und sozialen Bedingungen die eigene Individualität geltend machen sollen, unter denen sie eben dies nicht können. Strukturell geraten sie in eine Situation, die man – in einem Analogieschluss – mit Herbert Marcuse als *repressive Toleranz* bezeichnen kann (vgl. Marcuse 2004): Die für autonom erklärten Subjekte dürfen, können und müssen sich in einer diffusen Welt orientieren, für die sie nicht befähigt wurden. Man nimmt ihre Eigenarten hin, erklärt die als Ausdruck von Autonomie und überlässt sie sich selbst, die begleitende und unterstützende Hilfe wird verweigert, weil sie nicht vorgesehen ist.

4. Kann man eine Tendenz feststellen, die all diesen Entwicklungen zugrunde liegt? *Zum einen* artikulieren regelmäßig Profession und Disziplin eine kritische Haltung gegenüber gesellschaftlichen Entwicklungen. Sie machen universalistische Normen wie Gerechtigkeit und Gleichheit geltend. Dies verschafft ihren Anliegen hohe Plausibilität und führt zur Akzeptanz der Positionen. Kritik wird als legitim wahrgenommen, führt aber dazu, dass das Aktionsfeld der Sozialen Arbeit sich auf öffentliche Darstellung und politische Aktivitäten verlagert. Letztlich findet eine überraschende Politisierung statt; sie steht im Widerspruch zu den bekannten Intuitionen über die Situation der Sozialen Arbeit, denn üblicherweise vermuten wir einen Verlust ihrer politischen Wirksamkeit und Akzeptanz sowie fachlich eine Entpolitisierung, die mit Resignation einhergeht. Wer aber mediale und politische Diskurse empirisch prüft stellt jedoch eher das Gegenteil fest: Disziplin und Profession sind präsent, genießen Aufmerksamkeit, werden allerdings unter den Gesichtspunkten ihrer Effektivität und Effizienz gesehen. Das bestätigt freilich, dass sie nun in der Tat im Gesellschaftssystem angekommen sind, funktional werden – möglicherweise mit der Ebenenverschiebung, wie sie sich generell beobachten lässt, nämlich auf die Ebene einer Aufmerksamkeitsökonomie. Die kritische Haltung als Merkmal Sozialer Arbeit wird aber wohl genau hier doppelt funktional: Sie macht nämlich einerseits Maßstäbe und Kriterien geltend, an welchen die moderne, bürgerliche Gesellschaft universell gemessen sein soll und will, appelliert zudem an jene, die über Ressourcen verfügen – nur vordergründig besteht also ein Gegensatz zwischen dem Insistieren auf rechtsstaatliche Garantien eines würdevollen Lebens und den Forderungen nach altruistischen Spenden, wie sie etwa von Sloterdijk erhoben worden sind. In ihrem Geschäftsgang hat die Soziale Arbeit diese Forderungen schon längst aufgenommen und im methodisierten Fund-Raising systematisiert. Andererseits setzt sie erfolgreich auf Skandalisierung und Dramatisierung übrigens sowohl der Klientensituation wie vor allem ihrer eigenen Arbeitsumstände; nicht zuletzt die Inflation von sogenannten „immer mehr" Diagnosen belegt dies.

Damit wird *die andere Dimension* des Geschehens deutlich: Kritik ist offensichtlich ein Instrument geworden, um die Claims der Sozialen Arbeit zu etablieren und zu schützen. Das gilt wiederum in mehrfacher Hinsicht. Auf der einen Seite lässt die Soziale Arbeit ihre schmuddeligen Seiten hinter sich und wird eine reputierliche Angelegenheit, die sogar offen mit den für sie erforderlichen Kosten umgeht. Diese weist sie als notwendig aus – als ein Nebeneffekt der jüngsten Wirtschaftskrise zeigt sich die Bereitschaft, Investitionen in soziale Absicherung

als erfolgreich und sinnvoll insbesondere dann anzusehen, wenn man beispielsweise die workforce so absichern kann. In der Öffentlichkeit, in den Medien und
in der Politik gesteht man ihr zu, dass es Bedarf an ihr gäbe und dieser befriedigt
werden müsse – hier wäre als ein Beispiel die Etablierung der Schulsozialarbeit
zu nennen, die noch vor wenigen Jahren in diesem Ausmaße undenkbar gewesen
wäre. Auf der anderen Seite bestehen in der Sozialen Arbeit vergleichsweise
schlecht bezahlte, zuweilen selbst prekarisierte Tätigkeiten. Gleichwohl lassen
sich massive Verwerfungen feststellen. Steigenden Einkommen, dem Zuwachs
im sozialen Status stehen erbärmliche Verhältnisse gegenüber – nur: das ist die
normale Realität in allen Bereichen des Arbeitslebens. Diesen Entwicklungen
entspricht dann als eine weitere Seite eine Verschiebung in der Arbeitsstruktur
der Sozialen Arbeit und Sozialpädagogik: Hier vollzieht sich eine zuweilen fast
makabre Spaltung zwischen jenen, die eher kommunikativ Netzwerke herstellen,
welche sich zwischen Politik, Medien, öffentlicher Sozialverwaltung und freien
Trägern aufspannen, und denjenigen, welche die mühsame Arbeit mit den Klienten und an diesen durchzuführen haben – übrigens in zuweilen abenteuerlichen
Beschäftigungsverhältnissen.

Welche Konsequenz kann man nun aus diesen Beobachtungen und Überlegungen ziehen? Auf den ersten Blick legen sie nahe, vom Konzept der Kritik
grundsätzlich Abschied zu nehmen. So resignativ dies klingt: Offensichtlich ist
der Kapitalismus so stark, dass er noch jede Form und vor allem jeden Inhalt
einer Kritik an ihm zu absorbieren, wenn nicht sogar sich einzuverleiben vermag.
Luc Boltanski und Eve Chiapello haben dies in ihrem Buch über den „neuen
Geist des Kapitalismus" nachdrücklich gezeigt (Boltanski/Chiapelli 2003). Sowohl die wissenschaftliche Kritik wie die der Profession tendieren dazu, das
Modernisierungsprojekt voranzutreiben, sie werden damit letztlich affirmativ,
meist sogar zynisch.

Man wird dazu tendieren, dieses Argument zur Seite zu schieben, um als
Reaktion eine Radikalisierung der Kritik zu verlangen, in der diese nicht preis-
gegeben, sondern kontinuierlich weiter verfolgt wird. Damit müsste man eine
Dialektik der Aufklärung in den Blick nehmen, von der die Kritik in der Sozialen
Arbeit und Sozialpädagogik sich nicht befreien kann und darf, die sie vielmehr
weiter treiben muss. Die Kritik an der Kritik erweist sich so als Fortsetzung des
Projekts, das unverzichtbar bleibt, dabei nicht auf die gesellschaftlichen Verhältnisse sich beschränken darf, sondern zunehmend auch zur Selbstkritik der Sozialen Arbeit werden muss – nicht bloß, weil diese andernfalls funktional wird,
sondern vor allem, weil sie möglicherweise sonst verschwindet. Was vorhin mit
Vorbehalt gesehen worden ist, nämlich das Selbstinteresse der Profession kann
in einer solchen Dialektik der Aufklärung, in der Kritik der Kritik zu einem trei-
benden Moment werden, das freilich der Aufmerksamkeit bedarf. Nötig scheint
eine Bewegung, die Wiederherstellung einer Dialektik, die sich bei der Wahr-

nehmung der Verhältnisse, der Personen und der Praktiken nicht bloß auf Gegenthesen beschränkt, sondern eine Veränderungsbewegung in den Blick nimmt, mehr als das: in den Veränderungen selbst noch die Möglichkeit eines völlig Differenten aufnimmt, Kritik der Kritik betreibt. Luc Boltanski hat dies in seinen unter dem Titel „Soziologie und Sozialkritik" erschienenen Frankfurter Adorno Vorlesungen mit dem Begriff des hermeneutischen Widerspruchs gefasst (Boltanski 2010). Boltanski verlangt eine regelmäßige Prüfung, welche die Erfahrung der Subjekte nicht bloß zur Kenntnis nimmt, sondern systematisch erkundet. Er fordert vor allem, die Institutionen in Augenschein zu nehmen (Boltanski 2010: 133 ff), mit welchen wir zu tun haben, selbst wenn wir angesichts ihrer Flüchtigkeit nur noch von ihren Schatten und den Spuren reden dürfen, die sie hinterlassen. Vielleicht müssen wir den Verlust der Institutionen selbst in seiner Bedeutung für die Subjekte thematisch machen, wie Bauman einmal hervorhebt: Ohne Institutionen sind Freiheit und Autonomie gar nicht möglich (Bauman/Tester 2001: 38).

Nicht genug damit. Eine weitere Möglichkeit zur Bewahrung der Kritik besteht wohl darin, Soziale Arbeit eher prinzipiengestützt, aber nicht sofort streng normativ zu begründen und zu verfolgen. In allen geschilderten Fällen ist nämlich ein Mechanismus zu beobachten, der darin besteht, dass die Kritik zwar auf die eingeschränkte Handlungsmöglichkeit der Menschen abgehoben hat, in einer ganz eigentümlichen Verkehrung aber regelmäßig diese dann normiert oder erst recht begrenzt – etwa durch Curricularisierung von Bildungsangeboten, Einführung von Standards etc. Folgt man der Idee einer Dialektik der Aufklärung, liegt das Problem also darin, dass die Soziale Arbeit und die Sozialpädagogik in ihrer Kritik ein Gegenlager benötigen, auf das sich die Kritik immer dann beziehen und stützen kann, wenn sie selbst Gefahr läuft, zu verhärten und sich gegen die Subjekte zu richten. Wie kann aber ein solches Gegenlager aussehen?

Das erste Prinzip für ein solches Gegenlager besteht darin, auf die Subjekte selbst zu hören und sie zu achten, sie in ihrer Lebenslage ernst zu nehmen und vor allem aufzunehmen, was sie selbst als Kritik äußern. Das darf nicht als Parteilichkeit verstanden werden, weil eine solche nicht möglich ist, wenn und wo Menschen beispielsweise Gewalt gegenüber anderen ausüben, grausam agieren. Gleichwohl kommt man nicht umhin, ihre Lebensumstände, ihre subjektive Praxis zu prüfen, sie in ihrer Logizität verstehen und begreifen zu wollen. Kritik, die Weiterführung des Prinzips der Kritik verlangt also, die Wirklichkeit der Menschen zu sehen, diesen eine Sprache zu geben und sie zum Sprechen zu ermächtigen, ihnen nicht mit Gerechtigkeit und Gleichheit, auch nicht mit einem Anspruch auf Bildung oder auf Fitness näher zu treten, den sie am Ende als Zynismus empfinden.

Darin klingt ein zweites Prinzip an, das in der Sozialen Arbeit und Sozialpädagogik ungewöhnlich erscheint: Weniger, wenngleich auch aus Gründen des doppelten Mandats tendieren Soziale Arbeit und Sozialpädagogik dazu, ihre

Aufgaben in einer Weise zu verstehen, bei der Menschen – um es positiv zu formulieren – in Gesellschaften und Kulturen heimisch werden, manchmal nach Krisenerfahrungen, um so Autonomie zu gewinnen und Handlungsmöglichkeiten zu finden. In all dem liegt Gewicht darauf, dass Menschen sich Wissen, Fähigkeiten und Fertigkeiten aneignen. Das scheint auf den ersten Blick plausibel, weil die Diagnosen belegen, dass und wie etwas fehlt, das zur erfolgreichen, nicht sanktionierten Lebensbewältigung erforderlich scheint. Das theoretische wie praktische Gegenlager zu den Antworten der Institution und der professionellen Pragmatik besteht aber darin, die Freiheit und Autonomie der Subjekte zu unterstützen und zu befördern. Soziale Arbeit und Sozialpädagogik sind bei ihrer Kritik an gesellschaftlichen Entwicklungen und bei ihren Vorschlägen zu deren Bewältigung, also bei Empowerment, Bildung und Inklusion auf eine geradezu überwältigende Weise illiberal. Sie eröffnen kaum Freiheitsräume, sondern tendieren dazu, Menschen in Institutionen einzuschließen, die zwar freundlich als solche der Bildung einher kommen, aber längst nur noch mit Zwängen der Unterordnung verbunden sind. Man fragt sich eigentlich immer, was dieser Totalitarismus zur Autonomie der eigenen Lebenspraxis beiträgt.

Dem entspricht ein drittes Prinzip, das zum eben Genannten im Widerspruch zu treten scheint: Eine im politischen Sinne gedachte Liberalität tendiert dazu, die Subjekte sich selbst zu überlassen; erstaunlicherweise finden wir auch dies in sozialpädagogischen Konzepten, eben aus ihrer Kritik an Machtprozessen, wie sie in der Pädagogik kaum zu vermeiden sind. Als Beispiel für eine solche Form der – wie man sie nennen darf – Autonomie vergessenden Liberalität wurde das Case-Management genannt, Züge einer solchen Selbstverantwortungspolitik finden wir in den Zusammenhängen, die unter dem Etikett der Sozialraumorientierung diskutiert werden. Soziale Arbeit und Sozialpädagogik haben aber genuin mit dem zu tun, was die klugen Vertreter der Inklusionspolitik nun auch diskutieren, nämlich mit Capabilities. Capabilities, Fähigkeiten entstehen aber nicht von selbst. Sie sind – Martha Nussbaum weist vielfach darauf hin (Nussbaum 1997, 2008, 2009) – auf gut verstandene pädagogische Prozesse angewiesen, die nicht direktiv erfolgen, sondern im Kontext von sozialen, gemeinschaftlichen Praktiken der beteiligten Akteure entstehen, welche ihrerseits mit Zeigestrukturen verbunden werden, die auf Weltsachverhalte verweisen und Lernprozesse ermöglichen. Die kritische Sozialpädagogik hat eben diesen pädagogischen Ansatz häufig und gerne noch um den Preis von sich gewiesen, dass eigentlich unklar bleibt, was an ihr selbst *pädagogisch* genannt werden soll. Nicht wenige in ihr tendieren zu einer antipädagogischen Haltung. Paradoxerweise liefern sie damit die Subjekte den kritisierten gesellschaftlichen Verhältnissen aus, geben ihnen keine Chance an einem gemeinsam zu tragenden Projekt der Weltbewältigung teilzuhaben.

Damit aber wird das vierte Prinzip ignoriert, das an den Verweis auf die reale Lebenssituation anschließt, darauf also, dass auf die Subjekte selbst zu hören wäre. Dieses vierte Prinzip verlangt eine Prüfung unter dem Kriterium des *Wohlbefindens*. Dabei geht es nicht darum, objektiv feststellen zu wollen, worin vorgeblich objektive Bedürfnisse der Klientel bestehen könnten. Solche mag man in Erwägung ziehen, man mag sie vielleicht auch in den eben genannten Zeigehandlungen vorstellen. Dennoch hat Vorrang zu haben, was als ein subjektives Wohlbefinden zu gelten hat. Darauf muss gehört werden, wenn Kritik nicht zur Durchsetzung von vermeintlichem Expertenwissen dienen soll, sondern sich auf die Subjekte menschlicher Lebenspraxis bezieht. Dies aber wäre Aufgabe einer kritischen Sozialpädagogik, die sich in ihrer Kritik selbst prüft.

Literatur

Bauman, Zygmunt. 2000: Liquid Modernity. Cambridge: Polity.

Bauman, Zygmunt. 2004: Wasted lives. Modernity and its Outcasts. Cambridge: Polity.

Bauman, Zygmunt /Tester, Keith. 2001: Conversations with Zygmunt Bauman. Cambridge: Polity.

Boltanski, Luc 2010: Soziologie und Sozialkritik. Frankfurt am Main.

Boltanski, Luc/Chiapello Ève 2003: Der neue Geist des Kapitalismus. Konstanz.

Bourdieu, Pierre 2001: Wie die Kultur zum Bauern kommt. Über Bildung, Schule und Politik. Schriften zu Politik und Kultur. Band 4. Hamburg 2001.

Bourdieu, Pierre., Passeron, Jean-Claude 1973: Grundlagen einer Theorie der symbolischen Gewalt. Frankfurt am Main.

Bundesministerium für Familie, Senioren, Frauen und Jugend (Hrsg.) 2009: 13. Kinder- und Jugendbericht. Bericht über die Lebenssituation junger Menschen und die Leistungen der Kinder- und Jugendhilfe in Deutschland. Berlin.

Castel, Robert 2005: Die Stärkung des Sozialen. Leben im Wohlfahrtsstaat. Hamburg

Ehrenberg, Alain 1991: Le culte de la performance. Paris (Hachette Litératures. Pluriel Sociologie).

Ehrenberg, Alain 2000. : La Fatique d'être soi. Dépression et société. Paris (Odile Jacob, Poches).

Hosemann, Wilfried/Trippmacher Brigitte 2003. (Hrsg.): Soziale Arbeit und soziale Gerechtigkeit. Baltmannsweiler.

Kessl, Fabian 2005: Der Gebrauch der eigenen Kräfte. Eine Gouvernementalität Sozialer Arbeit, Weinheim und München.

Kessl, Fabian 2006: Aktivierungspolitik statt wohlfahrtsstaatlicher Dienstleistung? Das aktivierungspolitische Re-Arrangement der bundesdeutschen Kinder- und Jugendhilfe. ZSR 52 (2006), Heft 2, S. 217-232.

Kessl, Fabian/Reutlinger, Christian/Ziegler, Holger (Hrsg.) 2007: Erziehung zur Armut? Soziale Arbeit und die ,neue Unterschicht'. Wiesbaden.

Koselleck, Reinhart 1976: Kritik und Krise. Frankfurt am Main.

Lessenich, Stephan 2008: Die Neuerfindung des Sozialen. Der Sozialstaat im flexiblen Kapitalismus. Bielefeld.

Lüttringhaus, Maria 2003: Sozialdarwinismus durch Partizipation. In: Hosemann/Trippmacher (Hrsg.): Soziale Arbeit und soziale Gerechtigkeit. Baltmannsweiler, S. 121-153.

Luhmann, Niklas 1996: Jenseits von Barbarei. In: Max Miller, Hans Georg Soeffner: Modernität und Barbarei. Soziologische Zeitdiagnose am Ende des 20. Jahrhunderts. Frankfurt am Main, S. 219-230.

Marcuse, Herbert 2004: Repressive Toleranz 1965. In: H. Marcuse: Schriften, Bd. 8. Aufsätze und Vorlesungen 1948-1969. Springe, S. 136-166

Musfeld, Tamara/Quindel, Ralf/Schmidt Andrea 2008: Einsprüche: kritische Praxis Sozialer Arbeit in der Kinder- und Jugendhilfe. Baltmannsweiler

Schwohl, Joachim/Sturm, Tanja (Hrsg.) 2010: Inklusion als Herausforderung schulischer Entwicklung. Widersprüche und Perspektiven eines erziehungswissenschaftlichen Diskurses. Bielefeld.

Nolte, Paul 2006: Riskante Moderne. Die Deutschen und der neue Kapitalismus. München

Nussbaum, Martha C. 1997: Cultivating Humanity. A Classical Defense of Reform in Liberal Education, Cambridge, London: Harvard University Press

Nussbaum, Martha C. 2008: Education for Profit, Education for Freedom. http://aurora forum.stanford.edu/essay/martha-nussbaum-%E2%80%9Ceducation-profit-education-freedom%E2%80%9D-fox-memorial-lecture-hebrew-university-20 [überprüft: 3.3.2011]

Nussbaum, Martha C. 2009: Education for Profit, Education for Freedom. In: Liberal Education. http://www.aach.org/liberaleducation/le.../LE-S409_Nussbaum.pdf [überprüft: 3.3.2011]

Seelmeyer, Uwe 2008: Das Ende der Normalisierung? Soziale Arbeit zwischen Normativität und Normalität, Weinheim und München.

Wernstedt, Rolf/John-Ohnesorg, Marei (Hrsg) 2010: Inklusive Bildung. Die UN-Konvention und ihre Folgen. Friedrich Ebert Stiftung. Berlin.

Wolf, Alison 2002.: Does Education Matter? Myths about Education and Economic Growth. London: Penguin

Wolf, Alison 2004: Mehr Bildung bedeutet noch lange nicht mehr Wohlstand. In: Neue Züricher Zeitung – NZZ Online, 28. Oktober 2004 http://www.nzz.ch/2004/08/28/th/page-article9T41B.html (28.10.2004).

Zur Konzeptualisierung der Akteure bei Bourdieu und Boltanski

Klaus-Dieter Scheer

Der Ausgangspunkt nachfolgender Überlegungen ist die Beobachtung, dass keineswegs nur die sog. Praktikerinnen, sondern auch Kolleginnen in der Disziplin gewiss nicht in böser Absicht aber dennoch Denkverbote errichten mit dem Hinweis auf die Nicht-Praxistauglichkeit dieses oder jenes theoretischen Gedankens – und dies obwohl man noch längst nicht auch nur ansatzweise zu Ende gedacht hat. Man hat offenbar ein festes implizites Wissen davon, was praxistauglich ist und was nicht. Dieser Habitus, mit dem man theoretischen Anstrengungen begegnet, hat viele Implikationen – unter anderem die (natürlich so nie formulierte) Forderung, dass in der Disziplin der Sozialen Arbeit ein theoretischer Gedanke nur dann seine Berechtigung hat, wenn er zugleich als in der Praxis tauglich angesehen werden kann, wobei vorab definiert ist, was als Praxis gilt.

Auch dort, wo von einer Kritischen Sozialen Arbeit die Rede ist, werden Erwartungen an die Soziale Arbeit herangetragen derart, dass sie sowohl zu einer Kritik der schlechten Verhältnisse als auch zu einer Orientierung besseren professionellen Handelns fähig sein soll.

Die Soziale Arbeit soll beides können: kritisch sein (wobei der Kritikbegriff meist ungeklärt bleibt) und zugleich auch das Bedürfnis der Praxis nach legitimierten Lösungsmustern bedienen.

Im Einwand der Praxis gegen Theorieversuche zeigt sich ein affirmatives Praxisverständnis. Hierin ist das Erbe des geisteswissenschaftlichen Anspruchs einer Handlungswissenschaft, unter der sich die Disziplin dem Primat der Praktikabilität beugen muss, wirksam (vgl. zu dieser Thematik: Keckeisen). Aber gerade dann, wenn die disziplinäre Soziale Arbeit sich als eine sozialwissenschaftliche Disziplin versteht, die nicht mehr am Gängelband der Pädagogik agiert, sondern sich dem Kreis der sozial- und kulturwissenschaftlichen Disziplinen zurechnet, – gerade dann gelten auch die Kriterien und Regularien der sozialwissenschaftlichen Disziplinen – anderenfalls beansprucht man im selben Atemzug schon wieder ein Sonderfall zu sein. Bezogen auf den hier in Rede stehenden Sachverhalt bedeutet dies erstens das Durchbrechen des affirmativen Zirkels von Praxis und Theorie und zweitens muss die Disziplin selbst ihr Verhältnis zu den Akteuren in der gesellschaftlichen Wirklichkeit bestimmen. Die Frage lautet dann, wie die Sozialwissenschaften die im Alltag handelnden Akteure konzipieren: – natürlich unterschiedlich und unter Inanspruchnahme unterschiedlicher Theorietraditionen. In der Soziologie sind seit geraumer Zeit einschlägige und interessante Bemühungen und Diskussionen zu konstatieren, an die im Folgenden angeknüpft wird. An den Positionen von Bourdieu und Boltanski können paradigmatisch zwei getrennte Sichtweisen aufgezeigt werden.

1

Zunächst zu Bourdieu. Dies mag überraschen. Versteht Bourdieu doch seine Sozialtheorie als eine reflexive, die die Dichotomien von Objektivismus und Subjektivismus, Strukturtheorie und Akteurstheorie zu überwinden beansprucht. Und doch ist bei Bourdieus Sozialtheorie ein wie Celikates es nennt „epistemologischer Bruch" zu konstatieren (Celikates, S. 47). Damit steht Bourdieu in der Wissenschaftstradition von Emile Durkheim. Dieser hatte in den ‚Regeln der soziologischen Methode' von „sozialen Tatsachen" (faits sociaux) gesprochen und diese „wie Dinge" aufgefasst. Soziale Tatsachen sind den Akteuren äußerlich, sie sind unabhängig von den einzelnen Handlungen und Handelnden selbst. „Weil soziale Tatsachen", so die Interpretation Durkheims durch Celikates, „von individuellen Handlungsvollzügen und vom Selbstverständnis der Akteure unabhängig sind, können sie nicht durch den Nachvollzug, die Beschreibung oder die Interpretation dieser Handlungsvollzüge und Selbstverständnisse erfasst werden, sondern nur über eine quantitative Zugangsweise, die naturgesetzanaloge Regelmäßigkeiten ohne Rückgriff auf eine intentionales und normatives Vokabular beschreibt und erklärt" (Celikates, S. 42).

Epistemologisch bedeutet dies einen Bruch zwischen Wissenschaft und Common Sense, zwischen Episteme und Doxa (um die altehrwürdige philosophische Tradition wenigstens anzudeuten), einen Bruch mit den „Vorstellungen, Begriffen und Evidenzen des Alltagbewußtseins" (ebenda, S. 43).

In ihrer wissenschaftstheoretischen Abhandlung „Soziologie als Beruf" schreiben Bourdieu und seine Koautoren unter der Kapitelüberschrift „Der Bruch" die Unterüberschrift „1. Der wissenschaftliche Tatbestand wird gegen die Illusion unmittelbaren Wissens errungen" (Bourdieu/Chamboredon/Passeron, S. 15). Und weiter:

„Epistemologische Wachsamkeit erweist sich bei den Humanwissenschaften als besonders notwendig, da hier die Trennung zwischen Alltagsmeinung und wissenschaftlichem Diskurs unklarer ist als in anderen Wissenschaften. Mit dem rasch und leichthin gemachten Zugeständnis, dass die Soziologie des 19. Jahrhunderts in ihrem vorrangigen Interesse an einer moralischen und politischen Reform der Gesellschaft es häufig an wissenschaftlicher Neutralität habe fehlen lassen und dass selbst die

Soziologie unseres Jahrhunderts auf die Ansprüche der Sozialphilosophie hat verzichten können, ohne deshalb vor ideologischen Ansteckungen einer ganz anderen Ordnung geschützt zu sein, drückt man sich häufig vor der Erkenntnis – und den damit sich ergebenden Konsequenzen –, dass für den Soziologen die Vertrautheit mit der sozialen Welt das Erkenntnishindernis schlechthin darstellt, da diese Vertrautheit unablässig nicht nur fiktive Konzeptionen oder Systematisierungen hervorbringt, sondern auch die Bedingungen ihrer Glaubwürdigkeit. Der Soziologe ist nie definitiv vor der Spontansoziologie gefeit; er muß sich zu einer fortwährenden Polemik gegen die blindmachenden Evidenzen zwingen, die allzu billig die Illusion unmittelbaren Wissens und seines unüberschreitbaren Reichtums vermitteln. Die Trennung zwischen alltäglicher Wahrnehmung und Wissenschaft, die sich etwa für den Physiker im entschiedenen Gegensatz von Alltagsleben und Laboratorium niederschlägt, fällt ihm um so schwerer, als er im theoretischen Erbe, auf das er zurückgreifen kann, Hilfsmittel zur radikalen Zurückweisung der Alltagssprache und ihrer Begriffe nicht findet" (ebenda, S. 15).

Oder wie Bourdieu in „Rede und Antwort" sagt:

„Der objektivistische Bruch mit den Vorbegriffen, den Ideologien, der Spontansoziologie, den folk theories, ist ein unvermeidlicher, notwendiger Moment wissenschaftlichen Vorgehens – diesen Bruch nicht zu vollziehen, wie der Interaktionismus, die Ethnomethodologie und alle Formen der Sozialpsychologie, die sich an eine phänomenale Sicht der sozialen Welt halten, geht nur um den Preis gravierender Irrtümer" (zitiert nach: Treibel, S. 224).

Natürlich weiss Bourdieu von den subjektiven Erfahrungen und Orientierungen der Akteure. Aber die Erfahrungen und Entfaltungsmöglichkeiten der Individuen sind begrenzt, und die Akteure sind allenfalls zu einer „Spontansoziologie" fähig. Mit den Techniken des Bruchs, nämlich „logische Kritik der Begriffe, statistische Überprüfung der falschen Gewissheiten, entschiedene und methodischen Infragestellung des äußeren Scheins" (Bourdieu/Chamboredon/Passeron, S. 17), glaubt Bourdieu eine vom Common Sense klar geschiedene Wissenschaft zu konstituieren, die sich der Spontansoziologie zu widersetzten vermag.

Das Wissen der Akteure reicht nicht aus für eine soziologische Analyse, sondern muss um eine wissenschaftliche Wissens-Perspektive erweitert werden. Bourdieu spricht von einem „Prinzip der Nicht-Bewußtheit" (ebenda, S. 18) – es ist als ein methodologisches Postulat, nicht als anthropologische These zu verstehen, und meint eben jenen behaupteten Sachverhalt, dass den Akteuren die objektiven Strukturen, innerhalb derer sie sich vorfinden, dem Bewusstsein und Wissen entzogen sind. Deshalb reichen die Meinungen, die Absichten, die Wissensbestände auf Seiten der Akteure nicht aus, die objektiven Bedingungen ihrer sozialen Existenz zu klären; hierzu bedarf es eben des wissenschaftlichen Wissens – Soziologie als Aufklärung.

Dabei ist dies alles nicht so zu verstehen als ob Bourdieu kein grosses Interesse an den subjektiven Erfahrungen und Orientierungen der Akteure hätte; im Gegenteil: im „Elend der Welt" zeigt Bourdieu, wie er sich die Verbindung der Perspektiven der einzelnen unter heteronomen Bedingungen stehenden Akteuren mit den Formen einer empathischen und zugleich distanzierten Beobachtung, d.h. einer wissenschaftlichen Wissens-Einstellung, denkt: die zahlreichen Interviews oder sollte man sagen die zahlreichen Antworten, die Bourdieu und seine Mitarbeiter erhalten haben, geben den Betroffenen nicht nur die Möglichkeit der Artikulation ihres alltäglichen Leids, sondern die Vielheit der Artikulationen fördert gerade auch das „Strukturelle der Nöte zutage" (Sonderegger, S. 72). Die Antworten der Befragten zeigen, dass das alltägliche Leid ein kollektives ist und als solches sichtbar gemacht werden kann und damit der Kritik zugänglich ist. Und Kritik heisst hier, dass klar gemacht werden kann, dass das aufgezeigte Leiden nicht notwendig ist.

Natürlich kann man nach dem Modell des methodologischen und epistemologischen Bruchs die Disziplin der Sozialen Arbeit modellieren. Gewiss kann sie den Akteuren („Klienten") die Möglichkeit der Artikulation des alltäglichen Leidens bieten; gewiss kann sie das „Strukturelle der Nöte" zu Tage fördern; gewiss kann sie mit ihrem wissenschaftlichen Wissen die objektiven Strukturen, in denen sich die Subjekte auf für diese undurchschaubare Weise verfangen haben, dechiffrieren; gewiss kann sie die Kontingenz der Fremdbestimmung, die Nicht-Notwendigkeit, aufzeigen – und vielleicht muss sie das auch alles tun. Und gewiss wäre eine solche Soziale Arbeit mit Recht eine kritische zu nennen.

Dieser von Bourdieu inspirierte Weg wird hier nicht weiter verfolgt zugunsten der Darstellung einer alternativen Konzeptualisierung der Akteure.

2

Man kann Bourdieu gewiss nicht vorwerfen, ihn interessierten die Akteure nicht. Dennoch bleibt in der Bestimmung der – wie wir sagen würden – Subjekte im Modell des epistemologischen Bruchs ein Unbehagen zurück. Bei aller Anerkenntnis der Erfahrungen der Handelnden werden sie doch als Agenten der Verhältnisse konzipiert. Bezeichnender Weise hat der 10 Jahre jüngere und langjährige Mitarbeiter von Bourdieu, nämlich Luc Boltanski, ein wissenschaftstheoretisch und epistemologisch differentes Modell entwickelt, das an die Wissenschaftradition der Ethnomethodologie im Besonderen und generell an die hermeneutisch-phänomenologische und pragmatische Tradition anknüpft: das Modell des epistemologischen Egalitarismus.

In der Tradition der Ethnomethodologie werden das Wissen, die Fähigkeiten und die Selbstverständnisse der Akteure ins Zentrum sozialwissenschaftlicher Erkenntnis gestellt: also das, was einer objektivistischen Beobachterperspektive nicht zugänglich ist. Damit wird zugleich die epistemologische Hierarchie zwischen den Akteuren und den Sozialwissenschaften wenn nicht umgedreht, so doch entscheidend verändert bzw. beseitigt.

Die Radikalität der Ethnomethodologie liegt darin, dass in ihr die professionelle und die Laien-Soziologie konzipiert werden als epistemisch gleichwertige Weisen praktischer Reflexion. „Analyse, Interpretation, Reflexion und Kritik werden als Dimensionen der Alltagspraxis selbst sichtbar" (Celikates, S. 101); – deshalb der Neologismus Ethnomethodologie. Sie beansprucht einen Zugang zur Praxis zu ermöglichen, „der nicht über die Vorstellung eines Bruches zwischen Theorie und Praxis, eine strukturelle Differenz zwischen Beobachter- und Teilnehmerperspektive und eine Gegenüberstellung von Wissenschaft und Common Sense vermittelt ist. Ihr Verhältnis zur Praxis und zu den Akteuren ist primär eines des Lernens, nicht des Erklärens und ‚Besserwissens'" (ebenda, S. 102). Der Blick, den die Ethnomethodologie einnimmt, kann deutlich machen, wie komplex die alltäglichen Praktiken sind, in deren „Rahmen die Akteure ihre Handlungssituationen stets aufs Neue konstituieren, problematisieren und aushandeln" (ebenda, S. 103).

Es wird von der Ethnomethodologie die Annahme gemacht, dass alle Akteure, Laien wie Wissenschaftler, prinzipiell über die gleichen reflexiven Fähigkeiten verfügen. Dies ist selbstredend eine methodologische Position und muss als solche verstanden werden. In Ansehung der faktischen Verhältnisse ist davon auszugehen, dass die tatsächliche Ausbildung und Ausübung der reflexiven Fähigkeiten nicht für alle gleichermaßen möglich ist.

Der Mehrwert des ethnomethodologischen Blicks besteht darin, dass die Subjekte als eigenständige und ernst zu nehmende Akteure begriffen werden, und nicht als Informanten für wissenschaftliche Konstruktionen. Die Akteure „verfügen über reflexive Fähigkeiten und eigene Handlungstheorien, die es ihnen erlauben, das Verhalten anderer Akteure zu verstehen, zu erklären, zu rechtfertigen, zu kritisieren und sich an der Konstitution der sozialen Wirklichkeit zu beteiligen" (Celikates, S. 133). Allerdings ist die Ethnomethodologie situationistisch verkürzt und hat in ihrer bloßen deskriptiven Einstellung eine positivistische Schlagseite.

Im Unterschied zur Ethnomethodologie geht die „Soziologie der Kritik", so nennt die Arbeitsgruppe um Boltanski ihr Programm, davon aus, dass die Alltagpraxis der Menschen normative Strukturen aufweist, die über die konkreten Interaktionssituationen hinausreichen.

Insofern die Akteure im Alltagshandeln Praktiken der Rechtfertigung und Kritik vollziehen, nehmen sie ‚Rechtfertigungsregime' oder ‚Rechtfertigungsordnungen' in Anspruch.

Mit der Ethnomethodologie geht Boltanski von den Subjekten als kompetente Akteure aus, die über die Kraft zu urteilen, zu kritisieren und weitere reflexive Fähigkeiten verfügen.

Im Unterschied zur Ethnomethodologie ist die Konstruktion von Sinn und Ordnung durch die Akteure jedoch nicht allein im Rekurs auf die konkrete Interaktionssituation zu verstehen; sondern sie beziehen sich auf über die konkrete Situation hinausgehende normative Bezugssysteme, von der Gruppe um Boltanski „Rechtfertigungregime" genannt, die eine normative Bindungkraft entwickeln. „Um Geltung zu beanspruchen, muss die Kritik in der Lage sein, sich zu rechtfertigen. Das heißt, sie muss ihr normatives Bezugssystem verdeutlichen, besonders wenn sie auf Rechtfertigungen zu reagieren hat, die die Kritisierten für ihr Handeln vorbringen. Demnach bezieht sie sich unablässig auf Gerechtigkeitsbelange: Welchen Sinn hätte die Kritik denn auch, wenn Gerechtigkeit nur in unserer Phantasie existierte? Darüber hinaus zeigt die Kritik eine Welt, in der unablässig gegen die Gerechtigkeitsforderung verstoßen wird. Sie enthüllt damit die Heuchelei moralischer Ansprüche, die die realen Kräfteverhältnisse, die Wirklichkeit von Ausbeutung und Herrschaft verschleiern" (Boltanski/Chiapello, S. 68/69).

Natürlich wissen auch Boltanski und Chiapello, dass nicht alles Handeln in Rechtfertigungskontexten stattfindet. In ihrer Untersuchung „Über Rechtfertigung" haben sie sechs Ordnungen angenommen und diese in „Der neue Geist des Kapitalismus" um eine siebente erweitert.

Im Handlungsmodus der Rechtfertigung, in den die Akteure jederzeit wechseln können, orientieren sie sich an Gründen und verlangen nach Begründungen. Boltanski betrachtet diesen Handlungsmodus der Rechtfertigung als grundlegend für Alltagspraxis und Selbstverständnis der Akteure.

Damit schreibt die „Soziologie der Kritik" den Akteuren – im Unterschied zum Modell des Bruchs – die Fähigkeiten zu, „der jeweiligen Situation entsprechend auf die von eigener und fremder Seite gestellten Begründungsforderungen „adäquat" zu reagieren. Dafür benötigen sie mehr als die ansozialisierten Dispositionen des praktischen Sinns, auf die sich Bourdieus Modell beschränkt, sie benötigen Urteilskraft und die Fähigkeit zur reflexiven Distanzierung" (Celikates, S. 143). Dieses wird den Akteuren prinzipiell zugeschrieben.

In Ansehung der faktischen gesellschaftlichen Verhältnisse ist von der Tatsache der ungleichen Verteilung und der strukturellen Einschränkung dieser Fähigkeiten zur Distanzierung und Kritik auszugehen. Trotz widriger Verhältnisse und Einschränkungen der Fähigkeit der Akteure gehen Boltanski und Chiapello davon aus, „dass die Menschen ein echtes Kritikvermögen besitzen, dass sie also niemals so entfremdet sind, dass sie nicht mehr im Stande wären, eine kritische Distanz einzunehmen" (zitiert nach: Celikates, S. 154).

D.h. Boltanski und seine Mitstreiter gehen davon aus, dass auch im Falle von Blockaden und massiver Unterdrückung gewisse reflexive Fähigkeiten noch vorhanden sind. Allerdings ist die Konstatierung einer Blockade im empirischen Einzelfall eine Hypothese, deren Wahrheitsgehalt nicht allein aus der Beobachterperspektive belegt oder widerlegt werden kann, „sondern einem Prozess der dialogischen Klärung unterworfen werden muss, an dem die Betroffenen wesentlich beteiligt sind" (Celikates, S. 183). Die Diagnose eines strukturellen Reflexionsdefizits kann „keine Entmündigung der Akteure legitimieren..., da die Diagnose selbst an das Selbstverständnis der Akteure zurückgebunden werden muss" (ebenda).

Die Ethnomethodologie wie die ‚Soziologie der Kritik' ermöglichen eine genaue Beschreibung der Logiken der sozialen Praktiken und der Praktiken der Rechtfertigung und Kritik. Aber auch die ‚Soziologie der Kritik' tendiert dazu, die sozialen Bedingungen der Möglichkeit der Ausübung dieser Fähigkeiten und Praktiken aus dem Blick zu verlieren. Dieser Umstand verweist auf die Notwendigkeit beides zusammen zu bringen: Akteursperspektive und Beobachterperspektive. Insofern ist eine kritische Gesellschaftstheorie gefordert, die die sozialen Bedingungen der Praktiken der Rechtfertigung mit objektiv verstandenen gesellschaftlichen Strukturen versucht zu vermitteln. Denn der Versuch, aus der Akteursperspektive objektive Strukturen dingfest zu machen, scheint nur um den Preis eines Bruches mit ihr möglich zu sein, wie dies umgekehrt auch für die Beobachterperspektive gilt.

3

An dieser Stelle angekommen, läge es nahe, den Strukturalismus Bourdieus mit dem Pragmatismus Boltanskis zu verbinden, um so die Ermöglichungsbedingungen für das Tun der Akteure aufzuklären. Eine solche Operation wäre im Übrigen typisch für die Art wie Soziale Arbeit sozialwissenschaftliche Konzepte und Theorien rezipiert, nämlich nur „halb" – das behaupten jedenfalls Neumann/ Sandermann sowie auch Dollinger kritisch (beide in: Neumann/Sandermann, S. 137-168 und 113-136). Die Rezeptionspraxis sei so, dass die Sozialpädagogik „keinerlei epistemisch relevante Horizonterweiterungen im Hinblick auf sich selbst erfährt" (ebenda, S. 160/161) – und deshalb führe dies „nicht zu einem Bruch mit den herkömmlichen Plausibilisierungsmustern sozialpädagogischer Theoriebildung" (ebenda, S. 161) – so Neumann und Sandermann.

Und in der Tat; würde man mit Boltanskis Entwurf einer Soziologie der Kritik so verfahren wie angedeutet, brächte man sie um ihre Pointe. Denn die pragmatische Soziologie der Kritik von Boltanski und seinen Mitarbeitern ist gegen den Strukturalismus Bourdieus erarbeitet worden, der die Akteure nach Meinung Boltanskis zu stark auf ihre sozialstrukturellen Bedingungen focussiert und ihnen zu wenig Gestaltungsspielräume einräumt.

Die Beobachtung pluraler Handlungsräume brachten Boltanski dazu, kein vereinheitlichtes Weltbild mehr vorauszusetzen; vielmehr handeln die Menschen in ihren kognitiven, sprachlichen und praktischen Äußerungen immer in „mehreren Welten". Boltanski und seine Mitstreiter denken entlang der Kategorien Pluralismus und Akteurskompetenz, die beide gestalterisch in den Sozialraum einwirken, ja diesen geradezu konstituieren. Durch teilnehmende Beobachtung von Handlungssequenzen, etwa ein Streit um einen Sitzplatz in der Bahn, lassen sich herausdestillieren, „welche Begründungszusammenhänge und Rechtfertigungsprinzipien die Akteure aufrufen, um ihre Position zu artikulieren, zu stärken oder zu verteidigen" (Bogusz, S. 41). Abgesehen davon, dass diese Begründungszusammenhänge sehr unterschiedlicher Natur sein können, lassen sie sich, „so die These Boltanskis und Thévenots, vor allem nicht in erster Linie aus ihrer sozialen oder soziokulturellen Klassenlage ableiten" (ebenda, S. 41/42). Und weiter schreibt Tanja Bogusz: „Vielmehr verweist die Praxis der Verbindung der eigenen, konkreten Situation mit allgemeinen moralischen Prinzpien, kulturellen Geltungen und anerkannten Referenzgrössen auf einen praktischen Sinn der Akteure, der nicht wie bei Bourdieu auf die den Handlungen strukturell vorausgehenden sozialen Dispositionen zurückzuführen ist, sondern auf ihre Kritikfähigkeit" (ebenda). Deshalb ist das Handeln der Akteure in der Sichtweise von Boltanski und Thévenot „kein zwingend absehbarer Ausdruck ihrer Klassenlage" (ebenda). In der Tat darf eine Rezeption der pragmatischen Soziologie Boltanskis diese nicht um diese Pointe bringen.

Allerdings ist das Problem einer kritischen Theorie unter Aufnahme von Boltanskis 'epistemologischen Egalitarismus' (und eben nicht des Bourdieuschen epistemologischen Bruchs) immer noch offen.

Literatur

Bogusz, Tanja (2010): Zur Aktualität von Luc Botanski. Einleitung in sein Werk. Wiesbaden

Boltanski, Luc (2008): Individualismus ohne Freiheit. Ein pragmatischer Zugang zur Herrschaft. In: Westend. Neue Zeitschrift für Sozialforschung 2/2008, S. 133 – 149

Boltanski, Luc (2010): Soziologie und Sozialkritik. Frankfurter Adorno-Vorlesungen 2008. Berlin

Boltanski, Luc/Chiapello, Ève (2006): Der neue Geist des Kapitalismus

Boltanski, Luc/Thévenot, Laurent (2007): Über die Rechtfertigung. Eine Soziologie der kritischen Urteilskraft. Hamburg

Bourdieu, Pierre/Chamboredon, Jean-Claude/Passeron, Jean-Claude (1991): Soziologie als Beruf. Wissenschaftstheoretische Voraussetzungen soziologischer Erkenntnis. Berlin

Bourdieu, Pierre et al. (1997): Das Elend der Welt. Zeugnisse und Diagnosen alltäglichen Leidens an der Gesellschaft. Konstanz

Bütow, Birgit/Chassé, Karl August/Hirt, Rainer (Hg.) (2008): Soziale Arbeit nach dem sozialpädagogischen Jahrhundert. Positionsbestimmungen Sozialer Arbeit im Post-Wohlfahrtsstaat. Opladen und Farmington Hills

Celikates, Robin (2009): Kritik als soziale Praxis. Gesellschaftliche Selbstverständigung und kritische Theorie. Frankfurt/M.

Celikates, Robin (2008): Von der Soziologie der Kritik zur kritischen Theorie? In: Westend. Neue Zeitschrift für Sozialforschung 2/2008, S. 120 – 132

Hartmann, Martin (2008): Rechtfertigungsordnungen und Anerkennungsordnungen. Zum Vergleich zweier Theoriemodelle. In: Westend. Neue Zeitschrift für Sozialforschung 2/2008, S. 104 – 119

Jaeggi, Rahel/Wesche, Tilo (Hg.) (2009): Was ist Kritik? Frankfurt/M.

Keckeisen, Wolfgang (1984): Pädagogik zwischen Kritik und Praxis. Studien zur Entwicklung und Aufgabe kritischer Erziehungswissenschaft. Weinheim und Basel

Kurswechsel 3/2009 (Thema: Kritische Soziale Arbeit)

Neumann, Sascha/Sandermann, Philipp (Hg.) (2009): Kultur und Bildung. Neue Fluchtpunkte für die Sozialpädagogische Forschung? Wiesbaden

Sonderegger, Ruth (2009): Wie diszipliniert ist (Ideologie-) Kritik? Zwischen Philosophie, Soziologie und Kunst. In: Jaeggei, Rahel/Wesche, Tilo (Hg.) (2009): Was ist Kritik? Frankfurt/M., S. 55 – 80

Schultheis, Franz/Vester, Michael (2008): Soziologie als Beruf. Hommage an Pierre Bourdieu. In: Mittelweg 36. 5/2002, S. 41 – 64

Treibel, Annette (2006): Einführung in soziologische Theorien der Gegenwart. 7. aktualisierte Auflage Wiesbaden

Soziale Arbeit und philosophische Kritik

Negativistische Kritik in der Theoriebildung Sozialer Arbeit

Susanne Dungs

1 Kritik heute: so unmöglich wie unverzichtbar

Heutige Kritik ist mit erheblichen Schwierigkeiten konfrontiert. Kritik heute ist ebenso „unmöglich wie unvermeidlich" (vgl. Gamm 2003: 27). Die ‚postmodernen' Pluralisierungsbestrebungen haben prägnante Modelle, wie eine Gesellschaft aussehen sollte, in der ein gelingendes Leben möglich sein könnte, wegbrechen lassen, und doch nimmt das Unbehagen an den gesellschaftlichen Verhältnissen zu. Die Menschen der Spätmoderne „wachen auf, aus Sorge [...] nicht mehr auf dem Laufenden zu sein, die Aufgabenlast nicht mehr bewältigen zu können [...] oder in der bedrückenden Gewissheit (etwa als Arbeitslose oder als Ausbildungsabbrecher), bereits abgehängt zu sein. [...] Wer so lebt, führt bestimmt kein gutes Leben" (Rosa 2009: 43).

Die Wahrnehmung beklagenswerter Zustände bringt das Rad der Kritik derzeit in Schwung. Die aus den komplexen gesellschaftlichen Veränderungsprozessen resultierenden Leiderfahrungen dringen auf eine Erneuerung der Kritik „nach ihrem Ende" (Gamm 2003: 25). Mit dieser Mobilisierung der Kritik nimmt ihr Aufgabenspektrum keinesfalls ab. Und doch muss der normative Horizont, *auf den hin* heutige Kritik sich ausrichten könnte, fraglich bleiben. Kritik heute muss sich auf eine Offenheit und Fraglichkeit ihres Arbeitens einstellen. Einerseits sind die Normen, auf die sie sich berufen kann, höchst unterschiedlicher Natur, andererseits gewinnt sie ihre normativen Bezugssysteme in Tuchfühlung mit der kapitalistischen Kultur. Selbst der emanzipatorische Einspruch oder die kreative Verweigerung stehen in der Gefahr, geradewegs in Programme umgegossen zu werden, die ökonomische Vorteile auf dem globalisierten Markt versprechen. „Nichtentfremdete Spontaneität, Ausdruck der eigenen Persönlichkeit, Selbstverwirklichung – alles dies dient nun unmittelbar dem System" (Žižek 2005: 11f).

Im »flexiblen Kapitalismus« (Sennett 1989, 2005) macht sich ein immer komplexer und integraler werdender Modus der Subjektivierung breit, der unausgesetzt Individualisierungschancen suggeriert, während er auf eine gigantische Gleichschaltung aus ist. In diesem Modus stehen selbst der „Einfachste" und die „Zerbrechlichste" – so Ulrich Bröckling – vor der Aufgabe, *alles wählen* und *alles entscheiden* zu müssen: „Nicht alle sind in der Lage, diesem Druck

Stand zu halten, und niemand ist es immer" (Bröckling 2007: 289).[1] Während
das *Selbstunternehmertum* in den Arbeitszusammenhängen einen notorischen
Aktivismus fordert, gestalten sich die privaten Lebensverhältnisse in ein und
derselben Bewegung fortschreitend prekär. Sich selbst ankurbelnd, hat man über
die bitterlichen Erfahrungen des Alltags hinwegzuspringen, woraus nach Christoph Henning „ein reflexives Leid höherer Stufenordnung [...], das theoretisch
schwer zu entziffern ist", entstehen kann (Henning 2008: 383). Trotz der Unmöglichkeit heutiger Kritik, können gerade diese Leiderfahrungen, die der „be-
schleunigte" (Rosa 2005) gesellschaftliche Betriebsmodus mit sich bringt, nicht
unbearbeitet bleiben. Der normative Bezugspunkt der Kritik kann kein äußerer,
frontaler, objektiver mehr sein. Er kann nur immanent gewonnen werden und ist
vermutlich schon vom System übernommen. Und doch muss sich heutige Kritik
auf eine – wenn auch offene und fragliche – normative Referenz hin orientieren
können, um überhaupt Kritik zu sein und Perspektiven für ein gelingendes Leben
entwerfen zu können. Wie ist Kritik heute demzufolge möglich?

Die These des Beitrags lautet, dass in dem heutigen Zwiespalt von Unmöglichkeit und Unverzichtbarkeit der Kritik die aristotelische Frage nach einem
„guten und gelingenden Leben" in den Vordergrund rückt. Die Menschen fragen
sich, wie sich durch die Bedingungslosigkeit unternehmerischer Ankurbelung
und optimierender Biegung hindurch ein gelingendes und authentisches Leben
führen lässt. Diese Renaissance des Gelingenden kommt auch in der Sozialen
Arbeit in einer neoaristotelischen Theoriebildung zur Geltung. In Anlehnung an
Paul Gerhard Natorp soll sie als eine *Rephilosophisierung der Sozialen Arbeit*
bezeichnet werden, weil mit dem Problem der (Un)Möglichkeit heutiger Kritik
die Soziale Arbeit wieder näher an die Sozial-Philosophie heranrückt.

Nach Georg Wilhelm Friedrich Hegel fallen Sozial-Philosophie und Sozial-
Kritik ineins. Philosophieren lässt sich seiner Ansicht nach nicht von der Gesell-
schaftsanalyse trennen. „Entzweiung ist der Quell des Bedürfnisses der Philosophie" (Hegel 1986a: 20). Philosophieren ist nach Hegel ein *Diagnostizieren der
Zeit*. Er schreibt in seiner Vorrede zu den *Grundlinien der Philosophie des
Rechts* (1821): „Das *was ist* zu begreifen, ist die Aufgabe der Philosophie, denn
das *was ist*, ist die Vernunft. Was das Individuum betrifft, so ist jedes *ein Sohn
seiner Zeit*; so ist auch die Philosophie *ihre Zeit in Gedanken erfasst*. Es ist ebenso töricht zu wähnen, irgendeine Philosophie gehe über ihre gegenwärtige Welt
hinaus, als, ein Individuum überspringe seine Zeit, springe über Rhodus hinaus.
[...] *Hier* ist die Rose, *hier* tanze" (Hegel 1986b: 26). Vernunft kann sich nach
Hegel nicht außerhalb ihrer Zeit setzen, versuchte sie dies, so bliebe sie *im Abs-
traktum gefesselt* und wäre (noch) nicht *zum Begriffe befreit*, die sich als Rose

---

1   Ulrich Bröckling bezieht sich mit dieser Analyse auf Alain Ehrenbergs *Das erschöpfte Selbst.
     Depression und Gesellschaft in der Gegenwart*, Frankfurt/M. 2004.

„*im Kreuze* der Gegenwart" erkennt (ebd.: 18). Hegels Zeitdiagnostik vermittelt begriffliches Denken mit historischer Realität und versucht die Strukturen des zu einer Zeit geltenden Vernünftigen zu *begreifen* und gegebenenfalls zu revidieren. Auch die heutigen sozialphilosophischen Bilder von einem guten Leben verdanken sich einer Kritik, die immer beides zugleich ist, „*Assoziation wie Dissoziation*. Sie unterscheidet, trennt, distanziert sich; und sie verbindet, setzt in Beziehung, stellt Zusammenhänge her" (Jaeggi/ Wesche 2009: 8). Über ein solches Verständnis, das sich gleichermaßen Innen wie Außen positioniert, bilden sich die Grundlagen einer Kritik aus, die sich bewusst ist, ihre eigenen Ressourcen aus dem Bestehenden zu schöpfen, während sie sich zugleich gegen dieses wendet (vgl. ebd.: 13).

Im Kommenden verorte ich mich unter dem zweiten Punkt zunächst in der Philosophie und ihrem Zwiespalt von Kritik, um die dort angestellten Überlegungen in den Punkten drei bis fünf mit der Sozialen Arbeit zusammenzubringen. In welche Gedanken ist die zeitgenössische Renaissance des Gelingenden gefasst? Die Schwierigkeit dieser Renaissance könnte darin liegen, dass die ‚postmoderne' Errungenschaft, den performativen Charakter von Theoriebildungen erkannt und ihre „Wahrheitspolitiken" (Foucault) dechiffriert zu haben (vgl. Lemke et al. 2000: 24), sich in eine Naturalisierung des Gelingenden umkehrt. Wie können wir uns auf das Gelingende beziehen, ohne es erneut zu essentialisieren? Wie lässt sich verhindern, „dass die Ablehnung ontologischer und essentialistischer Konzeptionen selbst ontologisiert wird. Es ist daher notwendig, den theoretischen Gewinn der Entnaturalisierung" nicht in sein Gegenteil umzukehren (ebd.). Lemke, Krasmann und Bröckling sehen die Gefahr einer solchen Umkehrung zum einen in der zunehmenden Akzeptanz konstruktivistischer Arbeiten herannahen, zum anderen in einer politischen Rationalität, die das Austreiben von Naturalität aus dem neoliberalen Flexibilisierungsparadies mit einer Naturalisierung dieser Form von Sozialität verkopple (vgl. ebd.). Der alte Wein der Naturalisierung fließt – auch bezogen auf das Gelingende – durch neue Schläuche, indem er sich mit den wissenschaftlichen Instrumentarien des ‚Postmoderne'-Diskurses (Dekonstruktion, Heterogenität, soziale Konstruiertheit) und der neuesten Technikentwicklungen *vermischt*? Es müssen daher die normativen Signaturen entschlüsselt werden, von der diese Renaissance begleitet ist. Möglicherweise bringt sie – und das zeigen m. E. die interessanten Beiträge des Fach- und Forschungskolloquiums „Auf dem Wege zu *einer* Theoriebildung *der* Sozialen Arbeit?" in Emden 2010 – eine Bewegung hervor, die, durch alle ‚postmoderne' Heterogenität hindurch, *ein* verbindendes Paradigma Sozialer Arbeit zutage fördert. Denn bei aller Diversität richtet sich jedes sozialarbeiterische Denken und Handeln auf die Ermöglichung eines guten und gelingenden Lebens, dessen Umrisse sich allerdings nicht abschließend bestimmen lassen.

2   Um Kritik ist es elendiglich bestellt: drei Stimmen (Butler, Žižek, Latour)

Mit drei Stimmen aus der Gegenwartsphilosophie von Judith Butler, Slavoj Žižek und Bruno Latour setze ich hier ein, um mich der moralisch-kritischen Autorität der Philosophie und der Geisteswissenschaften insgesamt zu vergewissern. Die drei stellen Ähnliches fest: Kritik habe ihr Potential zugunsten einer Pluralität nur lokaler Erzählungen eingebüßt. Im ‚postmodernen' Pulveruniversum aus Wahl und Biegung werde der Maßstabshorizont eines Gelingenden anhaltend sabotiert. Die drei fragen sich, ob sie nicht mitbeteiligt sind an diesem Dilemma, weil sie die Differenz verabsolutiert und die soziale Konstruiertheit radikalisiert hätten, so dass zum einen jegliche Anbindung an ein moralisches Subjekt durchtrennt wurde und zum anderen auch unbestreitbare Fakten (wie z.B. das Zusammenstürzen der Twin Towers durch Terroristenflugzeuge 2001 in New York) mit der „Neutronenbombe der Dekonstruktion" (Latour 2007) dementiert wurden. Was ist aus der Kritik geworden?

2.1 Rückkehr der Struktur der Ansprache (Butler)

Judith Butler wirft in *Gefährdetes Leben* (2005) die Frage auf: „Haben sich die Geisteswissenschaften mit all ihrem Relativismus, ihrem Infragestellen und ihrer ‚Kritik' selbst untergraben oder wurden die Geisteswissenschaften von denjenigen untergraben, die *gegen* all diesen Relativismus, dieses Infragestellen und diese ‚Kritik' sind?" (Butler 2005: 154). Hat diese Gestalt der Kritik überhaupt zu etwas geführt? War sie in ihrer Radikalisierung multipler und subversiver Identitätskonstruktionen nicht von einer Engführung gekennzeichnet, die eine Gegenbewegung mobilisiert hat, die diesem Spiel Einhalt zu gebieten bestrebt war? Mit ihren Fragen sieht Butler sich selbst in der Klemme, mit ihren Werken forciert zu haben, dass niemand mehr weiß, wer mit welcher Absicht und Botschaft zu wem spricht. Butler reiht sich ein in den ‚Postmoderne'-Diskurs, der es nicht mehr zuließ, Worte und ihre Botschaften bis zu einem Sprecher oder einer Sprecherin zurückzuverfolgen. „Gemeinsam mit vielen anderen habe ich dazu beigetragen, diese Anbindung möglichst zu durchtrennen" (ebd.: 155). Sollten wir versuchen, beides, Autoren wie Autorität, wiederzugewinnen? „Was [..] fehlt, und was ich gerne zurückkehren sehen und hören würde, ist eine Berücksichtigung der Struktur der Ansprache" (ebd.). „Die Struktur der Ansprache ist wichtig, um zu verstehen, wie die moralische Pflicht eingeführt [...] wird, wenn wir in dem Augenblick des Ansprechens sozusagen [...] zu existieren beginnen und sich irgendetwas an unserer Existenz als prekär erweist, wenn diese Ansprache misslingt" (ebd.). Butler umreißt eine Annäherung an das *Gesicht* des Anderen, die bedeute, „wach zu sein, für das, was an einem anderen Leben gefährdet ist, [...] wach zu sein für die Gefährdetheit des Lebens an sich" (ebd.: 160). Mit diesem Angesprochenwerden entwirft Butler eine Perspektive für eine erneuerte Kritik.

2.2 *Von der Atonalität der Welt im Geist des Kapitalismus (Žižek)*

Auch Slavoj Žižek reflektiert die unheilvollen Konsequenzen, die der ‚Postmoderne'-Diskurs mit sich brachte. Er ist der Auffassung, dass die ‚postmoderne' Mannigfaltigkeit auf ihre »minimale Differenz« reduziert werden müsse, um Unterschiede wahrnehmen und eine kritische Position überhaupt einführen zu können (vgl. Žižek 2009: 95). „Die moderne Apologie der ‚Komplexität' der Welt [....] ist in Wahrheit nichts als ein verallgemeinerter Wunsch nach Atonalität" (Badiou zit. n. Žižek 2009: 91). Hand in Hand mit dem entfesselten Kapitalismus habe das ‚postmoderne' Denken ein „atonales"[2] Lebensgefühl erzeugt, das ein „Loch in der Mitte hat" (ebd.: 91ff). Mit Badiou nennt Žižek als Beispiel für eine solche „atonale" Welt die Vision von Sexualität, wie sie in den Gender Studies vertreten wird. Mit der obsessiven Ablehnung des binären Codes entstehe eine Welt „verzweigter sexueller Praktiken", die keine Entscheidung, keine Instanz der Zweiheit, keine Bewertung mehr zulasse. Das einzige Gebot, das diese „atonale" Welt hervorbringe, laute: „‚Genieße'! – verwirkliche dein Potential, genieße in jeglicher Form, vom intensiven sexuellen Genuss über gesellschaftlichen Erfolg bis hin zu spiritueller Selbsterfüllung" (ebd.: 92). Jeglicher „Herren-Signifikant", der dieser Welt eine Ordnung auferlegen könnte, werde dekonstruiert und zerstreut. Hinter der liberalen Coolness stecke eine grandiose Apathie. Niemand gelange über ein trüb-fatalistisches Lebensgefühl hinaus und fühle sich wirklich verantwortlich. Wir lebten in „einer Welt der Mannigfaltigkeit, der es an Tonalität fehlt. Die Antwort ist: Man muss sich ihr in einer Weise entgegenstellen, dass sie gezwungen ist, sich selbst zu »tonalisieren« und den geheimen Grundton einzugestehen, der ihre Atonalität aufrechterhält" (ebd.: 93). Es müsse somit geprüft werden, in welcher Beziehung die kleinen ‚postmodernen' Erzählungen zum zugrunde liegenden „Realen" des Kapitalismus stehen. „*Ergänzen* sie diesen nur durch imaginative Vielfalt [...] oder stören sie sein Funktionieren? Die Aufgabe besteht mit anderen Worten darin, *eine symbolische Fiktion (eine Wahrheit) zu erzeugen, die in das Reale eingreift* und dort eine Veränderung herbeiführt" (ebd.: 95).

---

2   Žižek bezieht sich mit dieser Diagnose der „Atonalität" auf Alain Badiou (2006), *Logiques des mondes. L'être et l'événement 2*, Paris (vgl. Žižek 2009: 91-127).

Žižek spricht sich für eine Reflexion auf den Grundton des Kapitalismus aus. Das in Atonalität verwandelte politische Leben, das zu auch einer Degeneration des öffentlichen politischen Raumes geführt hat, versuche ohne das Eingreifen eines zentralen Signifikanten (Stepppunkt, Antlitz etc.) auszukommen. Ohne ein solches Eingreifen werde die asymmetrische Öffnung der Welt „zu einer stabilen Totalität ‚vernäht'" (Žižek 2009: 92). Erst ein Eingreifen würde die konfuse Vielfalt und bedingungslose Komplexität wieder auf eine ‚minimale Differenz' reduzieren. Die atonale Welt bedürfe somit einer Korrektur, um eine ‚Mitte'³ zu finden, die den grundsätzlichen Glauben an das Gute im Menschen bekräftige. Das Grundproblem führt Žižek auf einen „Verlust der Fähigkeit, im eigentlichen Sinne der Wortes zu glauben" zurück (ebd.). Diese Bemerkung hat ihm in einer Rezension zu seinem *Auf verlorenem Posten* (2009) die Rüge eingetragen, er wolle zu einem traditionellen Begriff von Allgemeinem zurück. Žižek zielt jedoch auf eine *Destabilisierung wissenschaftlich untermauerter Positivität*. Sowohl der ‚Postmodernist' (als skeptischer Zyniker) als auch die ‚Fundamentalistin' (als ontologisch Glaubende) gehörten einer Welt an, die *unmittelbar weiß*. „Religiöse Aussagen sind für beide quasi empirische Aussagen unmittelbaren Wissens; der Fundamentalist akzeptiert sie als solche, der skeptische Zyniker spottet darüber. Was für beide undenkbar ist, ist der ‚absurde' Akt der Entscheidung, der jedem echten Glauben vorausgeht, einer Entscheidung, die sich nicht auf eine Kette von ‚Gründen', auf positives Wissen berufen kann" (ebd.: 92). Auch die allgemeinen Menschenrechte haben nach Žižek den Status eines *reinen Glaubens*. „Sie lassen sich nicht aus unserem Wissen über die Natur des Menschen begründen, sondern sind aufgrund unserer Entscheidung gesetztes Axiom" (ebd.: 94).

Diese von zwei Seiten verfolgte Positivierung von Selbst und Welt (Postmodernistin, Fundamentalist) führt nach Žižek dazu, dass Religion aktuell mit den neuesten wissenschaftlichen Aussagen *kombiniert* wird. Über die Entschlüsselung der DNA des Turiner Grabtuchs beispielsweise müsse sich dessen Echtheit irgendwann wissenschaftlich belegen lassen. Exakt durch dieses „Joint Venture" aus religiösem Glauben und wissenschaftlicher Herangehensweise sieht Žižek den „echten Glauben" fortschreitend bedroht (vgl. ebd.). Wissenschaft in ihrer positivsten Gestalt gewinnt eine hegemoniale Rolle und verknüpft sich mit dem atonalen Charakter des Kapitalismus. Das Gelingende wird in der Spielart beider Seiten (Postmodernist, Fundamentalistin) in Gestalt und Gegengestalt positiven, technisierten und naturalisierten Wissens aufgesucht. Was uns »negativistischen Sozialphilosophen« und »glaubenden Kritikerinnen« somit ein außerordentliches Unbehagen bereitet, ist die aus allen weltanschaulichen Strö-

---

3 Mit „Mitte" umreißt Žižek weniger ein Konglomerat aus verbindlichen Werten, sondern eher die Hegelsche Vorstellung einer „sich zersetzenden Mitte".

mungen und wissenschaftlichen Richtungen herannahende Suspension eines
Selbst- und Weltverhältnisses negativen Couleurs; und zwar mittels eines *Hybridizismus*, in dem alles uneingeschränkt miteinander kombiniert und wissenschaftlich *belegt* werden kann (Religion und Wissenschaft, Moralität und Technik). „Die Durchdringung der Gesellschaft mit Wissenschaft (und Technik) hat
eine Stufe erreicht, die es schwierig macht, ihre Macht und Reflexivität nicht in
Erwägung zu ziehen" (Gamm 2007: 43). Respekt zollen wir heute in erster Linie
einer empirisch-positivistischen und konzeptionell-konstruktivistischen Natur-
und Technik-Wissenschaft, die nicht müde wird, uns mit wissenschaftlichen
Tatsachen zu bombardieren, die uns gegenüber einem kritischen Einspruch im-
munisieren. Warum setzen wir den ausufernden Bestrebungen, Selbst und Welt
über den Weg der Wissenschaft und Technik zu positivieren nichts entgegen?
Wie sollen wir also vorgehen in einer Welt von „Hybriden"[4], denen es an Tonalität mangelt?

Die Paradoxien, die in diesem Ineinanderlaufen liegen, machen die „Hybride" per se zu einem Thema heutiger Sozialphilosophie, die es extrem schwer hat:
Einerseits wird sie durch die „Hybride" entmächtigt; andererseits gestalten sich
ihre Gegenstände immer diffuser (vgl. ebd.). Der eigentliche Schritt, der die
hybriden „großen Anderen"[5] (Genom, Gehirn, Cyberspace) stürzen würde, verläuft nach Žižek über einen Akt, der das atonale soziale Feld so umstrukturierte,
dass „responsive Tonalität" möglich würde. Die Auflösung der fetischistischen
Bindung an den „großen Anderen" eröffne den Raum für „echten Glauben, [...]
der einem *Akt* zugrunde liegt, und der nicht länger in eine Figur des „großen

---

4   Der Begriff des „Hybriden" bezog sich zunächst auf bio- und informationstechnische Prakti-
     ken. Besonders im postmodernen Feminismus (Donna Haraways Cyborg) spielte er eine große
     Rolle. Heute bezieht er sich auch auf soziale Transformationsprozesse (Globalisierung, Öko-
     nomisierung, Technisierung) und auf die Kehrseiten der funktional ausdifferenzierten Gesell-
     schaft, angestoßen durch die Wissenschaftsforschung von Bruno Latour (vgl. Gamm 2007:
     42f). Man könnte heute das Genom, das Gehirn, den Cyberspace als „Hybride" ansehen, da sie
     als Vermittlungsfiguren fungieren, in denen sich Mensch und Technik, Soziales und Biologi-
     sches vermischen (ein Beispiel dafür sind auch die sogen. „Hybrid"-Autos).
5   Žižek beharrt mit Jacques Lacan auf einem ödipalen Modus der Subjektwerdung, weil die
     Struktur einer verbietenden Instanz des Dritten ('großer Anderer') für die Subjektivität konsti-
     tutiv ist. Das Subjekt wird in die symbolische Ordnung hineingeboren. Da die Sprache schon
     vor dem Subjekt da war, ist es nicht Urheber der Sprache, sondern es wird von ihr durchquert,
     ist ihr unterworfen. Der ‚große Andere' (A) steht nach Žižek für die Fiktion, dass Sprache die
     Emanation eines souveränen Subjektes ermöglicht. Er steht aber auch für die gesellschaftliche
     Substanz (z.B. Gebräuche, Üblichkeiten), die dem Subjekt vorhergeht und die es nicht allein
     hervorgebracht hat. Er steht für das impersonale Regelwerk, das unsere gesellschaftliche Ko-
     existenz koordiniert. Er entspricht nach Žižek damit der positiven Ordnung der »Sittlichkeit«
     Hegels. Dies bedeutet im Sinne Lacans, „dass der ‚große Andere' nichts anderes ist als unsere
     ‚zweite Natur': ‚objektiver Geist', die erneuerte Naturalisierung und/oder Entäußerung des
     Geistes" (Žižek 2001: 121).

Anderen" hinein verlegt oder von ihr gestützt […] wird. Mit dem Risiko eines Aktes nehme ich den Glauben vollkommen auf mich und akzeptiere, dass es keinen Anderen gibt, der für mich und an meiner Stelle glaubt. Das ist der wahre christliche Glaube, und das ist die Botschaft des Todes Gottes. Die christliche Gemeinschaft […] ist mit ihrem Glauben allein, sie übernimmt freiwillig die volle Verantwortung dafür und ist nicht mehr auf eine transzendente Autorität angewiesen, die ihn sicherstellt" (Žižek 2009: 100).

2.3 Soziale Konstruiertheit absorbiert vom sozialen Nirgendwo (Latour)

Der Dritte, der auf eine Neuorientierung des spätmodernen kritischen Geistes hinaus möchte, ist Bruno Latour. Auch er problematisiert die Engführung einer Kritik, die eine Vielzahl ‚postmoderner' Fiktionen gedeihen ließ. Braucht der heutige kritische Geist, um Biss zu entwickeln, wirklich den „Bildersturm der Dekonstruktion?". Latour will die Leser mit seinem *Elend der Kritik* (2007) nicht brüskieren, sondern „nach vorne weisen, um unsere dürftigen Kapazitäten so schnell wie möglich neu zu orientieren" (Latour 2007: 8).

„Verstehen Sie, warum ich beunruhigt bin? Ich habe früher einige Zeit damit verbracht, den *»Mangel an wissenschaftlicher Gewissheit aufzuzeigen«*, der der Konstruktion von Tatsachen inhärent ist. […] Aber es ging mir doch nicht darum, durch Verdunkelung eines unbezweifelbaren Arguments die Öffentlichkeit an der Nase herumzuführen – oder doch? Schließlich bin ich genau dessen beschuldigt worden. Aber ich würde doch meinen, dass ich im Gegenteil versucht habe, die Öffentlichkeit von vorschnell naturalisierten, objektivierten Fakten zu emanzipieren. Hat man mich derart missverstanden? Haben sich die Dinge so schnell geändert?" (ebd.: 10).

Jahrelang wurde daran gearbeitet, den ideologischen Gehalt objektiver Feststellungen aufzudecken. Müssen wir angesichts der fortgeschrittenen Dekonstruktion nun umgekehrt zu den unbestreitbaren Fakten zurück? „Noch immer [gibt es, S.D.] ganze Studiengänge, in denen junge Amerikaner lernen […], dass es keinen natürlichen, unvermittelten, unvoreingenommenen Zugang zur Wahrheit gibt, dass wir immer Gefangene der Sprache sind, dass wir immer von einem besonderen Standpunkt aus sprechen usw., während zugleich gefährliche Extremisten sich auf eben dieses Argument der sozialen Konstruktion berufen, um mühsam gewonnene Beweise, die unser Leben retten könnten, zu vernichten" (ebd.: 10f).

War es falsch, sich an der Ausformung des als »Science Studies« bekannt geworden Forschungsfeldes beteiligt zu haben? „Reicht es zu sagen, dass wir nicht wirklich meinten, was wir sagten? […] Müssen wir uns dafür entschuldi-

gen, uns die ganze Zeit geirrt zu haben?" (ebd.: 11). Latour betreibt, wie Butler
und Žižek, ein wenig „Seelenanalyse": „Worum ging es uns eigentlich, als wir
unbedingt die soziale Konstruktion wissenschaftlicher Tatsachen zeigen wollten?
[...] Nicht einmal für die Kritik gibt es sicheren Boden. [...] Was ist aus der
Kritik geworden, wenn Jean Baudrillard, ein französischer General, nein, ein
Marschall der Kritik behauptet, die Twin Towers seien unter ihrem eigenen Gewicht zusammengebrochen, gewissermaßen unterminiert vom blanken Nihilis-
mus, der dem Kapitalismus selbst innewohnt. [...] Was ist aus der Kritik geworden, wenn ein Buch, das behauptet, kein Flugzeug sei je auf das Pentagon ge-
stürzt, zum Bestseller wird?" (ebd.: 12).[6]

Dutzende Verschwörungstheorien „häufen Ruinen auf Ruinen, vermehren
den Rauch um weitere Rauchwolken" (ebd.), so dass Latour von seinem Nach-
barn in seinem kleinen Dorf milde belächelt wird, weil er noch immer daran
glaubt, dass die USA von Terroristen attackiert wurden. „Was ist aus der Kritik
geworden, wenn es eine ganze Industrie gibt, die leugnet, dass die Amerikaner
auf dem Mond gelandet sind?" (ebd.: 14). Es bereitet Latour Kopfzerbrechen,
wenn er „in diesen verrückten Mischungen aus reflexhaftem Unglauben, pedanti-
schem Bestehen auf Beweisen und freiem Gebrauch kraftvoller Erklärungsmuster aus dem sozialen Nirgendwo viele Waffen der sozialen Kritik" wiederfindet
(ebd.: 16), die offensichtlich der falschen Partei in die Hände gefallen sind. Aber
„warum sollte es mit unserem kritischen Arsenal nicht genauso stehen, mit den
Neutronenbomben der Dekonstruktion, mit den Raketen der Diskursanalyse?"
(ebd.: 17). Die raffiniertesten Werkzeuge des Sozialkonstruktivismus treiben,
absorbiert vom sozialen Nirgendwo, ihr Unwesen. Was sollte dagegen einzuwenden sein, dass sich die (kleinen) Leute diese Kritik zueigen machen, zumal
wir doch „so viel über die leichtgläubigen Massen geklagt haben, die eingebür-
gerte Tatsachen" einfach schlucken? „Aristokratische Verachtung einer Popula-
risierung der Kritik?" (ebd.: 19).

Der kritische Geist sei, wenn er sich erneuern wolle, in einer „*unbeirrt rea-
listischen Haltung*" zu suchen. Eine gewisse Form von kritischem Geist hat uns
also in eine falsche Richtung geschickt und die Dinge da draußen, die ohne unser
Zutun existieren, vergessen gemacht. Unser aller Fehler, der durch Kant eingelei-
tet worden sei, bestehe in dem Glauben, „dass es keine wirksame Weise gebe,
Tatsachen zu kritisieren, es sei denn, wenn man sich von ihnen *entfernt* und die
Aufmerksamkeit auf die Bedingungen richtet, die sie ermöglichten" (ebd.: 21).
Latours These, die er aus all dem ableitet, ist, dass es da draußen etwas gibt, das
ganz unstreitig da ist und mit Sprache nichts zu tun hat. Der Fehler war somit die
Dichotomie zwischen Ding an sich und Dingen, die uns angehen. Mit dem Wort

---

6   Latour bezieht sich auf Jean Baudrillard, *Der Geist des Terrorismus*, Wien 2002.

„Sammeln" gibt Latour die Richtung einer erneuerten kritischen Haltung an (vgl. ebd.: 53f). „Der Kritiker ist folglich nicht der, der entlarvt, sondern der, der versammelt. Der Kritiker ist nicht der, der den naiven Gläubigen den Boden unter den Füßen wegzieht, sondern der, der den Teilnehmern Arenen bietet, um sich zu versammeln" (ebd.: 55).

3   Bezugshorizonte der Kritik: Resilienz und Empowerment

Was macht die kursorisch vorgetragene *Kritik der ,postmodernen' Kritik* dieser drei (Butler, Žižek, Latour) deutlich? Wie können wir – gleichsam hindurchgegangen durch die verhängnisvollen Popularisierungen postmoderner Eskapaden – auf das Gelingende Bezug nehmen, ohne es erneut zu essentialisieren? Das kritisch-reflexive Potential der dekonstruktivistischen Selbst- und Weltsicht erlaubt es zweifellos, die wissenschaftliche Analyse in einem historisch-sozialen Raum zu verorten und die von den Einzelwissenschaften transportierten „Wahrheits- und Macht-Effekte" (Foucault) zu problematisieren. Der ‚Postmoderne'-Diskurs trug, etwa in Fortsetzung der *Genealogischen Kritiken* (von Nietzsche und Foucault), dazu bei, eine destabilisierende Reflexion auf die hypostasierende Geschichte des Selbst in Gang zu setzen und die „Machtdurchwirktheit" von Wissen und Subjektivität freizulegen. (Vgl. Saar 2009: 251ff.) Bis hierher können drei Schlüsse gezogen werden:

* *Erstens*: In der Erkenntnis des destabilisierenden, performativen und sozialkonstruktiven Charakters von Theoriebildungen ist eine Errungenschaft zu sehen, da darüber ihre „Wahrheitspolitiken" (Foucault) dechiffriert werden konnten.
* *Zweitens*. Es gilt zu verhindern, dass die Dekonstruktion ontologischer und essentialistischer Konzeptionen selbst ontologisiert wird. Der theoretische Gewinn der Entnaturalisierung ist davor zu schützen, in sein Gegenteil verkehrt zu werden, was auch die zeitgenössischen Vorstellungen von gelingendem Leben betrifft.
* *Drittens*: Im neoliberalen, biotechnisierten und digitalen Kapitalismus droht das Gelingende hybridizistisch überformt zu werden. In den Hybriden werden Naturalisierung und Sozialkonstruktion parallel geführt. In der atonalen Welt der hyperkomplexen Hybride ist es folglich ungeheuer schwer, einen normativen Maßstabshorizont des Gelingenden zu konfigurieren, der – durch alle Vermischungen, Verfielfältigungen und Vernähungen hindurch – auf einer „minimalen Differenz" (Žižek) besteht, die die offene Stelle des Menschlichen ist.

Diese Schlüsse werden nun anhand des Beispiels der „Resilienzforschung" (auch Coping, Befähigung, Selbstwirksamkeit etc.) diskutiert, indem gefragt wird, ob sich darin eine Vorstellung von gelingendem Leben konkretisiert, die die Engführung einer erneuten (nun neoliberal und biotechnisch aufgeladenen) Essentialisierung des Gelingenden zu überschreiten vermag, oder verstärkt sie diese vielmehr?

Der „flexible Kapitalismus" basiert auf einer „projektbasierten Rechtfertigungsordnung, die alle sozialen Beziehungen in einer auf Anpassungsfähigkeit und Kurzfristigkeit setzenden, netzförmig angelegten Struktur aufgehen lässt und das Leben in einer ‚konnektischen Welt' (Boltanski 2007: 11) feiert. […] In dieser Welt sind Passivität und Stillstand nichts, Aktivität und Bewegung alles – bis hin zum Selbstzweck" (Lessenich 2008: 76). Die Politik des Aktivismus forciert ein flexibles und eigenverantwortliches *Ein- und Anpassen* in und an den schnellen Wechsel. Auch der inflationäre Diskurs der Eigenverantwortung – verkörpert im *Unternehmerselbst* – etabliert „das Gegebene zwar nicht als unabänderlich, aber als Ausfluss privater und individueller Entscheidungen, die immer so oder auch anders getroffen werden können" (Legnaro/ Birenheide 2007: 22). Neu und somit für die Soziale Arbeit und die Gesellschaft insgesamt bedenklich sind – mit Bröckling gesagt – die ausgefeilte Operationalisierung der Eigenverantwortung und des Empowerment zu einem „Dispositiv der Menschenführung" und die *Vereinigung* nahezu aller gesellschaftlichen Bereiche unter dem Label des „Selbstbestimmungsimperativs", der jede Lebenssituation als subjektiven Auguss deutet (vgl. Bröckling 2007: 184f).

Das sozialpädagogische Resilienzkonzept, wie es beispielsweise von Margherita Zander (2008) vorgestellt wird, beleuchtet die seelische Widerstandfähigkeit von Kindern in belastenden Situationen (Armut, Scheidung etc.), um Erkenntnisse zu gewinnen, wie diese sozialpädagogisch gefördert werden kann. Kinder und Familien reagierten in unterschiedlicher Weise auf prekäre Lebenslagen. Ihre Bewältigungsformen gestalteten sich äußerst vielfältig, so dass es einem Teil gelinge, sich trotz hohen Risikostatus positiv und gesund zu entwickeln. Es müsse also Faktoren geben, seien es Eigenschaften der Kinder oder Momente im sozialen Nahbereich, die einen Teil befähigten, aus widrigen Umständen vergleichsweise unbeschadet hervorzugehen und sich von traumatischen Erlebnissen relativ schnell zu erholen. Resilienz sei dabei weniger eigenschaftslogisch zu verstehen, sondern manifestiere sich als Ergebnis eines komplexen Interaktionsprozesses im subjektiven Verhalten von Personen und ihren Lebensmustern. „Resilienz stellt sich als Ergebnis eines Prozesses ein, der sich in der Interaktion zwischen Individuum und seiner Umwelt vollzieht" (Zander 2008: 19). Die Aussagen von Zander lassen sich in folgender Tabelle bündeln:

Individuelle Faktoren	Sozialstrukturelle Faktoren
Eigenschaften[7] • Positive Temperamenteigenschaften • Intellektuelle Fähigkeiten • Weibliches Geschlecht **Erwerbbare Fähigkeiten** • Problemlösefähigkeit • Selbstwirksamkeitsgefühl • Positives Selbstkonzept • Soziale Kompetenzen • Sicheres Bindungsverhalten • Gelingendes Bewältigungsverhalten • Kreativität • Körperliche und gesundheitliche Ressourcen	**Innerhalb der Familie** • Mindestens eine stabile Bezugsperson • Familiärer Zusammenhalt • Autoritativ-demokratischer Erziehungsstil • Hohes Bildungsniveau der Eltern • Hoher sozio-ökonomischer Status **In den Bildungsinstitutionen** • Wertschätzendes Erziehungsklima • Förderung von Basiskompetenzen **Im weiteren sozialen Umfeld** • Kompetente und fürsorgliche Erwachsene im sozialen Nahraum • Unterstützende soziale Netzwerke • Zugang zu sozialen Ressourcen im Stadtteil

Obwohl das Gelingende individuellen Lebens *unverfügbar* ist, so ist das Resilienzkonzept doch bemüht, diejenigen Lebensumstände zu *ermessen*, die die Entfaltung von Resilienz gefährden können.

Insbesondere Armut lässt sich nach Zander als ein chronischer Risikofaktor fassen, der die Ausbildung von Resilienz beeinträchtigen kann, so dass sie vor einem „blinden Bewältigungsoptimismus" warnt. Ihr Konzept hält daran fest, Armut als ein multifaktorielles Phänomen zu sehen, das die Bemühungen um deren Beseitigung zu einer gesamtgesellschaftlichen Aufgabe macht. Dennoch fragt es sich, warum das Resilienzkonzept gerade in einer „atonalen" Gesellschaft attraktiv wird, die sich einer aktivierenden „Überwindung der Sozialstaatsabhängigkeit" (Giddens 1997; Schröder/ Blair 1999) und einer komplexen Hybridisierung von Selbst und Welt verschrieben hat.

---

7   Bei den Eigenschaften handelt es sich nach Zander nicht eigentlich um Resilienzfaktoren, weil erst die Faktoren, die aus komplexen Interaktionsprozessen hervorgingen, als solche betrachtet werden könnten.

„Innerer Reichtum" der Resilienz als Unverfügbarkeit individuellen menschlichen Lebens	Resilienz und Zufriedenheit als Teil der praktischen Lebensweise einer Gesellschaft
Grenze der Normalisierung	**Normalisierung ermöglichen**
▪ Das Gelingende menschlichen Lebens lässt sich nicht intentional oder programmatisch herbeiführen. Es ist in seiner Unverfügbarkeit unermessbar.	▪ Resilienz wird sozialisatorisch im gesellschaftlich strukturierten Möglichkeitsraum des Individuellen erworben.
▪ Das Menschliche verweist auf einen Riss, der sich der Symbolisierung entzieht. Dieser Riss ist die Beziehung zu einem verlässlichen Gegenüber.	▪ In diesem Raum geht es um eine Sozialindikatorenerforschung (Erforschung objektiver ökonomischer und ressourcenspezifischer Lebensumstände von Menschen), die Resilienz fördern oder behindern (können). Es müssen also diejenigen Lebensumstände ermessen werden, die die Resilienz gefährden könnten.
▪ Die Suche nach einem sozialpädagogischen Handlungskonzept, über das Resilienz bestmöglich gefördert werden soll, ist unaufhörlich auf seine Grenzen verwiesen. Dennoch kann von dieser Suche nicht Abstand genommen werden.	

Das Resilienzkonzept liefert eine normative Unterfütterung, um die aktivierende Umgestaltung von Selbst und Sozialem voranzutreiben. In dem gleichen Maße wie das soziale und das biologische Leben verschmolzen werden (zu den hybriden „großen Anderen"), droht der Zusammenhang von Wohlergehen und sozialen, ökonomischen und ökologischen Verhältnissen durchtrennt zu werden. Da sie sich ‚Arbeit am eigenen Selbst' zunehmend auf eine Emotions- und Bewältigungsarbeit erstreckt (vgl. Henning 2008: 383), gelten die Verhältnisse – so prekär sie sich auch gestalten mögen – auf der Subjektseite immer mehr als resilient und elastisch bezwingbar. Die „Inszenierung guter Laune" gilt sowohl in Schule und Beruf als auch für die Arbeitssuche als zentral. Mit der „Zurschaustellung chronischer Ekstase", die, so Henning, einer „seelischen Prostitution" gleich kommt, soll das Selbst dazu gebracht werden, reibungslos zugunsten seiner eigenen Effektivierung zu funktionieren. Daraus entsteht das bereits genannte „reflexive Leid höherer Stufenordnung". Der „flexible Kapitalismus" und seine hochgerüstete Gefühl- und Körperkultur (auch mit Hilfe der bio- und neurotechnologischen Möglichkeiten) lässt das Gesetz des Lacanschen „großen Anderen" immer anspruchsvoller werden. (Vgl. ebd.). Es ist fraglich, ob das Resilienzkonzept diesen *eisernen* „großen Anderen" kritisch zu durchqueren vermag. Möglicherweise fügt es sich passgenau in den beschleunigten gesellschaftlichen Betriebsmodus ein. Es könnte zu aktivistisch, individualistisch und optimistisch angelegt sein und definitiv schlechte Lebensbedingungen von Kindern und Familien verschleiern.

Die Konzepte der Resilienz, der Selbstwirksamkeit, des Empowerment etc. neigen insgesamt dazu, die subjektiven Momente zu betonen und die Fehlstellungen in den sozialen Verhältnissen zu unterschätzen. Ihre zentrale Frage ist, so Otto, Scherr und Ziegler: wie „effektiv soziale Akteure in der Lage sind, sich an ungünstige Bedingungen anzupassen und handlungsfähig zu bleiben" (Otto et al. 2010: 155). Die Stärke des Resilienzkonzeptes drückt sich zweifellos darin aus, deterministische Ursache-Wirkungs-Modelle von Wohlergehen zu hinterfragen und die *Unauslotbarkeit gelingenden Lebens* emporzuheben. Seine Schwäche besteht umgekehrt darin, dass es sich reibungslos mit den sozialpolitischen, unternehmerischen und biotechnischen „*Life Politics*" (Giddens) vermitteln lässt. „Demgegenüber geht es der Capability-Perspektive gerade nicht um solche Adaptionsfähigkeiten, sondern um das Ausmaß an Verwirklichungschancen, die bestimmte soziale Arrangements eröffnen oder verschließen" (ebd.). Geraten diese Arrangements aus dem Blick, wird die Ermöglichung des Gelingenden in den Eigenverantwortungsbereich der Einzelnen delegiert. Darin liegt die Gefahr einer solipsistischen Engführung des Gelingenden, das jedoch höchst intersubjektiv komponiert ist.

4 Negativistische Kritik und die Unauslotbarkeit gelingenden Lebens

„*Kritische Theorie nach ihrem Ende*" (Gamm 2003) hat sich in ihrer Form deutlich verändert. Nach Gerhard Gamm ist ihr Gelingen „an die Praxis des Vollzugs gebunden, was aber bedeutet, Kritik kann keine kritische *Theorie* mehr sein" (ebd.: 30). Sobald sie zu einer verallgemeinerbaren Position anhebt und sich *einem* Dispositiv der Selbst- und Menschenführung verschreibt (wie z.B. der Resilienz), verliert sie ihren kritischen Bezug auf institutionalisierte gesellschaftliche Praxen und deren dominierende *Life-Politics* in ihren prekären Auswirkungen. Zeitgenössische Kritik muss sich auf einem Gebiet beschränkter Allgemeinheit und begrenzter Reichweite bewegen, um überhaupt Kritik zu sein. „Und von dieser Bedingung, vom Riss im Gewebe unseres epistemologischen Netzes her, entsteht die Praxis der Kritik mit dem Bewusstsein, dass hier kein Diskurs angemessen ist" (Butler 2005: 221, 226). Kritik heute kann ihren Experiment-Charakter nicht mehr abschütteln und bleibt unabschließbar (vgl. Thompson 2004: 46).

Das Gelingende menschlichen Lebens, um das es diesem Beitrag zu tun ist, kommt nicht *unverbunden* zur Geltung (Hegel), sondern nur als „innere Normativität" (Theunissen) ist es aus der *konkreten* geschichtlichen Wirklichkeit erschließbar. In dieser Wirklichkeit ist das Gesetz des eisernen „großen Anderen" wirksam, das gegenwärtig von der Bewältigungs-, Aktivierungs- und Optimierungsnorm dominiert ist. *„Die Norm ist in diesem Sinne dem Prinzip der Selbstgestaltung nicht äußerlich* [...], vielmehr gestaltet sich das Selbst nach der Norm, bewohnt und verkörpert sie" (Butler 2009: 229). Weil das Selbst die Norm habitualisiert, kann das kritische Erfassen der „Falschheit" (Adorno) unserer gegenwärtigen Selbst- und Weltverhältnisse nicht *direkt* erfolgen, da es theoretisch wie praktisch verstellt ist, „undurchschaubar für den Einzelnen, der gleichzeitig in ihre Praktiken eingelassen ist und sie mitkonstituiert" (Jaeggi 2005: 124). Die praktische Frage „wie wir besser leben könnten", lässt sich daher *als solche* nicht stellen. Es wäre „eine ideologisch zu nennende Verkennung, zu glauben, dass man sie *geradezu* oder unmittelbar beantworten könnte" (ebd.: 122).

Negativistische Kritik versteht sich als eine *praktische Haltung*, die sich als eine bestimmte Art des sensiblen Wahrnehmens, Irritiertseins, Fragens und Zeiterfassens inszeniert. Diese Haltung erweist „sich als zentral für den Vollzug der Kritik selbst" (Butler 2009: 223). Der entscheidende Aspekt eines negativen Vorgehens in der Ethik wie der Gesellschaftskritik ist nach Rahel Jaeggi „nicht, dass es keine Bilder des Glücks und des Gelingens geben dürfe". Entscheidend ist, dass diese Gegen-Bilder „notwendig unbestimmt und vage sind, motivierend zwar, so wie man von unbestimmter Sehnsucht motiviert sein kann, aber nicht aussagekräftig im Sinne des positiven Entwurfs einer ‚anderen Wirklichkeit'. [...] Der negativistische Ethiker begreift zwar, was sein soll von dem her, was nicht sein soll, aber er legt, was nicht sein soll, nicht in derselben Weise *von* dem *her* aus, was sein soll, sondern bloß *auf* dieses *hin*". (Jaeggi 2005: 134) Negative Konzeptionen des Gelingenden sind bemüht, sich eines substantialistischen Charakters zu enthalten. Gleichwohl erkennen sie an, dass wir angesichts bedrückender Gesellschaftsverhältnisse nicht umhin kommen, diese unbestimmten Gegen-Bilder auch zu entwerfen.

Aus der Sicht einer negativistischen Kritik erscheint eine „perfektionistische Ethik", die mit der Aufstellung von Listen operiert, in denen Kriterien für ein erfülltes Leben zusammengestellt sind, abwegig (vgl. ebd.: 134).[8] Denn eine negative Ethik, die „*moralisch sensibel* [ist, S.D.], sofern sie es sich zur Aufgabe macht, Quellen des Leids zu identifizieren, ist dabei gleichzeitig *ethisch sparsam*, weil sie sich konzeptionell der Bezugnahme auf positive Werte und Bilder geglückten Lebens enthält" (ebd.: 128), ohne in eine ethische Indifferenz zu münden. Nur indirekt, von den Unerbittlichkeiten des Alltags aus lässt sich die Frage nach dem Gelingenden stellen. Aber von dort aus muss sie auch gestellt

---

8 Hiermit ist auch eine Kritik am „Capability Approach" (Fähigkeitenansatz) von Martha Nussbaum und Amarthya Sen angesprochen.

werden, denn zuletzt ist es einer negativistischen Kritik um den entschiedenen Einspruch gegen einen Verlust von *Tonalität*, der in ein *zugenähtes Selbst- und Weltverhältnisses* mündet (Žižek 2009), zu tun. Aufgabe zeitgenössischer Sozialkritik ist es, vernähende Mechanismen, „die von den Subjekten zwar empfunden, aber kaum artikuliert werden können" (Jaeggi, Wesche 2009: 14), einsichtig zu machen.

5   Welche Normativität?

Einerseits gibt es keinen direkten und positiven Zugriff auf das gute und erfüllte Leben. „Ob ein Leben gelingt oder die Erziehung zum Besten ausschlägt, bleibt ewig ungewiss" (Gamm 2006: 46). Andererseits war es Anliegen dieses Beitrags, es als problematisch auszuweisen, dass die Frage nach einem gelingenden Leben in den letzten Jahren hinter einer allzu individualistischen Kultur, die nur das Subjektive als ‚richtig' deutet und die soziale Konstruiertheit des Guten verabsolutiert, zurückgetreten ist. „Seit Rawls gilt der ethische Gehalt von Lebensformen unter Verweis auf den irreduziblen ethischen Pluralismus als undiskutierbar. Die Philosophie zieht sich damit von der sokratischen Frage [...] zurück und beschränkt sich auf das Problem, wie, angesichts der Vielzahl gegeneinander inkommensurabler ‚comprehensive doctrines', ein gerechtes Miteinander als ‚Aneinandervorbei' der verschiedenen Lebensformen gesichert werden kann. [...] Wie über Geschmack lässt sich über Lebensformen dann nicht mehr streiten" (Jaeggi 2005: 115). Wir müssen auf einen normativen Referenzpunkt rekurrieren können, *auf den hin*, durch alle ‚postmoderne' Diversität hindurch, Quellen des Leids identifiziert und Umrisse des Gelingenden erkennbar werden können.

In den letzten Jahren haben sich in der Sozialen Arbeit Bemühungen um einen eigenständigen Ethik-Diskurs bemerkbar gemacht, der die Notwendigkeit einer normativen Debatte zur Geltung bringt. Diese Entwicklung wurde in Deutschland nach Ulrich Steckmann dadurch gebremst, dass das Thema ‚Moral' in der Disziplinentwicklung Sozialer Arbeit mit Zurückhaltung behandelt wurde und wird. „Und so werden oft auch gegenwärtig noch Versuche, sich über das moralisch Gute oder Richtige zu verständigen, als Rückfälle in überwundene Ideologien wahrgenommen. Greift man das Thema ‚Moral' dennoch auf, so wird es vorzugsweise durch die Begriffsfilter von Soziologie und Psychologie betrachtet, um normative Aspekte nach Möglichkeit zu neutralisieren" (Steckmann 2004: 263). Auch Otto, Scherr und Ziegler erscheint es als problematisch, „dass die notwendige Debatte um angemessene normative Maßstäbe der Kritik in der Sozialen Arbeit bisher unzureichend geführt worden ist" (Otto et al. 2010: 143).

Eine Verständigung über ethische Haltungen und Grundüberzeugungen ist gerade für die Soziale Arbeit unerlässlich, weil ihre Leitkonzepte und -theorien von normativen Bewertungen nachgerade durchformt sind. Soziale Arbeit ist nach Otto et al. „auf gesellschaftspolitische Festlegungen und Resultate lebenspraktischer Entscheidungen bezogen, in die (explizite oder implizite) Annahmen über Anstrebenswertes und zu Vermeidendes, Achtenswertes und Verachtenswertes, Zulässiges und Unzulässiges, Zumutbares und Unzumutbares eingegangen sind" (ebd.: 142). Jedes Begleiten eines Menschen berührt die Bilder des Glücks und des Wohlbefindens, die das Klientel und das Professional mit ihrem Lebendigsein verbinden. Der Sozialen Arbeit muss daher nicht erst ein ethischer Kern implementiert werden, sondern ihre implizite Normativität ist explizit zu machen, was von Anfang an auch das Kernanliegen von Hans Thierschs Überlegungen zu einer ‚Moral' der Sozialen Arbeit war (vgl. Thiersch 2001).

Gegenwärtig macht sich auch in der Sozialen Arbeit des deutschsprachigen Raumes ein breit geführter neoaristotelischer Diskurs bemerkbar, der dieses zögerliche Umgehen mit dem Thema der ‚Moral' vielleicht überwinden wird. Für ihn wünsche ich mir, dass die philosophischen Debatten zur *Unauslotbarkeit des Gelingenden* darin Einzug hielten. Denn nur eine negative Ethik ist m. E. in der Lage, die Falle zu umschiffen, den theoretischen Gewinn der Entnaturalisierung in eine erneute Naturalisierung des Gelingenden umzukehren, ohne dabei in eine ‚postmoderne' Indifferenz (Atonalität) zu münden. Gewännen demgegenüber die naturalisierenden Tendenzen in diesem Diskurs die Übermacht, so drohte die dringlich anstehende normative Reflexion der tonangebenden Signaturen der Sozialen Arbeit, wie Empowerment, Autonomie, Resilienz usf. in einer „Nebelkammer" zu verschwinden (vgl. Steckmann 2004: 264, 268). Unreflektiert habitualisiert neigen sie dazu, das Funktionieren des „flexiblen Kapitalismus" nur zu ergänzen. Die systematischen Umdeutungen, die beispielsweise der Begriff der Autonomie erfährt (vgl. ebd.: 264), insofern er ein reibungsloses Einpassen in den Funktionalismus von Arbeits- und Privatwelt und in die Optimierung von Aussehen und Stimmung an die Stelle von wirklicher Emanzipation und tatsächlichem Wohlergehen hat treten lassen, blieben dann verdeckt. Die anstehende Verständigung über ethische Haltungen und Grundüberzeugungen der Sozialen Arbeit sollte in Absetzung vom radikalen Konstruktivismus, technischen Hybridizismus, ethischen Partikularismus, moralfreien Liberalismus vollzogen werden. Diese Verständigung scheint in der aktuellen Theorieentwicklung der Sozialen Arbeit in Angriff genommen zu werden, und zwar unter der Prämisse, eine *kritische Soziale Arbeit* herauszupräparieren, in der der Blick auf Betroffene mit der Analyse gesellschaftlicher Umbrüche parallel geführt wird. Es mutet an, dass es diesem höchst sympathischen neoaristotelischen Diskurs gelingt, den bisher ausgesparten normativen Maßstabshorizont der Sozialen Arbeit in neuer

Weise zu füllen, etwa mit: dem Capabilities Ansatz (CA von Sen, Nussbaum) durch Otto, Scherr, Ziegler u.a., dem libertären Paternalismus Nudge (durch Sunstein, Thaler, Vahsen u.a.) und einem deutlich gesellschaftstheoretisch ausgerichteten Resilienz-Ansatz (von Wustmann, Zander u.a.).

Literatur

Adorno, Theodor Wiesengrund (2003): Marginalien zu Theorie und Praxis. In: Ders.: Gesammelte Schriften, Bd. 10.2. Frankfurt/M., S. 759-782. (Hier als Online-Dokument: http://www.copyriot.com/sinistra/reading/agnado/adorno02.html, S. 1-14. Abruf: 04.03.11).

Boltanski, Luc (2007): Leben als Projekt. Prekariat in der schönen neuen Netzwerkwelt. In: Polar – Theorie – Alltag 2. Frühjahr (2007), S. 7-13.

Bröckling, Ulrich (2007): Das unternehmerische Selbst. Soziologie einer Subjektivierungsform. Frankfurt/M.: Suhrkamp.

Bröckling, Ulrich; Krasmann, Susanne; Lemke, Thomas (Hg.) (2000): Gouvernementalität der Gegenwart. Studien zur Ökonomisierung des Sozialen. Frankfurt/M.: Suhrkamp.

Butler, Judith (2005): Gefährdetes Leben. Frankfurt/M.: Suhrkamp.

Butler, Judith (2009): Was ist Kritik? Ein Essay über Foucaults Tugend. In: Jaeggi, Rahel; Wesche, Thilo (Hg.): Was ist Kritik? Frankfurt/M: Suhrkamp, S. 221-246.

Gamm, Gerhard (2003): Kritische Theorie nach ihrem Ende. In: Böhme, Gernot; Manzei, Alexandra (Hg.): Kritische Theorie der Technik und der Natur. München: Wilhelm Fink Verlag, S. 25-36.

Gamm, Gerhard (2006): Standhalten. Motive einer kritischen Pädagogik. In: Keim, Andreas; Steffens, Gerd (Hg.): Bildung und gesellschaftlicher Widerspruch. Hans-Jochen Gamm und die deutsche Pädagogik seit dem zweiten Weltkrieg. Frankfurt/M.: Lang Verlag, S. 45-60.

Gamm, Gerhard (2007): Vom Wandel der Wissenschaft(en) und der Kunst. In: Mersch, Dieter; Ott, Michaele (Hg.): Kunst und Wissenschaft. München: Wilhelm Fink Verlag, S. 35-51.

Giddens, Anthony (1997): Jenseits von Links und Rechts. Frankfurt/M.: Suhrkamp.

Hegel, Georg Wilhelm Friedrich (1986a): Enzyklopädie der philosophischen Wissenschaften III. Werke Bd. 10. Frankfurt/M.: Suhrkamp.

Hegel, Georg Wilhelm Friedrich (1986b): Grundlinien der Philosophie des Rechts. Werke Bd. 7. Frankfurt/M.: Suhrkamp.

Henning, Christoph (2008): Vom Systemvertrauen zur Selbstverantwortung: Der Wandel kapitalistischer Gefühlkultur und seine seelischen Kosten. In: Heidbrink, Ludger; Hirsch, Alfred (Hg.): Verantwortung als marktwirtschaftliches Prinzip. Zum Verhältnis von Moral und Ökonomie. Frankfurt/M./New York: Campus Verlag, S. 373-394.

Jaeggi, Rahel (2005): »Kein Einzelner vermag etwas dagegen«. Adornos *Minima Moralia* als Kritik von Lebensformen. In: Honneth, Axel (Hg.): Dialektik der Freiheit. Frankfurter Adorno Konferenz 2003. Frankfurt/M.: Suhrkamp, S. 115-141.

Jaeggi, Rahel; Wesche, Thilo (Hg.) (2009): Was ist Kritik? Frankfurt/M.: Suhrkamp.

Latour, Bruno (2007): Elend der Kritik. Vom Krieg um Fakten zu Dingen von Belang. Zürich-Berlin: Diaphanes.

Legnaro, Aldo; Birenheide, Almut (2007): Regieren mittels Unsicherheit. Regime von Arbeit in der späten Moderne. Frankfurt/M./New York: UVK Verlagsgesellschaft.

Lessenich, Stephan (2008): Die Neuerfindung des Sozialen. Der Sozialstaat im flexiblen Kapitalismus. Bielefeld: Transcript Verlag.

Otto, Hans-Uwe; Scherr, Albert; Ziegler, Holger (2010): Wieviel und welche Normativität verträgt Soziale Arbeit? Befähigungsgerechtigkeit als Maßstab sozialarbeiterischer Kritik. In: Neue Praxis. 40. Jg. 2(2010), S. 137-163.

Rosa, Hartmut (2005): Beschleunigung. Die Veränderung der Zeitstrukturen in der Moderne. Frankfurt/M.: Suhrkamp.

Rosa, Hartmut (2009): Von der stabilen Position zur dynamischen Performanz. Beschleunigung und Anerkennung in der Spätmoderne. In: Forst, Rainer; Hartmann, Martin; Jaeggi, Rahel; Saar, Martin (Hg.): Sozialphilosophie und Kritik. Frankfurt/M.: Suhrkamp, S. 655-671.

Saar, Martin (2009): Genealogische Kritik. In: Jaeggi, Rahel; Wesche, Thilo (Hg.): Was ist Kritik? Frankfurt/M.: Suhrkamp, S. 247-265.

Schröder, Gerhard; Blair, Tony (1999): Der Weg nach vorne für Europas Sozialdemokraten. Ein Vorschlag. In: Neue Praxis 3(1999), S. 329-331.

Sennett, Richard (1998): Der flexible Mensch. Die Kultur des neuen Kapitalismus. Berlin: Berliner Taschenbuch Verlag [[6]2009].

Sennett, Richard (2005): Die Kultur des neuen Kapitalismus. Berlin: Berliner Taschenbuch Verlag.

Steckmann, Ulrich (2004): Autonomie und lebensweltliche Einbettung: Hans Thiersch über Moral und Soziale Arbeit. In: Zeitschrift für Sozialpädagogik. 2. Jg. 3(2004), S. 262-285.

Thiersch, Hans (2001): Soziale Arbeit und Moral. In: Otto, Hans-Uwe; Thiersch, Hans (Hg.): Handbuch der Sozialarbeit/Sozialpädagogik. Neuwied: Ernst Reinhardt Verlag, S. 1245-1258.

Thompson, Christiane (2004): Foucaults Zu-schnitt von Kritik und Aufklärung. In: Pongratz, Ludwig A.; Wimmer, Michael; Nieke, Wolfgang; Masschelein, Jan (Hg.): Nach Foucault. Diskurs- und machtanalytische Perspektiven der Pädagogik. Wiesbaden; VS Verlag, S. 30-47.

Zander, Margherita (2008): Armes Kind – starkes Kind? Die Chance der Resilienz. Wiesbaden: VS Verlag..

Žižek, Slavoj (2001): Die Tücke des Subjekts. Frankfurt/M.: Suhrkamp.

Žižek, Slavoj (2009): Auf verlorenem Posten. Frankfurt/M.: Suhrkamp.

II. Forschung und Theoriebildung in Sozialer Arbeit zwischen Politik, Ethik, Ökonomie und Gesellschaft

Das (vernachlässigte) Normativitätsproblem in der Sozialen Arbeit

Nina Oelkers & Nadine Feldhaus

Soziale Arbeit ist – als Disziplin wie Profession – gekennzeichnet durch Heterogenität. In ihr finden sich unterschiedliche historische Entwicklungsstränge, eine Vielfalt an Tätigkeitsfeldern und Gegenständen sowie unterschiedliche Theorietraditionen und theoretische Ansätze (vgl. Bommes/Scherr 2000: 15; Mühlum 1996: Kap. 3.2; Sachße 2005: 670). Die Bezeichnung ‚Soziale Arbeit' stellt dabei eine begriffliche Kompromisslösung dar, die zwei in ihrer Entstehung partiell autonome Teilbereiche verklammert: die Sozialpädagogik und die Sozialarbeit. Beide Entwicklungsstränge verfügen über unterschiedliche historische und disziplinäre Wurzeln, auf der einen Seite die Pädagogik, auf der anderen Seite die Sozialfürsorge (vgl. Merten 1998). Daraus folgend tritt Soziale Arbeit auch mit Blick auf die wissenschaftstheoretischen Selbstverortungen kaum als eine einheitliche Disziplin auf. Je nach dem, was als Leitdisziplin der Sozialen Arbeit gelten soll, variieren die wissenschaftstheoretischen Bezugspunkte. Das ‚Normativitätsproblem' jedoch eint die Soziale Arbeit sowie die verschiedenen Ansätze ihrer Theoriebildung. Gemeinsame Themen sind dabei Fragen nach dem Verhältnis von Sozialer Arbeit und Kritik, nach Handlungs- bzw. Bewertungsmaßstäben für Soziale Arbeit als Theorie und Praxis sowie nach wissenschaftlichen und wissenschaftstheoretischen Begründungen. Es geht in diesem Zusammenhang auch allgemein um die Frage, was eine Wissenschaft Sozialer Arbeit leisten müsste bzw. was ihr Beitrag zur Bearbeitung dieser Themen sein könne/solle.

Warum nun die Rede von einer Vernachlässigung des Normativitätsproblems in der Sozialen Arbeit? Die Diagnosen zum disziplinären Stand der Bearbeitung von Fragen der Normativität fallen unterschiedlich aus. Für die Sozialwissenschaften gehen Ahrens et al. von unterschiedlichen Konjunkturen in der Thematisierung von Normativität aus: „Wie die meisten anderen Themen- und Gegenstandsbereiche in den Sozialwissenschaften hat die Beschäftigung mit Normativität einen eher wellenförmigen Charakter. […] Wenn wir das Wissenschaftsfeld richtig überschauen, dann lässt sich – abgesehen von einer relativ kontinuierlichen Auseinandersetzung im Rahmen der politischen Theorie – im Augenblick kaum von einer erneuten Hochphase der Thematisierung von Normativität sprechen" (ebd. 2008: 11). Dagegen beschreibt Brumlik eine Tendenz hin zu stärkerer Beschäftigung mit normativen Fragen: „Als die erste Auflage der *Advokatorischen Ethik* vor elf Jahren erschien und damit die Frage nach der ‚Legitimation pädagogischer Eingriffe' gestellt wurde, waren ethisch-moralische Fragen weder in der Pädagogik noch im gesellschaftlichen Diskurs im allgemeinen [sic!] so selbstverständlich wie heute" (ebd. 2004: I). Dollinger geht sogar davon aus, dass gegenwärtig „von einer Vernachlässigung ethischer Fragestellungen in der Sozialen Arbeit keine Rede mehr sein [kann]" (ebd. 2010: 989) und „[e]thische Reflexionen […] in der Sozialen Arbeit wieder auf der Tagesordnung [stehen]" (ebd.: 995). Doch auch wenn in den Sozialwissenschaften wieder zunehmend normative Fragen diskutiert werden, kann von einer „grundlegenden Skepsis gegenüber normativen Konzeptionen und ethischen Argumentationen in der Sozialen Arbeit" ausgegangen werden (Oelkers et al. 2008: 238), welche mit der sogenannten ‚Versozialwissenschaftlichung' oder ‚sozialwissenschaftlichen Wende' der Sozialen Arbeit bzw. Sozialpädagogik in Zusammenhang zu bringen ist (vgl. ebd.: 234-238). Diese, aus der disziplinären Geschichte begründbare, Skepsis wird im vorliegenden Beitrag zum Anlass genommen, sich mit dem Stand der Bearbeitung des Normativitätsproblems in der Sozialen Arbeit auf unterschiedlichen Ebenen zu beschäftigen.

Gegenstand dieses Beitrags ist die Systematisierung der unterschiedlichen Dimensionen des Normativitätsproblems in der Sozialen Arbeit: So zeigt sich dieses (1) schon bei der Bestimmung ihres Gegenstandsbereichs, darüber hinaus kommt (2) Soziale Arbeit in ihrer Praxis nicht ohne Zielbestimmungen aus, die (3) notwendigerweise zu legitimieren sind. Und (4) Soziale Arbeit als disziplinärer Ort kritischer Theorie(bildung) kann nicht auf wertende Begriffe und normative Prämissen verzichten. In einem ersten Schritt wird es um die Entwicklung des Gedankengangs gehen, wie es zur Vernachlässigung expliziter (wissenschaftlicher) Thematisierungen normativer Fragen gekommen ist. Es folgt eine kurze Systematisierung von Normativität und Normativitätskonzepten. Daran anschließend geht es um die Ausführung der unterschiedlichen Dimensionen des Normativitätsproblems in der Sozialen Arbeit. Anhand des Problems der Legitimation von Norm- und Zielsetzungen, das sich insbesondere am Beispiel des *Paternalismus* verdeutlichen lässt, wird ein Kernbereich des Normativitätsproblems fokussiert. Abschließend wird die Frage aufgeworfen, welcher Art eine Wissenschaft Sozialer Arbeit sein muss, um das Normativitätsproblem bearbeiten zu können.

Ideologiekritik und Versozialwissenschaftlichung oder die Vernachlässigung des Normativitätsproblems

Mit ‚Versozialwissenschaftlichung' Sozialer Arbeit ist eine Hinwendung zu ideologiekritischen und sozialwissenschaftlichen Ansätzen gemeint, die im Zusammenhang mit den durch die Studentenbewegung Ende der 1960er Jahre ausgelösten gesellschafts- und herrschaftskritischen Impulsen steht (vgl. Oelkers et al. 2008: 234-236). Kritisiert wurde und wird, dass die normativen Bezugspunkte einer nach wie vor in der Tradition obrigkeitsstaatlicher Sozialfürsorge stehenden Sozialer Arbeit – und dies gilt für den sozialpädagogischen wie für den sozialarbeiterischen Strang – sich vornehmlich auf gesellschaftlich dominante, überkommene Wertvorstellungen richten würden. Diese bildeten eine oft unhinterfragte Grundlage für rigide Auffassungen über legitime Muster individueller Lebensführung sowie die darauf basierende, eingreifende Normalisierungsarbeit, deren Gewissheiten aber eher dogmatisch gesichert seien als empirisch oder argumentativ. Vor diesem spezifischen Hintergrund ist die Hinwendung zu sozialwissenschaftlich begründeten Sachanalysen zu verstehen, die gleichzeitig Ausdruck wie Voraussetzung einer Ideologiekritik sind (vgl. Oelkers et al. 2008: 235f.). Diese sogenannte sozialwissenschaftliche Wende bot den Kontext für disziplineigene Auseinandersetzungen um die normativen und teleologischen Bezugspunkte Sozialer Arbeit (vgl. ebd.: 234f.). Doch die mit der ideologiekritischen Selbstreflexion einhergehende (vermeintliche) Aufgabe normativer Bezugspunkte, welche als dogmatisch, expertokratisch und/oder den status quo reproduzierend kritisiert wurden, hinterließ weniger ein Vakuum, als vielmehr ein kaum explizertes, kaum erforschtes und damit kaum reflektiertes Weiterbestehen ‚in den Schatten'. Die sehr wohl vorhandenen normativen Positionen können unter diesen Umständen kaum thematisiert und gegebenenfalls problematisiert werden. Darüber hinaus steht Soziale Arbeit zunehmend vor der Schwierigkeit, dass die überwiegend unausgesprochen gebliebenen normativen Orientierungen vermehrt ihre Geltung einbüßen: „Solange ein breiter wohlfahrtsstaatlicher Basiskonsens vorherrschte und als weitgehend unstrittiger Bezugspunkt [...] dienen konnte, ist kaum auffällig geworden, dass eine erziehungswissenschaftliche Selbstverständigung über die Maßstäbe der Gesellschaftskritik und die Prinzipien einer gerechten Sozialordnung sowie deren Begründbarkeit zum Desiderat geworden war" (Steckmann 2010: 91).

Zusammenfassend stellt die Vernachlässigung von Normativitäts- und Legitimationsfragen einen blinden Fleck in Praxis, Forschung und Theoriebildung Sozialer Arbeit dar. Dabei ist es fraglich, ob eine empirische – und damit strikt beschreibende – Sozialwissenschaft aus sich selbst heraus normative Maßstäbe generieren kann. Es steht zu befürchten, dass ihr Beitrag zur Klärung der normativen Grundlagen Sozialer Arbeit gezwungenermaßen begrenzt bleibt.

Normativität und Normativitätskonzepte

Normativität, so Gosepath, hat ihren Sitz im Bereich des vernunftfähigen Denkens. In normativen Zusammenhängen wird nach *überzeugenden Gründen* gefragt, wohingegen die Natur durch Kausalgesetze, also *Ursachen* bestimmt wird.[1] Jene Gründe müssen dabei sowohl Erklärungs- wie auch Rechtfertigungsmomente aufweisen, um überzeugend zu sein. Als normativ zu bezeichnen ist somit, was den ‚Status eines Maßstabs' besitzt, „gemessen an dem etwas richtig oder falsch, gut oder schlecht, zulässig oder unzulässig, angemessen oder unangemessen[2] ist" (Gosepath 2009: 251). Normativ eingesetzte Ausdrücke stellen kritische Würdigungen (Wertungen) dar und markieren dementsprechend ‚normatives Sollen' (vgl. Gosepath 2009: 250f.). Dieses (weite) Normativitätskonzept hat Eingang in die Disziplin Sozialer Arbeit gefunden (vgl. z.B. Oelkers et al. 2008; Otto et al. 2010). So kennzeichnet Normativität laut Otto und Seelmeyer „jene leitlinienprägenden Sachverhalte, denen ‚Normen' zugrunde liegen" (ebd. 2004: 50). In diesem Zusammenhang unterscheiden sie als Normen-Kategorien deskriptiv-statistische, soziale, kodifizierte, ethisch-moralische sowie technische Normen (vgl. ebd.). Ahrens et al. verstehen das Thema Normativität im Sinne einer konkreten oder allgemeinen Vorstellung davon, wie Gesellschaft sein solle (vgl. ebd. 2008: 10).

Der hier genutzte Begriff von Normativität entspricht einem weiten, philosophischen Verständnis. Dem gegenüber steht eine verbreitete enge Vorstellung von Normativität, welche allein vorschreibende Normen umfasst (vgl. Gosepath 2009: 250). Solche vorschreibenden oder präskriptiven Normen treten vor allem in Form von Geboten und Verboten auf. Diese können beispielsweise in Form von Gesetzen kodifiziert sein oder ethisch-moralische Imperative darstellen. Schönrich bezeichnet diesen Normentyp als „normativ in einem starken Sinn" (ebd. 2010: 122). Eine weit verstandene Normativität umfasst darüber hinaus auch direktive und konstitutive Normen. Direktive Normen legen laut Schönrich fest, welche Handlungen oder Handlungsweisen auszuführen sind, um ein bestimmtes Ziel zu erreichen. Formuliert wird hier also eine Ziel-Mittel-Relation. Konstitutive Normen legen demgegenüber fest, welche Merkmale erfüllt sein müssen, um eine gewisse Geltung ‚als etwas' beanspruchen zu können. Hier geht es um die Formulierung eines mehr oder weniger vagen Standards (vgl. Schönrich 2010: 122). Konstitutive Normen können in Form deskriptiv-statistischer Normen an empirischer Normalität orientiert sein oder als technische Normen beispielsweise industrielle Standards festsetzen. Es kann sich in ihrem Falle aber

---

1   Schönrich weist entsprechend darauf hin, dass Normativität nur dort vorliegen kann, wo es auch Normverletzungen gibt (vgl. ebd. 2010: 122).

2   Ergänzen ließe sich hier wohl das für die Wissenschaft zentrale Gegensatzpaar von wahr oder unwahr.

auch um soziale Standards handeln, wie z.B. die Festlegung, welche Handlungs-abfolgen als ‚Begrüßung' gelten können.

Wie zu Beginn ausgeführt, ist das konstitutive Merkmal von Normativität das Vorliegen von Maßstäben sowie der Bezug auf überzeugende Gründe. Im Folgenden soll nun untersucht werden, welche Rolle Maßstäbe und Begründungen für Soziale Arbeit spielen bzw. welche Dimensionen das Normativitätsproblem aufweist.

Dimensionen des Normativitätsproblems

Wie eingangs angedeutet, wird das Normativitätsproblem Sozialer Arbeit anhand von vier Dimensionen ausgeführt. Diese sind zwar alle miteinander verbunden und verweisen aufeinander, lassen sich jedoch analytisch auftrennen in das Problem der (1) professionellen Gegenstandsbestimmung, der (2) begründeten Zielbestimmung professioneller Praxis, der (3) Legitimation Sozialer Arbeit bzw. ihrer Interventionen sowie der (4) (kritischen) Theorie(bildung).

1) Das Normativitätsproblem Sozialer Arbeit beginnt bereits mit der *Bestimmung ihres Gegenstandsbereichs*: In der Sozialen Arbeit werden bestimmte Ereigniskonstellationen als Probleme gedeutet bzw. als solche benannt, für deren Entschärfung oder Lösung die Soziale Arbeit dann ihre fachliche wie professionelle Zuständigkeit erklärt. Ohne eine entsprechende Wahrnehmung als Problem werden Gegebenheiten durch die Soziale Arbeit in der Regel nicht thematisiert. Die Formulierung von Problemen kommt dabei nicht ohne normative Überzeugungen aus, da sie eine gewisse Vorstellung von Soll-Zuständen als Referenzpunkt benötigt. Oelkers, Steckmann und Ziegler (2008: 240) schreiben hierzu: „Typischerweise beschreibt die Soziale Arbeit ihren Gegenstandsbereich auf der Basis von Kategorien, die das ‚soziale Bewusstsein' der Gesellschaft im Sinne prävalenter Gerechtigkeitsvorstellungen berühren. Soziale Arbeit stellt eine politische bzw. sozialpolitische Praxis dar, die als ein Ausdruck und Bestandteil der politischen Gestaltung des wohlfahrtsstaatlichen Arrangements zu verstehen ist".

2) Neben der unabwendbar normativ rückgebundenen Bestimmung ihres Gegenstandsbereichs enthält Soziale Arbeit als sozialpädagogische wie sozialarbeiterische *Praxis* unausweichlich Zielbestimmungen, die sich beispielsweise an bestimmten Normalitätsvorstellungen und Möglichkeitsstrukturen orientieren. Sie weist somit eine immanente normative und teleologische Qualität auf, die umso schwerer wiegt, als Soziale Arbeit systematisch auf andere Menschen einwirkt. Wie Oelkers et al. ausführen, fungiert Soziale Arbeit dabei als eine Form systematischer Regulation individueller normkonformer Lebensführung (vgl. ebd. 2008: 240), war und ist also auf die aktive Herstellung von Normalität

gerichtet. Soziale Arbeit gilt als integrierende ‚Normalisierungsarbeit' (vgl. Olk
1986: 13; Offe 1987: 175), im Sinne einer eben auch kontrollierenden Anpassung der Individuen an die Normen der Gesellschaft.[3] Doch auch, wenn es nicht
um Formen der Anpassung und Normalisierung geht, sondern beispielsweise um
den ‚gelingenderen Alltag' (vgl. Thiersch 1992) oder ‚Lebensbewältigung' (vgl.
Böhnisch 1997, 2001) zeigen sich deutlich normative Zielbestimmungen. Diese
lassen sich aus der Sozialen Arbeit nicht wegdenken. So wird im Handbuch
‚Ethik Sozialer Arbeit' (2007: 7) konstatiert: „Über alle Veränderungen, Brüche
und gegenläufige Entwicklungen hinweg hat sich indes ein besonderes Merkmal
bis heute hartnäckig halten können: das Selbstverständnis beruflicher Sozialer
Arbeit als ‚moralische Profession'. Selbstverständlich gab es Zeiten, in denen
alle moralischen Ansprüche Sozialer Arbeit heftig kritisiert, ja als sachfremdes
Überbleibsel aus einer vorprofessionellen Zeit gewertet wurden. […] Mittlerwei-
le ist sich die Fachöffentlichkeit aber einig, dass moralische Ansprüche und
normative Zieloptionen zu den elementaren Grundlagen Sozialer Arbeit zählen".

3) Allerdings müssen jene Zielbestimmungen in der Praxis Sozialer Arbeit
nach innen (Handlungsorientierung, Selbstverständnis der Professionellen, Auf-
rechterhaltung der Handlungsfähigkeit) wie außen *legitimiert* werden. So weist
Dollinger darauf hin, dass Soziale Arbeit „als problemorientierte und -bearbeitende
Institution Akzeptabilität beanspruchen muss, um diese Position einnehmen und
öffentliche sowie (sozial-)politische Unterstützung erfahren zu können" (ebd.
2008: 32). Es geht also um die Frage, wie Soziale Arbeit ihre Existenz, Praktiken
oder Ziele überzeugend vertreten kann. In diesem Zusammenhang konstatiert Kutscher in Anlehnung an Bauman (2000: 11), dass der Versuch einer moralexternen
Begründung und Legitimation der Aufgaben, Ziele und Zielgruppen Sozialer Arbeit aufgrund der moralischen Qualität der zu verhandelnden Ansprüche als unmöglich zu betrachten ist (vgl. ebd. 2003: 38).

4) Darüber hinaus kann Soziale Arbeit als *kritische* Theorie(bildung) und
Praxis nicht auf wertende Begriffe und normative Prämissen verzichten. Dollinger konstatiert in diesem Zusammenhang, dass „sozialkritische Positionsbestimmungen Sozialer Arbeit mindestens implizite Sozialethiken mit sich führen
[müssen]" (ebd. 2010: 989). Auch Otto/Scherr/Ziegler argumentieren überzeugend, dass selbst vermeintlich ‚neutrale' Kritik immer auf normative Maßstäbe

---

3   Kleve, Koch und Müller fragen zwar, ob Soziale Arbeit überhaupt noch die Funktion inne
     haben könne „soziale Abweichungen von gesellschaftlichen Normvorstellungen zu re-
     normalisieren" (ebd. 2003: 36f.), denn Normalität als Bezugspunkt und Zielperspektive ist auf-
     grund anhaltender Enttraditionalisierungsprozesse, die sich auch als Pluralisierung und Indivi-
     dualisierung von Lebensführungsweisen beschreiben lassen, uneindeutiger geworden (vgl.
     Seelmeyer 2008; Oelkers et al. 2010). Jedoch ist Normalisierung trotz Uneindeutigkeit nicht
     obsolet geworden, allerdings in ihrer Bestimmung zur unumgehbaren Herausforderung Sozia-
     ler Arbeit.

angewiesen bleibt (vgl. ebd. 2010: 138). Soziale Arbeit benötigt folglich Kriterien zur positiven Bestimmung ihrer Leistungsfähigkeit ebenso wie Maßstäbe für eine kritische Theoriebildung und Forschung. Zu fragen ist nun, ob die für die Soziale Arbeit zentralen normativen Überzeugungen prinzipiell begründbar sind und – wenn ja – wie eine angemessene Begründung derselben aussehen kann. In den Blick zu nehmen sind in diesem Zusammenhang Normsetzungs- und Normbegründungsfragen sowie verbunden damit Fragen der Legitimation.

Legitimation von Norm- und Zielsetzungen oder Paternalismus als Beispiel des Normativitätsproblems Sozialer Arbeit

Soziale Arbeit muss sich in Theorie, Praxis sowie Forschung mit der entscheidenden Frage auseinandersetzen, ob bestimmte Norm- und Zielsetzungen und damit verbundene pädagogische Eingriffe zu *legitimieren*[4] sind und in welcher Form dies geschehen könnte. Soziale Arbeit beinhaltet unter Anderem Handlungen, die gegen den Willen ihrer AdressatInnen gerichtet sind. Doch im Zuge revolutionär gewandelter Menschen-, Gesellschafts- und Weltbilder seit dem ausgehenden 18. Jahrhundert, so Habermas, habe sich die Idee der Selbstbestimmung sowohl für den Einzelnen wie für die Gesamtheit der Staatsbürger durchgesetzt. Daraus folgt, dass Normen, gesellschaftliche Verhältnisse, Machtstrukturen oder das Recht nicht länger als gegeben wahrgenommen werden, sondern als prinzipiell veränderbar. Infolgedessen sind sie zunehmend rechtfertigungsbedürftig geworden (vgl. ebd. 1998: 97 und 126f.). Da in den gegenwärtigen westlichen Gesellschaften jede Einschränkung von (demokratischer) Freiheit als begründungspflichtig gilt (vgl. Brunkhorst 2005: 668f.), muss Soziale Arbeit sich für das Ausüben von Zwang gegenüber ihren AdressatInnen rechtfertigen. Ein zentrales Problem Sozialer Arbeit ist folglich das der prinzipiellen wie konkreten Begründbarkeit paternalistischer Interventionen.

Paternalismus liegt laut Dworkin dann vor, wenn (1) die Freiheit oder Autonomie eines Subjekts Y durch ein weiteres Subjekt X und dessen Handlungen Z (bzw. deren Unterlassung) beeinträchtigt wird, (2) Subjekt X ohne die (ausdrückliche) Zustimmung von Y vorgeht (ob Y tatsächlich zustimmt bzw. im Falle des Wissens um das Vorgehen von X zustimmen würde oder nicht, ist für

---

4 *Legitimation* meint dabei allgemein die Ausweisung von etwas als legitim, also gerechtfertigt und rechtmäßig zustande gekommen. Zu diesem Zweck werden eigene Ziele oder Handlungen als begründet durch, übereinstimmend mit oder resultierend aus gemeinsam geteilten oder übergeordneten Interessen dargestellt (vgl. Böhm 2000: 334). Ähnlich nennt Weber als Merkmale von Legitimation eine das Handeln beeinflussende Überzeugung von und/oder Zustimmung zu etwas sowie moralische Aspekte (vgl. ebd. 1921/1972).

das Handeln von X prinzipiell unerheblich), (3) die spezifischen Ziele von X
entweder auf die Verbesserung bzw. den Erhalt des Wohlergehens von Y, auf die
Vertretung ihrer/seiner Interessen, Werte oder des Nutzens für Y bezogen sind
(vgl. ebd. 2010: Abschnitt 2). Paternalismus umfasst also die mit ‚guten' Absichten und unabhängig von der Zustimmung eines anderen Individuums ausgeführte
Einschränkung von dessen Autonomie. Dies kann dabei auf unterschiedlichen
Ebenen und in unterschiedlichen Kontexten stattfinden. So sind viele Gesetze
Beispiele für staatlichen Paternalismus, wie die Gurtpflicht, das Verbot bestimmter Substanzen oder die Schulpflicht. Es handelt sich um Handlungen, die poten-
ziell gegen den *Willen*, zugleich aber auf das wie auch immer begründete *Wohl*
der AdressatInnen gerichtet sind. Dies kann sich z.B. konkret äußern als Bevormundung, Fürsorge, sowie stellvertretendes bzw. advokatorisches Handeln.

Fürsorge findet dabei typischerweise in einer asymmetrischen Beziehung
statt: die umsorgte Person bedarf einer gewissen Unterstützung durch die sor-
gende Person. Im Falle bestimmter Personengruppen kann dieser Unterstüt-
zungsbedarf umfassend sein, so z.B. bei Säuglingen, Kleinkindern oder schwer
Erkrankten. Andere Personengruppen sind nur in klar begrenzten Bereichen auf
Unterstützung angewiesen.[5] Fürsorgliches Handeln orientiert sich am Wohl der
umsorgten Person. Dieses Wohl bzw. ihre Interessen gilt es zu fördern und zu
schützen. Häufig genießt dabei fürsorgliches Handeln die aktuelle Zustimmung
des Gegenübers, wenn nämlich die (aktuellen) subjektiven Wünsche und das
Wohl der umsorgten Person einander entsprechen (vgl. Giesinger 2006: 267).
Dies ist jedoch nicht immer der Fall. Fürsorgliches Handeln schränkt unter Umständen die Freiheit der umsorgten Person zum Schutz oder zur Förderung ihres
Wohlergehens ein. Diesen Teilaspekt fürsorglichen Handelns bezeichnet Giesinger als ‚beschützenden Paternalismus' (vgl. ebd.: 270). In der Debatte um Kin-
desschutz und Eingriffen bei Kindeswohlgefährdung zeigt sich dieses Problem
ganz deutlich: Ist dem Kindes*wohl* oder dem Kindes*wille* zu folgen, wenn beispielsweise der Wille des Kindes nicht unbedingt zu dessen Wohl führt? Während die Auslegung des Kindeswohlbegriffs in der Regel eine advokatorische
oder paternalistische Form von Sozialer Arbeit legitimiert, wird mit dem Begriff
des Kindeswillens ein eher partizipatives Konzept verbunden, das auf die tatsächliche, aktuelle Zustimmung der betreffenden Person verweist (vgl. Oelkers/
Schrödter 2008). Die Problematik eines stellvertretenden, vormundschaftlichen
Handelns ist von Brumlik umfassend im Rahmen einer advokatorischen Ethik
Sozialer Arbeit thematisiert worden (vgl. ebd. 2004). Advokatorisches Handeln
ist ihm zufolge dadurch gekennzeichnet, dass an Stelle anderer Menschen ge-

---

5   Beispielsweise bedürfen blinde SchülerInnen spezieller Ermöglichungsstrukturen, um am
     Unterricht einer regulären Schule teilnehmen zu können – allerdings nur in Bezug auf ihr feh-
     lendes Sehvermögen und damit zusammenhängender Aspekte.

handelt wird, „die den Zustand, eine Person zu sein, d.h. sich selbstbewußt und verantwortlich verhalten zu können, noch nicht oder nicht mehr besitzen. *Pädagogisch* ist solch advokatorisches Handeln dann, wenn es um die Herstellung von Personalität bzw. Mündigkeit geht, *caritativ*, wenn keinerlei Chancen mehr bestehen, daß die hilfsbedürftigen Menschen jemals den Zustand der Personalität erreichen werden" (ebd.: 164f.; Herv. i. O.). Beide Handlungsarten sind typisch für Soziale Arbeit, weshalb diese generell unter Paternalismusverdacht steht.

Wie Fürsorge äußert sich auch *Erziehung* in stellvertretendem Handeln innerhalb asymmetrischer Beziehungen und lässt sich somit ebenfalls nicht an die (aktuelle) Zustimmung des Zöglings binden. Auch sie ist dabei (unter Anderem) auf die Förderung seines (zukünftigen) Wohls gerichtet. Doch im Unterschied zur Fürsorge und zu deren Teilaspekt des beschützenden Paternalismus will Erziehung ein höheres Maß an Freiheit oder Autonomie (in der Zukunft) fördern und ist speziell darauf ausgerichtet. Dies widerspricht nach Giesinger nicht generell den Zielen fürsorglichen Handelns. Vielmehr kann Erziehung als weiterer Aspekt von Fürsorge betrachtet werden (Giesinger 2006: 275f.).

Indem Giesinger Fürsorge, Paternalismus und Erziehung in Beziehung zueinander setzt, versucht er, weitgehend konsensfähige Einstellungen bezüglich Fürsorge und Erziehung zur Legitimation paternalistischer Handlungen zu nutzen. Eine in diesem Zusammenhang häufig vertretene Position geht davon aus, die Zustimmung der Betroffenen begründe und legitimiere das stellvertretende Handeln (vgl. kritisch dazu: Giesinger 2006: 271f.). Dieser Begründung stellvertretenden Handelns liegt die Annahme zugrunde, dass ein Handeln oder Eingriff, dem der Bevormundete selbst zustimmt oder hypothetisch zustimmen könnte, moralisch nicht falsch sein könne. Es ist jedoch fraglich, ob die subjektive (vorgängige oder zukünftige) Zustimmung hierbei ohne objektive Begründungszusammenhänge auskommen kann, denn die einseitige Ausrichtung an subjektiven Willensäußerungen wäre mit dem Problem der ‚adaptiven Präferenzen' konfrontiert.[6] In welchem Ausmaß (vermeintlich) authentische Willensbekundungen und Interessen von Individuen von deren Platz im sozialen Raum determiniert sind, an den sie ohne ihr Zutun gesetzt sind, ist mehrfach empirisch beschrieben worden[7] (vgl. Bourdieu 1982; Vester et al. 2001). Auf dieses Problem geht Brumlik ein, indem er Ethik oder ethisches Handeln dann als advokatorisch bezeichnet, „wenn sie die Gültigkeit ihrer Normierungsvorschläge nicht an die Zustimmung oder Ablehnung der von diesen Normierungsvorschlägen betroffenen Individuen

---

6 Zum Begriff der adaptiven Präferenzen siehe Elster 1982, vgl. Nussbaum 2000: 111ff.
7 Eine umstandslose Orientierung an manifesten Präferenzen, so auch der Zustimmung der AdressatInnen Sozialer Arbeit, liefe dementsprechend Gefahr, die im empirischen Sinne ungleiche Struktur des sozialen Raums sowie darüber hinaus sogar gefährdende Situationen zu reproduzieren.

bindet" (ebd. 2004: 110), sich zugleich aber über die *antizipierbare hypotheti-
sche Zustimmung* legitimiert (vgl. Brumlik 2004).

Es bleibt nun zu fragen, wie sich Soziale Arbeit der Bestimmung hypothetischer Zustimmung als Legitimation für paternalistische Interventionen nähern kann
und ob dies sinnvoll im Rahmen der wissenschaftlichen Disziplin zu leisten ist.

Was für eine Wissenschaft braucht Soziale Arbeit zur Bearbeitung des Normativitätsproblems?

Während kaum bestritten werden kann oder wird, dass die Beschäftigung mit der
Frage der Begründbarkeit Sozialer Arbeit – und damit nicht nur ihrer baren Existenz, sondern ebenso ihrer Praktiken und Ziele – prinzipiell sinnträchtig ist,
bleibt offen, ob entsprechende Bemühungen einen *wissenschaftlichen* Charakter
aufweisen können. Da die Disziplin Sozialer Arbeit keine praxislose Wissenschaft ist, sondern vielmehr schon immer in konkretem Bezug zu Praxis- wie
Anwendungsfragen stand, ist sie in besonderem Maße vom oben beschriebenen
Normativitätsproblem betroffen. Es stellt sich in diesem Zusammenhang die
Frage, ob die Wissenschaft Sozialer Arbeit nur beschreiben oder doch bewerten,
womöglich gar handlungsleitende Normen als Maßstab zur Orientierung bieten
und/oder Ziele legitimieren soll (bzw. dies überhaupt kann). Zu dieser Frage gibt
es unterschiedliche Positionen. So geht Weber davon aus, dass Wissenschaft
nicht (aus sich heraus) in der Lage ist, die Frage nach dem ‚Sollen' zu beantworten oder die Wahl der ‚letzten Ziele'[8] zu begründen, weswegen ihre VertreterIn-
nen sich solcher (eben nicht wissenschaftlicher, sondern persönlicher) Stellungnahmen – zumindest im wissenschaftlichen Kontext – enthalten sollten (vgl. ebd.
1919/1994). Dagegen gibt Steckmann zu bedenken, dass „[m]it der normativen
Abstinenz, die sich mit der methodischen Ausklammerung aller Geltungsansprü-
che einstellt, […] sich auch das Reservoir der Gründe auf[löst], die für oder
gegen bestimmte Leitvorstellungen in Anschlag gebracht werden könnten. Der
von lebensweltlichen Voraussetzungen gereinigte Blick auf die soziale Welt mag
zwar Erkenntnis erweiternd sein, aber er ist auch von Gleichgültigkeit be-
herrscht" (ebd. 2010: 113). Einer Wissenschaft, die sich nicht positioniert und
deren Blick sich rein deskriptiv auf die soziale Wirklichkeit bezieht, enthüllt sich
lediglich eine Vielzahl unterschiedlicher Bewertungsperspektiven, zwischen
denen sie nach Maßgabe ihrer Methoden keine begründete Auswahl treffen kann.
Die Entscheidung zwischen unterschiedlichen Zielorientierungen wäre ihrer
wissenschaftlichen Zuständigkeit entzogen (vgl. Oelkers et al. 2008: 237.). Ah-

---

8   Zu verstehen als die je eigenen zentralen Werte, auf die letztendlich alle Entscheidungen
     zurückgeführt werden können.

rens et al. weisen eine streng beschreibende Wissenschaft zurück, die den Eindruck hervorruft, die Beobachtungen seien ‚natürlich' (vgl. ebd. 2008). Sie weisen nachdrücklich darauf hin, „dass die Konkretisierung und Ausgestaltung gesellschaftlicher Verhältnisse keine Naturverhältnisse – und damit *prinzipiell gestaltbar* – sind und [möchten] dazu anregen, sich mit Fragen normativer Argumentationsmuster, der prinzipiellen und aktuellen Funktionen von Sozialwissenschaftlichen sowie gesellschaftlicher Gestaltung bewusst auseinander zu setzen" (ebd.: 12; Herv. i. O.). Zudem spricht Kunstreich der Wissenschaft ein hohes Prestige zu, welches sich beispielsweise in der starken Deutungsmacht im gesellschaftlichen Kontext zeige sowie in der allgemeinen Annahme, wissenschaftliches Wissen sei „besser, ‚wahrer'" als Alltagswissen (vgl. ebd. 2005: 1092). Ähnlich schreibt Wilensky: „In modern societies, *where science enjoys extraordinary prestige*, occupations which shine with its light are in a good position to achieve professional authority" (ebd. 1964: 138; Herv. d. V.). In diesem Lichte erscheint es geradezu unverantwortlich, unzweifelhaft vorhandene und im Hintergrund eigener Forschungen sowie theoretischer Auseinandersetzungen stehende normative Implikationen nicht auch zu explizieren und damit einer (öffentlichen) Hinterfragung zugänglich zu machen.

Wenngleich sich unseres Erachtens überzeugend zeigen lässt, dass Soziale Arbeit Bewertungsmaßstäbe und normative Bezugspunkte benötigt, ist der Vorwurf der möglichen willkürlichen Setzung solcher Maßstäbe nicht völlig zurückzuweisen. Ideologiekritik und sozialwissenschaftliche Wende können diesbezüglich als zentrale Fortschritte in der Entwicklung Sozialer Arbeit betrachtet werden. So formuliert Otto zum Erfordernis *fundierter* kritischer Positionen im Rahmen von (politischen) Auseinandersetzungen: „Eine empirische Evidenz in der Auseinandersetzung hat eine größere Durchschlagskraft. [...] Es geht also um nicht weniger als eine *sozialpolitische* Einmischung mit *wissenschaftlichen Mitteln*" (Kessl et al. 2006: 115; Herv. i. O.) und Scherr schreibt: „Die Verabschiedung von moralisierenden, stigmatisierenden und pathologisierenden Sichtweisen ihrer Adressaten und der damit verbundene Anspruch, eine irgendwie kritische, jedenfalls keine naive oder affirmative Haltung gegenüber den Traditionen, die diese Sichtweisen nahe legen, einzunehmen, gehört in der Sozialen Arbeit inzwischen zum guten Ton. Hierin ist meines Erachtens zweifellos ein Erfolg sozialwissenschaftlicher Kritik und der durch diese ermöglichten kritischen Selbstaufklärung zu sehen" (ebd. 2006: 170). Nicht also die Entwicklung zu einer sozialwissenschaftlichen Disziplin ist kritisch zu sehen, sondern die Verleugnung oder zumindest vernachlässigte Thematisierung nach wie vor vorhandener normativer Prämissen wie Ziele. Um diese selbst zum Gegenstand machen und kritisch hinterfragen zu können, braucht es mehr, als die Sozialwissenschaften aus sich heraus leisten können. Zur Klärung der normativen Grundlagen der Sozialen Arbeit bieten sich demnach am ehesten Ansätze an, die die disziplinären Grenzen zwischen empirischen Sozialwissenschaften und philosophischer Ethik überschreiten.

Einen überzeugenden Versuch der fruchtbaren Verknüpfung stellt beispielsweise der Capabilities Approach (vgl. z.b. Nussbaum 1999; die Beiträge in Otto/Ziegler 2010; Röh; Vahsen; beide in diesem Band) dar, welcher strukturtheoretische, subjekttheoretische und normative Perspektiven zusammenführt, die besonders geeignet für die Bearbeitung des Normativitätsproblems Sozialer Arbeit sind. Dieser Ansatz wiederum bezieht sich auf die Theorie der Gerechtigkeit von Rawls bzw. auf seine Konzeption vom Urzustand (vgl. Rawls 1979) – einem Modell zur Ergründung hypothetischer Zustimmung. Eben jenes Modell spielt auch eine zentrale Rolle in Brumliks Entwurf einer Begründung seiner ‚Advokatorischen Ethik‘ (vgl. Brumlik 2004: 230ff.). Das zentrale Moment in diesen Modellen hypothetischer Zustimmung ist der Versuch, subjektive Wünsche, Einstellungen etc. und wie auch immer bestimmbare objektive Bedarfe und (Lebens-) Bedingungen gleichermaßen in den Blick zu nehmen.

Doch das Bewusstsein darüber, dass ‚Normalität‘ sowie die Reaktionen auf ‚Abweichung‘ immer sozial bestimmt sind und daher als alleinige Handlungsorientierung ungeeignet sind – will man nicht die Interessen dominierender Gruppen bevorzugen – hat eine theoretische Suche nach dem möglichen (alternativen) Zentralwert Sozialer Arbeit begünstigt. Diese Suche äußert sich beispielsweise in Entwürfen Sozialer Arbeit als Grundrechtshilfe (vgl. Ziegler 2004: Teil D), als Gerechtigkeitsprofession (vgl. Wakefield 1988a und b; Schrödter 2007) oder als Menschenrechtsprofession (vgl. Staub-Bernasconi 1995, 1998). Auch die scheinbar neutralere Bestimmung Sozialer Arbeit als Grenzbearbeiterin (vgl. Kessl/Plößer 2010) benötigt die Frage danach, wo die ‚Grenzen‘ (des Hinnehmbaren!) liegen – und für wen eigentlich – wann also Soziale Arbeit tätig wird bzw. werden sollte.

Diese Fragen gilt es mithilfe wissenschaftlicher Erkenntnisse ebenso wie mithilfe ethisch-moralischer Überlegungen zu klären, um zu eigenen Positionierungen zu gelangen. Solche Positionierungen Sozialer Arbeit sind nicht zuletzt auch deshalb von zentraler Wichtigkeit, weil sie ansonsten Gefahr läuft, sich für professionsfremde Zwecke instrumentalisieren zu lassen.

Literatur

Ahrens, Johannes/Beer, Raphael/Bittlingmayer, Uwe H./Gerdes, Jürgen (2008): Beschreiben und/oder Bewerten. Zur Einführung. In: Dies. (Hrsg.): Beschreiben und/oder Bewerten I. Normativität in sozialwissenschaftlichen Forschungsfeldern. Münsteraner Schriften zur Soziologie. Bd. 1. Berlin: LIT, S. 9-74.

Bauman, Zygmunt (2000): Am I my brother's keeper? In: European Journal of Social Work, 3. Jg., Heft 1, S. 5-11.

Böhm, Wilfried (2000): Wörterbuch der Pädagogik. 15., überarb. Auflage. Stuttgart: Alfred Kröner.

Böhnisch, Lothar (1997): Sozialpädagogik der Lebensalter. Weinheim, München: Juventa.

Böhnisch, Lothar (2001): Lebensbewältigung. In: Otto, Hans-Uwe/Thiersch, Hans (Hrsg.): Handbuch Sozialarbeit/Sozialpädagogik. Neuwied: Luchterhand, S. 1119-1121.

Bommes, Michael/Scherr, Albert (2000): Soziologie der Sozialen Arbeit. Weinheim, München: Juventa.

Bourdieu, Pierre (1982). Die feinen Unterschiede. Kritik der gesellschaftlichen Urteilskraft. Frankfurt/M.: Suhrkamp.

Brumlik, Micha (2004): Advokatorische Ethik. Zur Legitimation pädagogischer Eingriffe. 2. Auflage. Berlin: Philo.

Brunkhorst, Hauke (2005): Gerechtigkeit. In: Otto, Hans-Uwe/Thiersch, Hans (Hrsg.): Handbuch Sozialarbeit/Sozialpädagogik. 3. Auflage. München: Ernst Reinhardt, S. 665-669.

Dollinger, Bernd (2008): Sozialpädagogische Theorie zwischen Analyse und Zeitdiagnose. In: WIDERSPRÜCHE 108, 28. Jg., Nr. 2, S. 31-42.

Dollinger, Bernd (2010): Ethik und Soziale Arbeit. In: Thole, Werner (Hrsg.): Grundriss Soziale Arbeit. Ein einführendes Handbuch. 3., überarb. und erw. Auflage. Wiesbaden: VS, S. 987-997.

Dworkin, Gerald (2010): Paternalism. In: Stanford Encyclopedia of Philosophy (Online-Ausgabe) Online: http://plato.stanford.edu/entries/paternalism/ [Stand: 28.02.2011]

Elster, Jon (1982): Sour Grapes: Utilitarianism and the Genesis of Wants. In: Sen, Amartya/Williams, Bernard (Hrsg.): Utilitarianism and Beyond. Cambridge/Paris: Cambridge University Press, 219-238.

Giesinger, Johannes (2006): Paternalismus und Erziehung. In: ZfPäd 52/2, S. 265-284.

Gosepath, Stefan (2009): Zum Ursprung der Normativität. In: Forst, Rainer/Hartmann, Martin/Jaeggi, Rahel/Saar, Martin (Hrsg.): Sozialphilosophie und Kritik. Axel Honneth zum 60. Geburtstag. Frankfurt/M.: Suhrkamp, S. 250-268.

Habermas, Jürgen (1998): Faktizität und Geltung. Beiträge zur Diskurstheorie des Rechts und des demokratischen Rechtsstaats. Frankfurt/M.: Suhrkamp.

Kessl, Fabian/Plößer, Melanie (Hrsg.) (2010): Differenzierung, Normalisierung, Andersheit. Soziale Arbeit als Arbeit mit den Anderen. Wiesbaden: VS.

Kessl, Fabian/Ziegler, Holger/Otto, Hans-Uwe (2006): Auf Basis systematischer Vergewisserungen aus dem Mainstream heraus. Ein Gespräch mit Hans-Uwe Otto. In: WIDERSPRÜCHE 100, 26. Jg., Nr. 2, S. 111-118.

Kleve, Heiko/Koch, Gerd/Müller, Matthias (Hrsg.) (2003): Differenz und Soziale Arbeit: Sensibilität im Umgang mit dem Unterschiedlichen. ASFH-Reihe: Berliner Schriften zur Sozialarbeit und Pflege. Berlin, Milow: Schibri.

Kunstreich, Timm (2005): kritische Theorie/historischer Materialismus. In: Otto, Hans-Uwe/Thiersch, Hans (Hrsg.): Handbuch Sozialarbeit/Sozialpädagogik. 3. Auflage. München: Ernst Reinhardt, S. 1084-1097.

Kutscher, Nadia (2003): Moralische Begründungsstrukturen professionellen Handelns in der Sozialen Arbeit. Eine empirische Untersuchung zu normativen Deutungs- und Orientierungsmustern in der Jugendhilfe. Bielefeld. Online unter: http://bieson.ub.uni-bielefeld.de/volltexte/2003/406/ [Stand: 21.03.2011]

Lob-Hüdepohl, Andreas/Lesch, Walter (Hrsg.) (2007): Ethik Sozialer Arbeit. Ein Handbuch. Paderborn u.a.: Schöningh.

Merten, Roland (Hrsg.) (1998): Sozialarbeit – Sozialpädagogik – Soziale Arbeit. Begriffsbestimmungen in einem unübersichtlichen Feld. Freiburg/Br.: Lambertus.

Mühlum, Albert (1996): Sozialarbeit und Sozialpädagogik. Ein Vergleich. Neu bearb. und erw. Auflage von: Sozialpädagogik und Sozialarbeit. Eine vergleichende Darstellung zur Bestimmung ihres Verhältnisses in historischer, berufspraktischer und theoretischer Perspektive. Frankfurt/M.: Eigenverlag des deutschen Vereins für öffentliche und private Fürsorge.

Nussbaum, Martha C. (1999): Der aristotelische Sozialdemokratismus. In: Dies.: Gerechtigkeit oder das gute Leben. Frankfurt/M.: Suhrkamp, S. 24-85.

Nussbaum, Martha C. (2000): Women and Human Development. The Capabilities Approach. Cambridge: Cambridge University Press.

Oelkers, Nina/Gaßmöller, Annika/Feldhaus, Nadine (2010): Soziale Arbeit mit Eltern. Normalisierung durch Disziplinierung? In: Sozial Extra, 34. Jg., Heft 3|4, S. 24-27.

Oelkers, Nina/Schrödter, Mark (2008): Kindeswohl und Kindeswille. Zum Wohlergehen von Kindern aus der Perspektive des Capability Approach. In: Otto, Hans-Uwe/ Ziegler, Holger (Hrsg.): Capabilities – Handlungsbefähigung und Verwirklichungschancen in der Erziehungswissenschaft. Wiesbaden: VS, S. 143-161.

Oelkers, Nina/Steckmann, Ulrich/Ziegler, Holger (2008): Normativität in der Sozialen Arbeit. In: Ahrens, Johannes/Beer, Raphael/Bittlingmayer, Uwe H./Gerdes, Jürgen (Hrsg.): Beschreiben und/oder Bewerten I. Normativität in sozialwissenschaftlichen Forschungsfeldern. Münsteraner Schriften zur Soziologie Bd. 1. Berlin: LIT, S. 231-256.

Offe, Claus (1987): Das Wachstum der Dienstleistungsarbeit: Vier soziologische Erklärungsansätze. In: Olk, Thomas/Otto, Hans-Uwe (Hrsg.): Soziale Dienste im Wandel. Bd. 1: Helfen im Sozialstaat. Neuwied, Darmstadt: Hermann Luchterhand, S. 171-198.

Olk, Thomas (1986): Abschied vom Experten. Sozialarbeit auf dem Weg zu einer alternativen Professionalität. Weinheim, München: Juventa.

Otto, Hans-Uwe/Scherr, Albert/Ziegler, Holger (2010): Wieviel und welche Normativität benötigt die Soziale Arbeit? Befähigungsgerechtigkeit als Maßstab sozialarbeiterischer Kritik. In: neue praxis 2/2010, S. 137-163.

Otto, Hans-Uwe/Seelmeyer, Udo (2004): Soziale Arbeit und Gesellschaft – Anstöße zu einer Neuorientierung der Debatte um Normativität und Normalität. In: Hering, Sabine/Urban, Ulrike (Hrsg.): „Liebe allein genügt nicht". Historische und systematische Dimensionen der Sozialpädagogik. Opladen: Leske + Budrich, S. 45-63.

Otto, Hans-Uwe/Ziegler, Holger (Hrsg.) (2010): Capabilities – Handlungsbefähigung und Verwirklichungschancen in der Erziehungswissenschaft. 2. Auflage. Wiesbaden: VS.

Rawls, John (1979): Eine Theorie der Gerechtigkeit. Frankfurt/M.: Suhrkamp.

Sachße, Christoph (2005): Geschichte der Sozialarbeit. In: Otto, Hans-Uwe/Thiersch, Hans (Hrsg.): Handbuch Sozialarbeit/Sozialpädagogik. 3. Auflage. München: Ernst Reinhardt, S. 670-681.

Scherr, Albert (2006): Annäherungen an Kritikbegriffe einer kritischen Sozialen Arbeit. In: WIDERSPRÜCHE 100, 26. Jg., Nr. 2, S. 169-178.

Schönrich, Gerhard (2010): Die ontologische Dimension von institutioneller Macht, Normativitäts- und Rationalitätsmustern. In: Albert, Gert/Greshoff, Rainer/Schützeichel, Rainer (Hrsg.): Dimensionen und Konzeptionen von Sozialität. Wiesbaden: VS, S. 113-135.

Schrödter, Mark (2007): Soziale Arbeit als Gerechtigkeitsprofession. Zur Gewährleistung von Verwirklichungschancen. In: neue praxis 1/2007, S. 3-28.

Seelmeyer, Udo (2008): Das Ende der Normalisierung? Soziale Arbeit zwischen Normativität und Normalität. Weinheim, München: Juventa.

Staub-Bernasconi, Silvia (1995): Das fachliche Selbstverständnis Sozialer Arbeit – Wege aus der Bescheidenheit. Soziale Arbeit als „Human Rights Profession". In: Wendt, Wolf Rainer (Hrsg.): Soziale Arbeit im Wandel ihres Selbstverständnisses. Beruf und Identität. Freiburg/Br.: Lambertus, S. 57-104.

Staub-Bernasconi, Silvia (1998): Soziale Arbeit als „Menschenrechtsprofession". In: Wöhrle, Armin (Hrsg.): Profession und Wissenschaft Sozialer Arbeit. Positionen in einer Phase der generellen Neuverortung und Spezifika in den neuen Bundesländern. Pfaffenweiler: Centaurus, S. 305-331.

Steckmann, Ulrich (2010): Autonomie, Adaptivität und das Paternalismusproblem – Perspektiven des Capability Approach. In: Otto, Hans-Uwe/Ziegler, Holger (Hrsg.): Capabilities – Handlungsbefähigung und Verwirklichungschancen in der Erziehungswissenschaft. 2. Auflage. Wiesbaden: VS, S. 90-115.

Thiersch, Hans (1992): Lebensweltorientierte Soziale Arbeit. Aufgaben der Praxis im sozialen Wandel. Weinheim, München: Juventa.

Vester, Michael/Oertzen, Peter von/Geiling, Heiko/Hermann, Thomas/Müller, Dagmar (2001): Soziale Milieus im gesellschaftlichen Strukturwandel. Zwischen Integration und Ausgrenzung. Vollst. überarb., erw. und aktual. Neuauflage. Frankfurt/M.: Suhrkamp.

Wakefield, Jerome Carl (1988a): Psychotherapy, Distributive Justice, and Social Work. Part I: Distributive Justice as a Conceptual Framework for Social Work. In: The Social Service Review, 62. Jg., Heft 2, S. 187-210.

Wakefield, Jerome Carl (1988b): Psychotherapy, Distributive Justice, and Social Work. Part II: Distributive Justice as a Conceptual Framework for Social Work. In: The Social Service Review, 62. Jg., Heft 3, S. 353-382.

Weber, Max (1919/1994): Wissenschaft als Beruf. Schutterwald, Baden: Wissenschaftlicher Verlag.

Weber, Max (1921/1972): Wirtschaft und Gesellschaft: Grundriss der verstehenden Soziologie. Besorgt von Johannes Winckelmann. 5., revidierte Auflage. Tübingen: J.C.B. Mohr (Paul Siebeck).

Wilensky, Harold L. (1964): The Professionalization of Everyone? In: The American Journal of Sociology, 70. Jg., Heft 2, S. 137-158. Online: http://www.jstor.org/stable/2775206 [Stand: 14.03.2011]

Ziegler, Holger (2004): Jugendhilfe als Prävention. Die Refiguration sozialer Hilfe und Herrschaft in fortgeschritten liberalen Gesellschaftsformationen. Bielefeld. Online unter: http://bieson.ub.uni-bielefeld.de/volltexte/2004/533/ [Stand: 20.03.2011]

Paradigmenwechsel? Soziale Arbeit zwischen Agency, Capability und libertärem Paternalismus (Nudge) und empirischer Fundierung.

Vom Verlust der gesellschaftstheoretischen Perspektive

Friedhelm Vahsen

In dem Sammelband *Soziale Arbeit in Gesellschaft* (2008) skizzieren in circa 50 Artikeln die Autoren der Arbeitsgruppe 8 an der Universität Bielefeld ihre Sicht auf den theoretischen Stand und die weitere Entwicklung der Sozialen Arbeit. Die Beiträge spannen einen weiten Bogen, doch ein Kernpunkt ist das Insistieren auf einer gesellschaftstheoretischen Orientierung der Disziplin und Profession.

In ihrer einleitenden „Werkschau" umgrenzen die Autoren ein analytisches Dreieck in Anlehnung an Hans Thiersch und Thomas Rauschenbach (1984) zur theoretisch-systematischen Erfassung der Sozialen Arbeit:

- Rekonstruktion der *Lebenslagen von Adressaten,*
- Erfassung der Strukturlogik professionellen Handelns und der *professionellen Wissensstruktur* und
- Bestimmung der *gesellschaftlichen Funktion der Sozialen Arbeit* und des ihr *zugewiesenen gesellschaftlichen Problems* (vgl. Bielefelder Arbeitsgruppe 8, 2008: 17).

Dieser aus der Sicht der Autorengruppe einflussreichen analytischen Zugangs zur Sozialen Arbeit sei um mindestens zwei Ebenen erweitert worden:

- „Die Ebene der *organisatorischen Realisierung* sozialpädagogischer Angebote und der
- *disziplinären Betrachtung*" (ebd. 18).

Allerdings würden häufig gesellschaftstheoretische Aspekte wie disziplin- und professionstheoretische Aspekte kaum betrachtet, relationiert und blieben tendenziell unterbelichtet. Dies ließe sich z.B. an der Jugendhilfeforschung im Bereich des DFG-Graduiertenkollegs „Jugendhilfe im Wandel" belegen. Das Motto dieses hier knapp wiedergegebenen Artikels ist: *Gute Praxis erfordert gute Theorie!* Doch was ist gute Theorie?

In einem eigenen Beitrag zum Thema *Soziale Arbeit in gesellschaftlichen Umbrüchen* (Vahsen/Mane 2010) habe ich zu verdeutlichen versucht, wie Soziale Arbeit sich im Kontext gesellschaftlicher Veränderungen teilweise merklich, teilweise jedoch hinter ihrem Rücken verändert hat.

An fiktiven Gesprächen in einer Kneipe in der Nähe unserer Fakultät Soziale Arbeit und Gesundheit, die früher Fachbereich Sozialpädagogik hieß, auch dies signalisiert Veränderungen, habe ich dargestellt, wie die Lehrinhalte der Sozialen Arbeit sich gewandelt haben, aber auch der Habitus der Lehrenden und Studierenden. Plakativ formuliert:

- Von der Sozialen Arbeit unter kapitalistischen Produktionsbedingungen hin zur Sozialen Arbeit als Dienstleistung.
- Von der therapeutischen Sozialen Arbeit zur Managementorientierung,
- Von der stellvertretenden Deutung zur Hilfeplanung...,

um nur einige paradigmatische Veränderungen zu benennen.

Unter Paradigma werden hier zentrale Erklärungsmuster, theoretische Orientierungen verstanden. Sozusagen Landkarten. Paradigmen stellen einen wissenschaftlichen Konsens dar, sie sind konkrete Modelle für die Erkenntnisgewinnung und Beschreibung der Grundlagen eines Fachgebietes.

Ein Blick in den „Grundriss Soziale Arbeit", gerade in der dritten Auflage neu erschienen, (Thole, 2010) zeigt in den Überblicksartikeln folgende theoretischen Bezüge auf.

- Lebenswelt,
- Hilfe,
- Soziale Probleme,
- Bildung,
- Reflexive Sozialpädagogik,
- Lebensbewältigung und
- Sozialarbeitswissenschaft als misslingender Abgrenzungs- und Konturierungsversuch.

Dabei wurde in der neuesten Ausgabe des „Grundriss Soziale Arbeit" als neuer Ansatz der des capabilty(ies) approachs aufgenommen. In Deutschland sind es vor allem Hans Uwe Otto et al., die hier ein neuen Bezugsrahmen für die Lehre und Forschung sehen. Auch dies signalisiert einen Wandel der grundlegenden Orientierung[1]. Denkbar wäre es nun, das Fünf-Punkte-Raster der Bielefelder Schule auf theoretische Erklärungsmuster zum disziplinären Gegenstand und zur professionellen Handlungsorientierung zu legen und daran den Gegenstand und

---

1   Agency und Transnationalism (Homfeldt/Schröer/Schweppe, 2006; 2007) fehlt allerdings.

den Gehalt der einzelnen theoretischen Erklärungsmuster zu messen. Die Bielefelder eint im Übrigen die strikte Ablehnung einer Sozialarbeitswissenschaft, was
in dem Artikel von R. Merten „Sozialarbeitswissenschaft – Vom Verschwinden
eines Phantoms" (Mertens, 2008) pointiert ausformuliert wird.

Die Bielefelder Werkschau durchzieht aber auch die Aufforderung zur ge-
naueren empirischen Analyse sozialer Fragestellungen und beklagt das Defizit
exakter empirischer Forschung in der Sozialen Arbeit. Albrecht betont die Verantwortung der Wissenschaft „bei der Produktion gesicherten, anwendungstaug-
lichen Wissens", und hebt hervor: „aber dieser Verantwortung nachzukommen,
fällt ihr schwerer, als man auf den ersten Blick erwartet" (Albrecht, 2008: 57).[2]
Kernstück sei dabei die Evaluationsforschung, es gehe um die Generalisierbarkeit von Forschungsergebnissen, die Überprüfung rein theoretisch orientierter
Studien. Hier sieht Albrecht die Notwendigkeit von Panelbefragungen, so z.B. bei
der Erfassung der Langzeitfolgen von Scheidung. Es fehle häufig die methodische
Kontrolle, so könnten z.B. Präventionsmaßnahmen nur „*kurzfristige* Effekte" zeigen, möglicherweise sogar „langfristig das Gegenteil [...] bewirken" (ebd. 58).
Insgesamt sei aus der empirischen Sicht „wissenschaftlich angeleitete soziale
Prävention eine äußerst heikle Angelegenheit", da „zentrale Qualitätsmerkmale
anwendungsbezogener Grundlagenforschung ebenfalls nicht gleichzeitig opti-
mierbar sind" (S. 59).

Albrecht bezieht sich hier neben der Anwendbarkeit auf die wissenschaftliche
Bedeutsamkeit, Generalisierbarkeit, interne, statistische und Konstruktvalidität.
Für Albrecht sind es vier Bedingungen von denen die Anwendung sozialwissen-
schaftlichen Wissens als Grundlage sozialer Prävention abhängig ist:

- „disziplinäre Absicherung des Wissens durch solide empirische Prüfung",
- „der Anwendungsdruck, der sich aus Umfang, Schwere und potenziellen
  Folgeschäden des sozialen Problems ergibt",
- „der Anwendungsbereitschaft der Akteure, dieses Wissen umsetzen", und
- viertens „vom Vorliegen einer angemessenen Ressourcenbasis" (ebd. 57).

Albrecht attestiert der Bielefelder Arbeitsgruppe das Bemühen, hier etwas gegen
das Dilettieren zu leisten und zur gründlichen theoretischen, methodischen und
empirischen Arbeit zur Fundierung der in psycho-sozialen Berufen Tätigen zu
leisten und neue Arbeitsfelder zu erschließen (ebd. 59). Nach Albrecht gehe es
vor allem um die Verlagerung der Arbeit hin zur primären Prävention und damit
um eine „starke Veränderung der professionellen Perspektive, des beruflichen
Selbstverständnisses, der notwendigen Wissensbasis und des methodischen
Rüstzeugs" (ebd. 59). Dieser Artikel mahnt letztlich eine stärkere empirische

---

2   Offensichtlich gibt es Kritik an der wissenschaftlichen Substanz der Disziplin insgesamt.

Orientierung der Disziplin und Profession an und zwar eher im quantitativen Kontext denn in qualitativer Form.

Thole (2010) wiederum stellt in der neuesten Ausgabe seines Grundrisses Sozialer Arbeit lakonisch fest: Es gibt nicht *die* theoretische Perspektive, er sieht dies als unmöglich an, eine Theorie auszuformulieren, die den Kern der Sozialen Arbeit als Disziplin und Profession erfasse. Es sei „weiterhin zu konstatieren, dass der sozialpädagogische Theoriebildungsprozess auf keinen zentralen, allseits akzeptier(t)en, fachlichen beziehungsweise disziplinären Ort hinweisen kann" (Thole, 2010: 39). In einem Beitrag zur Verortung der Sozialen Arbeit skizziert er (Thole u.a. 2007) das Modell einer reflexiven Sozialen Arbeit als subversives, inspirierendes Element. Dies hatte schon Giddens (1996) für die Soziologie formuliert.

Mollenhauer (1989) riet ab vor allzu großer Aufgeregtheit, ob der Zuständigkeit der Sozialen Arbeit. Sie behandle einen Ausschnitt Sozialer Fragen und Probleme, den andere Wissenschaften nicht erfassen würden.

Beim Lesen neuerer Publikationen und dem Suchen nach theoretischer Orientierung bin ich auf eine interessante Neuerscheinung in Amerika gestoßen, die handlungspraktische Anleitungen geben will: *Nudge* oder *libertärer Paternalismus*.

Thaler und Sunstein (2009) haben vor einiger Zeit ein Buch publiziert, das für die Theoriedebatte einige Anregungen liefert. Sanfte Anstöße nennen sie ihren Ansatz. Es geht um den libertären Paternalismus und das Prinzip Nudge. Die Süddeutsche Zeitung bezeichnete dieses Buch als einen wirkungsmächtigen Ansatz in der Sozialwissenschaft:

Dies Buch avanciert – so Kreye „zum Grundlagenwerk der neuen Sozialwissenschaften" (SZ v. 7.12.2009, Nr. 282: 11).

Auch wenn der Begriff *Libertärer Paternalismus* eher abschrecke, mit Klischees behaftet sei und widersprüchlich erscheinen würde, so verweise diese Begriffskombination auf zweierlei: „Wir beharren konsequent auf Entscheidungsfreiheit – das ist der libertäre Aspekt unseres Ansatzes. Alle Menschen sollen generell frei entscheiden können, was sie tun möchten und was sie lieber ablehnen wollen. [...] Paternalismus ist deshalb wichtig, weil es unserer Überzeugung nach [...] legitim ist, das Verhalten der Menschen zu beeinflussen, um ihr Leben länger, gesünder und besser zu machen" (Thaler/Sunstein 2009: 14f.). Es gelte die Menschen anzustubsen, „ihnen bei ihrer Entscheidung einen kleinen Schubs zu geben", eben einen „*Nudge*" – so die Erläuterung des englischen Verbs to nudge in der Fußnote auf der selben Seite (ebd.: 13). Mit diesem sanften Anstoß soll jemand auf etwas aufmerksam gemacht, an etwas erinnert oder sanft gewarnt werden, unser Verhalten sei oft *dynamisch inkonsistent* und oszilliere um *Versuchung und Gedankenlosigkeit*.

„Es handelt sich hierbei um eine relativ leichte, weiche und unaufdringliche Art des Paternalismus, weil die Auswahl der Möglichkeiten nicht eingeschränkt und keine Option mit überaus strengen Auflagen versehen wird" (ebd.: 15). Thaler und Sunstein entwickeln praktische Anweisungen, die „sowohl im privaten wie auch im öffentlichen Sektor anwendbar sind" (ebd.: 26). Es gehe darum, mehr Entscheidungsfreiheit zu garantieren und weniger Zwang und Gängelei durch Staat und Behörden herbeizuführen. Menschliches Verhalten werde durch Faustregeln geprägt, im Prinzip gibt es drei sog. „Urteilsheuristiken" oder Faustregeln:

- Die Heuristik der Verankerung,
- die Verfügbarkeitsheuristik und die
- Repräsentativitätsheuristik sowie die Fehleinschätzungen, die daraus resultieren können" (S. 39).

Schätzt man z.B. die Größe einer Stadt, so setzt man einen Anker bei einer Zahl die man kennt und versucht von da aus eine Einschätzung vorzunehmen. Dieser Anker beeinflusst die Schätzung signifikant. Das Wissen um etwas prägt auch die Wahrnehmung, ob wir selbst mit etwas Erfahrung gesammelt haben und jüngste Ereignisse prägen stärker als länger zurück liegende. Der dritte Aspekt bezieht sich auf die Übertragbarkeit einer Wahrnehmung auf etwas Zweites (Münzwurf und die Erwartung, ob Zahl oder Wappen und die Wahrscheinlichkeit der Wiederholung.).

Lässt man Studenten zu Beginn eines Seminars sich selbst einer vermuteten Bewertung am Ende des Seminars zuordnen, so ist die Wahrscheinlichkeit, dass alle sich zu den besten 10 Prozent zählen sehr hoch, so Thaler[3].

Während agency die Handlungsbefähigung des Einzelnen und capability das Leben unter würdigen Bedingungen skizzieren und betonen möchte (vgl. Vahsen 2010), formulieren Sunstein und Thaler aus, dass die Menschen eben nicht ihres Glückes Schmied seien, sondern häufig auf ihrem Weg angeleitet, begleitet, unterstützt, also angestupst werden müssten, um ein gesundes, würdiges und soziales Leben zu führen.

Mit vielen Beispielen untermauern sie ihre Einsicht in die theoretische und praktische Anleitung der Menschen. In diesem Sinne ist Soziale Arbeit auch Außenleitung, baut nicht nur auf Ressourcen auf, legt nicht nur die Fähigkeit *to act upon their own world* frei oder gibt ein Punkteprogramm des angemessenen Lebens vor, vielmehr ist Soziale Unterstützung ein Prozess des Anstoßens und Lenkens.

---

3   Ähnliches gilt bei unserer Fakultätsevaluation für die Frage, ob man *regelmäßig* am Seminar teilgenommen hat, fast alle beantworten diese Frage mit ja!

Damit bräche sie auch mit einer Tradition des stellvertretenden Deutens, des dialogischen Prinzips, in ihrem Sinne wäre Soziale Arbeit handlungsanregend und gestaltend. Die Menschen benötigen – hier könnte man D. Riesmann variieren – der Außenleitung. Dies ließe sich auf verschiedene Bereiche übertragen, sowohl auf den individuellen Bereich, aber auch auf die Gestaltung des sozialen Zusammenlebens, die gesellschaftlichen Organisationen, die Gesundheitssysteme, aber auch die staatlichen Institutionen.

Damit grenzt sich Soziale Arbeit von einer lebensweltorientierten Sozialen Arbeit ab, aber auch einer rein dienstleistungsorientierten Profession. Sie gestaltet den Rahmen weniger durch Kontrakte und Evaluation oder Lebensweltunterstützung, denn durch Hinweise im Kontext eines libertären Paternalismus. Einerseits muss sie demokratischen Prinzipien gehorchen, doch müssen diese eingerahmt werden in die helfende Orientierungssetzung von Außen. Dies sowohl auf der Ebene des Individuums als auf der Gestaltungsebene sozialer Systeme. In diesem theoretischen Ansatz schimmert die Unmündigkeit des Individuums auf, aus der es ihm herauszuhelfen gelte. Der Prozess verläuft aber nicht durch Freilegung von Ressourcen, sondern über Vermittlung von Kenntnissen und Fertigkeiten von Außen. Es geht darum, eine Entscheidungsarchitektur zu entwickeln, die hilft, komplexe Entscheidungen im Leben abwägend zu treffen. Dies betrifft u.a. privatisierte Sozialversicherungen, Reformen im Gesundheitswesen, Organspenden, den Umweltschutz, aber auch die Privatisierung der Ehe.

In all diesen Bereichen sehen sie Möglichkeiten „dass die Idee des libertären Paternalismus ein paar neue Denkansätze bietet und bekannte Probleme lösen hilft" (ebd.: 275). Ausführlich setzen sie sich mit der Ehe als staatlicher Institution auseinander: Ehe sei nichts anderes als eine staatliche „erteilte Lizenz sowohl für sexuelle Betätigung als auch für das Erziehung von Kindern" (ebd.: 281). Diese gelte es aufzuheben. So sollten z.B. Menschen nicht heiraten, sondern vielmehr einen privaten Ehekontrakt abschließen, vielleicht im Rahmen einer ihnen gefühlhaft nahen Vereinigung, aber jedenfalls nicht im Kontext staatlicher gesetzlicher Regelungen, da diese bei Auflösung nur Kosten produzierten. Vielmehr wäre es besser, gleich zu Beginn einer Beziehung eine finanzielle Rücklage für die Ausbildung der Kinder zu bilden und/oder zur Versorgung des möglicherweise finanziell schlechter stehenden Partners. Würde man dieser Einsicht und Anregung folgen, so würde viel Streit und Auseinandersetzung den Paaren während der Trennung und Auflösung des Ehevertrages erspart werden. Thaler und Sunstein versuchen ihre Ansicht durch viele Beispiele zu untermauern.

Theoretische Reichweite und Praxisrelevanz

Die Autoren selbst formulieren einige Gegeneinwände zu ihrem theoretischen Gerüst: Als einen Einwand gegen ihr Konzept sehen sie die immer stärker werdende Rolle des Staates durch paternalistische Maßnahmen und damit die Aversion der Menschen gegen Lenkung und Bevormundung.

Doch gehe es schließlich darum, es den Menschen möglichst leicht zu machen, sich für einen Weg zu entscheiden. Es gehe in vielen Bereichen um mehr Freiheit, wie z.b. bei der Frage der Eheschließung. Auch wenn Menschen das Recht haben müssen sich zu irren, dann hebt das die Idee des Stupsens nicht auf, es geht darum, die eigene Entscheidungsstruktur aber überprüfen zu können und dazu Hinweise zu erhalten. Die Autoren wollen mit ihrem Konzept zur Umverteilung und den Schutz von sozial Benachteiligten beitragen (ebd.: S. 317ff), streben eine Verbesserung der Fürsorge, so z.B. im Gesundheitsbereich, an.

Doch wo sind die Grenzen? Manipulation muss ausgeschlossen werden, es gehe um das Prinzip der Transparenz. In Anlehnung an John Rawls wird hier vom *Prinzip der Öffentlichkeit* gesprochen (ebd.: 321). Dieses Prinzip gelte es bei den Nudges einzuhalten und damit wären definitive Grenzen gesetzt.

Manche, die sich mit ihrem Ansatz auseinandersetzen, leiteten aus den Nudges ab, der Paternalismus müsste noch viel ausgeprägter sein. Die Autoren sprechen hier von einem asymmetrischen Paternalismus, der „die schwächsten Mitglieder einer Gesellschaft unterstützt, während die stärksten mit den geringst möglichen Kosten belastet werden" (S. 327). Nudges geförderte Optionen sollten mit möglichst niedrigen „Kosten" verbunden sein, so dass man sich auch anders entscheiden kann.

Schon kleine Veränderungen sozialer Situationen könnten enorme Auswirkungen haben. Die beiden Autoren hoffen, dass ihre Anregungen einen Mittelweg beschreiben, der sich in einer unnötig polarisierten Gesellschaft als gangbar erweisen kann. Die Komplexität des modernen Lebens entkräftet „die Argumente für eine regulative Politik und für dogmatisches Laissez-faire gleichermaßen."

Entscheidungsfreiheit, an diesem Prinzip sei festzuhalten, aber es gelte „gleichzeitig, die Berechtigung eines sanften Nudges anzuerkennen" (ebd.: 333).

Prinzipiell betonen die skizzierten Ansätze die Entscheidungsautonomie der Menschen, seine Handlungsbefähigung. Selbst wenn die Entscheidungsfähigkeit von Menschen teilweise eingegrenzt sei, so gelte auch für diese Personen der Anspruch auf ein gutes Leben. Der capability approach betont die Entwicklung und Gestaltung eines würdigen Lebens. Doch gilt der Blick aber auch der Machtperspektive insgesamt, der Anweisungsstruktur innerhalb sozialpädagogischer Hilfesysteme?

Nudge als libertärer Paternalismus geht davon aus, dass Menschen in ihrer Entscheidung frei sind, und sich irren dürfen. Dennoch kann es erforderlich sein, ihnen bei der Verwirklichung eines guten Lebens zu helfen. Hier verschränkt sich der Ansatz mit capability und agency, mit dem Unterschied, dass Menschen einer sanften Außenleitung bedürfen.

Allerdings wird in diesen Ansätzen das *selbstreflexive Moment* sehr stark betont. Auf dessen Grenzen hat schon Giddens (1999) hingewiesen, Beck (1996) hat noch pointierter auf die *unbeabsichtigten Nebenfolgen* der Moderne aufmerksam gemacht.

Doch was sagt die neuere Gesellschaftstheorie?

Wir verharren – wie es Rosa (2005) formuliert – im rasenden Stillstand und bewegen uns auf rutschenden Abhängen. Das Leben in der Moderne, Postmoderne ist eher von Unsicherheiten geprägt, alles ist fluide und Ambivalenzen prägen das gesellschaftliche Leben, dies wusste schon Simmel.

Die Erosionstendenzen in der Gesellschaft nehmen eher zu als ab, das Dialogische wird durch massenmediale Verführung ersetzt. Dies betont Z. Bauman. Ob die skizzierten Ansätze über die Begrifflichkeit hinausgehen und handlungs/praxisleitend wirken, dies bleibt m. E. offen. Aktuell wird immer unverblümter diskutiert, wie viel Entscheidungsfreiheit Menschen, die auf staatliche Hilfe angewiesen sind, zuzubilligen sei (Arbeitszwang). Das Pendel zwischen Fördern und Fordern schlägt in Richtung des Forderns aus. Die Eingliederungsvereinbarungen, als zu verhandelnde Verträge konzipiert, werden in der Realität von den meisten Hilfesuchenden hingenommen und unterschrieben – aus Angst vor Sanktionen (vgl. Mane 2010). Diese Atmosphäre schlägt sich auch in der Sozialen Arbeit nieder, die im Zuge der Ökonomisierung zum einen in Bezug auf ihre Ergebnisse den Blick auf messbare, möglichst finanzielle Outputs verengt, zum anderen unter Kostendruck versucht, mit weniger Personal auszukommen, was den Einsatz von Instrumenten wie dem Dialog mindestens erschwert.

In dieser Situation erscheinen die oben zitierten Autoren zwar einerseits als wichtige Mahner verloren gehender Werte in der Sozialen Arbeit, doch stehen einer Umsetzung in der Praxis strukturelle Hindernisse entgegen. Und welche Handlungsoptionen z. B. Arbeitslosen bleiben, wenn sich die Gesellschaft schrittweise vom Solidaritätsgedanken verabschiedet, ist fraglich.

Offensichtlich gibt es bisher nicht *das* gültige Paradigma, sondern unterschiedliche Blickweisen auf das Proprium der Sozialen Arbeit.

Die gesellschaftliche Realität verweist auf Verwerfungen. Soziale Arbeit setzt sich mit einem bestimmten Ausschnitt sozialer Fragen und Probleme auseinander (Mollenhauer 1989). Die hier dargestellten Ansätze bieten dazu einen akzentuierten Blick.

Das Stichwort ist aus meiner Sicht das der Ambivalenzbewältigung. Dies bereits von Simmel (1908) entworfene Konzept will die Entwicklung erfassen, die Zwiespältigkeit erzeugt und ständig neu produziert. Wenn die Uneindeutigkeit moderner Gesellschaften wächst, Exklusion mit der Modernisierung einherschreitet, Verdichtungsprozesse sich amalgamierend und verfestigend über das gesellschaftliche Leben legen, dann ist letztlich *das* Prinzip der Sozialen Arbeit, Offenheit zu bewahren: Sowohl auf der Ebene des Erkennens von Widersprüchen, sozialen und individuellen Problemen, aber auch auf der Handlungsebene. Dies bedeutet nicht, sich der notwendigen Ausgestaltung systematisch-analytischer Hilfeverfahren zu entziehen. Dies bedeutet aber auch, Soziale Arbeit nicht zur Zweiklassensozialarbeit zu entwickeln für die Unterstützungswürdigen einerseits und Sozialdeklassierten andrerseits, sondern gerade dazu beizutragen, den Ambivalenzen entgegenzutreten. Die Bewältigung von Ambivalenzen hängt ab von Toleranz, Freiheit, Verantwortung und der Solidarität (vgl. Vahsen/Mane 2010).

Dies spiegeln die derzeit aktuellen Ansätze nur teilweise wider. Sie berühren weniger die Frage, wie mit Widersprüchen und der fortschreitenden Auflösung gesellschaftlichen Zusammenhalts umzugehen sei.

Auch die Dienstleistungsperspektive der Bielefelder Arbeitsgruppe, in den jüngeren Forschungsprojekten entwickelt und in der Workschau der Arbeitsgruppe 8 dokumentiert, liefert dazu nur bedingt einen Beitrag. Das Insistieren auf einer gesellschaftstheoretischen Perspektive der Sozialen Arbeit umfasst eher die offensive Auseinandersetzung mit sozialen Verwerfungen wie sie z.B. im Streichen des Elterngeldes für Hartz 4 Empfänger deutlich werden oder in der weitgehenden Vermeidung von klaren Grundlohnregelungen wie in anderen Ländern – siehe Frankreich – bereits realisiert.

Wenn Castells die zunehmenden Widerstandsbewegungen in den Städten beschreibt, die sich gegen staatliches Handeln richten und von einer zunehmenden Widerstandsidentität berichtet, dann liegt hier möglicherweise ein sich (wieder)konturierender Kern der Sozialen Arbeit als sozialer Politik und Unterstützung von Gemeinwesenaktivitäten, nicht als Mobilisierung von Randgruppen, sondern als Teil dynamischer Politik im Stadtteil und im Umfeld. Nudging ist dann wahrscheinlich nicht staatlich-gelenktes Anstupsen, sondern entsteht von unten oder quer durch alle sozialen Schichten. Hierbei werden sich wahrscheinlich die Grenzen sozialer Milieus – wenigstens zeitweise – aufweichen und Menschen unterschiedlicher sozialer Herkunft sich zusammenschließen und Anstöße zur Gestaltung entwickeln. Dies wird bisher zuwenig erkannt.

Soziale Arbeit geht nicht in gesellschaftlichen Bewegungen auf, doch gewinnt dieser Aspekt an Konturen. Hamburger Schulentscheid, Rauchverbot in

Bayern, Stuttgarts Bahnhofprojekt und die Initiative in Schleswig-Holstein eine Partei zu gründen, die für die Wiedereinführung bzw. den Erhalt des 13. Schuljahrs am Gymnasium eintritt, sind Indikatoren für die Veränderungen der politischen Kultur.

Die Anregungen zur Gestaltung der Lebensbedingungen, das Nudging erhält neue Konturen, nicht von den etablierten Parteien her, sondern es wird zunehmend von Initiativen und Bürgerbegehren getragen. Es ist zu vermuten, dass dies auf die Wahrnehmung der Lebenswelten durch Soziale Arbeit Einfluss erhält und deren (Mit-)Gestaltung durch Soziale Arbeit an Bedeutung gewinnen wird.

Die wird die Akzente der Sozialarbeit verändern, lebensweltorientierte Soziale Arbeit im Sinne von H. Thiersch wird selbst dem Wandel durch die Lebenswelt unterliegen: Es ist deshalb prognostizierbar, dass das Natorp'sche Postulat: Erziehung in und durch die Gemeinschaft neue Akzentuierung erfährt. Die Rolle des Helfers und der des Geholfenwerdenden werden tendenziell austauschbarer.

Sozialmanagement, Planung und Evaluation und Dienstleistung werden nicht obsolet, doch werden die „neuen" sozialen Bewegungen die sozialpolitischen Rahmenbedingungen mitprägen und damit auch einen Teil der Sozialen Arbeit. Dies wird aber auch über den jeweiligen eingegrenzten Sozialraum hinausragen.

Soziale Arbeit unterliegt Wandlungen, um auf die Ausgangsbetrachtung zurückzukommen. Bei zunehmenden gesellschaftlichen Verwerfungen und sozialen Problemen gerät jedoch ihre sozialpolitische Funktion (hoffentlich) wieder in den Blickpunkt. Otto schreibt in einem kurzen Beitrag in der Neuen Praxis (np Nr. 3, 2010) vom „Reiten auf dem Tiger" und den Widersprüchen der sozialen Entwicklung, die er mit Sorge beobachtet.

Ob das Nudging hier ein neues Prinzip bietet sei dahingestellt, denn woher kommt sein Maßstab der Angemessenheit? Dies wird bei der Debatte um Hartz IV und die Förderung von Kindern und Jugendlichen deutlich.

Dennoch zeigt die sozialpolitische Rahmung gerade hier starke Tendenzen zum Nudgen, doch die Bewegungen von unten signalisieren das Anstupsen der (Re)Gestaltung politischer Entscheidung zur Formung der Lebenswelt. In der Rolle Heiner Geißlers in Stuttgart dokumentiert sich dies deutlich.

Die geforderte Reflexivität der Sozialen Arbeit bedeutet Erkenntnis der (Neben)Folgen der Moderne (Beck/Giddens). Es muss darum gehen, die Grenzen des Expertenwissens zu sehen. Die Inobhutnahme ist in einigen Jugendamtsbereichen um 30% im letzten Jahr gestiegen (SZ v. 2.11.10). Ist dies Ausdruck schärferer Wahrnehmung sozialer Probleme oder Ausdruck zunehmender staatlicher Kontrolle?

Soziale Arbeit variiert mit (gesellschaftlichen) Veränderungen: Im Sinn der theoretischen Erkenntnis von Rosa wirkt sie sowohl an Beschleunigungsprozessen mit und schafft zugleich Entschleunigungsinseln. Die Theoriedebatten haben Konjunktur und Zyklen. Dies belegt z.B. die Debatte um Vorschulförderung in den 1970er Jahren und heute. Schon damals wurde intensiv über die geeignete Förderung von Kindern im Vorschulalter diskutiert. Systematische Sprachförderung und Vermittlung naturwissenschaftlicher Grundkenntnisse oder spielerische Aneignung der Umwelt wurden gegeneinander abgewogen. Neuerdings ist ein großes Förderprogramm durch die Bundesregierung zur sprachlichen Frühförderung beschlossen worden. Es sollen gezielt Fachkräfte in den Kindertagesstätten eingesetzt werden.

Nach wie vor wird intensiv diskutiert, ob und welchen wissenschaftlichen Status die Soziale Arbeit hat. Nach Durkheim gehören zu einer wissenschaftlichen Disziplin: Theorien, Methoden, also wissenschaftliche Untersuchungsansätze und zusammenfassende Darstellungen, die über offene Taxonomien (Aufzählungen) hinausgehen sollen. Nach den Durkheimschen Regeln der soziologischen Methode kann man den Stand der Entwicklung der Sozialen Arbeit wie folgt bilanzieren: Soziale Arbeit hat unterschiedliche Erklärungsansätze/Paradigmen. Sie verfügt über Taxonomien zur Beschreibung ihrer Ansätze. Die von Thole (2010) aufgeführten paradigmatischen Erklärungsansätze lassen dies deutlich werden.

Soziale Arbeit hat methodische Ansätze zur Analyse und zum Erklären menschlichen Verhaltens in bestimmten Lebenskonstellationen. Soziale Arbeit setzt sich mit einem Ausschnitt konkreter Fragestellungen und Problemen auseinander, die in anderen Disziplinen nicht „bearbeitet" werden, hat also einen eigenen Praxis- und Forschungsbereich.

Strittig ist in der Disziplin das Verhältnis von Theorie und Praxis. Einige Autorinnen und Autoren sehen die Disziplin im Wesentlichen als kritische Instanz der Praxis, die das Handeln in der Praxis distanziert reflektiert. Die Disziplin habe nicht systematisiertes Handlungswissen zusammen zu fassen, sondern bewahre die Distanz zum praktischen Handeln. Professionswissen und Wissenschaft sind in diesem Verständnis zweierlei.

Daraus resultiert auch das Verneinen einer Sozialarbeitwissenschaft als Handlungswissenschaft, da Wissenschaft nicht praktisches Handeln beschreiben könne und solle. Wenn sich diese Position auch etwas relativiert hat, so schwingt sie nach wie vor mit.

Letztlich wird auf diese Weise ein Ansatz verneint, der betont, dass sich aus der Praxis Bedingungen und Möglichkeiten des Handelns entwickeln könnten, die Bedingungen eines würdigen Lebens beschreiben. Evidenz-basierte Erkenntnisse werden genauso wie best-practice-Verfahren verworfen. In dem Band der Bielefelder Arbeitsgruppe Soziale Arbeit in Gesellschaft wird dieser Erkenntniskonflikt deutlich: Einerseits beharrt Dewe letztlich auf der kritischen Distanz der Wissenschaft, trotz der Dienstleistungsuntersuchungen von Otto. Andere Autorinnen verweisen hingegen auf die Generierung von Wissen aus der Praxis für die theoretische Perspektive der Disziplin.

Albrecht setzt die Kritik am Stand der Disziplin in dem zitierten Sammelband – wie bereits – ausgeführt anders an. Ihm geht es um den empirischen Gehalt der Forschung. Hier wird das zentrale Defizit der Sozialen Arbeit gesehen. Auch im Sammelband von Thole (2010) werden Forschungsdesiderate genannt. Wenn die Theoriebildung mit differenzierter Forschung sozialer Fragen und Probleme verbunden wird, dann stellt sich die Frage nach dem Status der Disziplin und Profession anders als es in den bisherigen Diskussionen hervorgehoben wurde. Der Status einer Wissenschaft erfolgt also nicht voluntaristisch, weder in der abstrakten Setzung einer Sozialarbeitswissenschaft noch in der Behauptung einer kritisch-korrektiven Instanz der Erkenntnisgewinnung aus theoretischer Einsicht heraus.

Die Hypostasierung einer „reinen" Theorie ist ein erkenntnistheoretischer Zugriff, der aber negiert, dass auch Handeln Wissen generiert, das zu theoretischen Mustern „verdichtet" werden kann, das über das „Dies – haben – wir – immer – so – gemacht" hinausgehen kann.

Der Capabilty Approach ist ja gerade auch aus der Einsicht in praktische Lebensbedingungen erwachsen. Sen hat das Recht auf ein würdiges Leben aus der Erfahrung in seinem Lande entwickelt. Deshalb könnte dieser Ansatz gerade die Überwindung der Theorie-Praxis-Differenz bedeuten. Unter diesem Aspekt gewinnt der Capabilty Approach an Bedeutung. Allerdings bleibt hier der Einwand bestehen, dass der empirische Gehalt dieses Ansatzes zu relativieren ist. Walker (2010) hebt dies hervor.

In dem Sammelband von Comim/Qizilbash und Alkire (2008) wird allerdings im Gegensatz dazu die empirische Anwendbarkeit dieses Ansatzes betont. Sara Lelli verdeutlichen dessen Operationalisierbarkeit, die „functionings" (Eigenschaften oder Fähigkeiten, F.V.) werden durch Faktorenanalyse identifizierbar (Lelli 2008, 313ff.). In einem weiteren Beitrag in diesem Grundlagenwerk analysiert Chiappero-Martinelli, ob „complexity and vagueness in capability approach: strengths or weakness?", bedeutet. Sie kontastiert, dass die Konzepte von Armut und des well-beings wie viele und vielleicht die meisten der Fragestellungen, Probleme und Phänomene, die sich auf die „human sciences" beziehen, „intrinsically complex und vague" sind (Martinelli 2008, 268).

Sie wendet sich ausdrücklich gegen die Kritik an der fehlenden Grenzziehung des capability approachs, gerade dessen Komplexität und Offenheit sei seine Stärke. Sie nennt dies die intrinsische Komplexität. Neuere Studien, so z.B. die zweite World-Vision-Studie, gehen von dieser theoretischen Erkenntnisperspektive aus und bauen sie in das Umfragekonzept zur Erfassung der Lebensperspektiven von Kindern ein.

Man kann vermuten, dass durch diese Akzentuierung, das lange Jahre dominierende Lebensweltparadigma, das der alltagsorientierten Sozialpädagogik, abgelöst wird.

Allerdings bestand auch bei diesem Paradigma das Problem der empirisch-analytischen Fundierung der theoretischen Perspektive. Was bedeutete gelingender Alltag konkret? Möglicherweise bestand die entscheidende Bedeutung dieses Ansatzes in der Herauslösung der Sozialen Arbeit aus ihrer Fixierung auf dialektisch-materialistische Erkenntnisprinzipien, die in den frühen 1970ern dominant waren.

In historischer Distanz gesehen wurde damit von Thiersch ein weiterführendes Deutungsmuster entfaltet, das allerdings kaum systematischer Forschung standhielt. Zu diffus sind die Begriffe Alltag, Alltäglichkeit, Lebenswelt und deren Abgrenzung von Konzeptionen zu Lebenslage und Lebensverlauf, geschweige denn möglichen und milieutheoretischen Analysen.

Wahrscheinlich wird die Weiterentwicklung und Ausdifferenzierung der Sozialen Arbeit generell von der Intensivierung der Forschung in den unterschiedlichen Feldern abhängen. Es gibt zahlreiche pädagogische Fragestellungen und Probleme (angemessene Förderung im Vorschulbereich zwischen Spielen und gezielter Kenntnisvermittlung) und soziale Verwerfungen, (Armut, Ausgrenzung, Obdachlosigkeit), die unterschiedlicher „Bearbeitung" harren. Nicht zuletzt der Kontext von Gesundheit, Gesundheitsförderung in unterschiedlichen Lebenslagen und Altersstufen bedarf weiterer Klärung. Dies gilt trotz aller Ansätze auch für den Bereich der interkulturellen Bildung und Erziehung. Dabei geht es zunächst um systematische Erkenntnis der Ursachen, Folgen und die Herausarbeitung möglicher Ansätze zur Minimierung sozialer und individueller Defizite. Eingebettet sollte dies in eine Analyse der gesellschaftlichen Rahmenbedingungen sein. Hier ist Soziale Arbeit auf Erkenntnisse der Soziologie, Pädagogik, Ökonomie, der Biogenetik, der Demographie, des Rechts etc. zu beziehen.

Um wieder auf Mollenhauer zurückzukommen: Es geht um einen Ausschnitt spezifischer sozialer Fragestellungen und Probleme, die von anderen Disziplinen nicht bearbeitet werden.

In den letzten Jahren lag der Fokus der Sozialen Arbeit auf der Erfassung der vorhandenen Fähigkeiten der Individuen zur Gestaltung ihrer Lebenswelt. Ressourcenorientierte Soziale Arbeit, Empowerment, aber auch agency und capability stehen für diesen Blickwinkel, so öffnet möglicherweise das Nudging wiederum die Perspektive auf das, was Soziale Arbeit immer war und ist: Hilfe und Kontrolle. Das Paradigma des Anstupsens will allerdings den Akzent auf die Anregungen zur Lebensweltgestaltung geben. Dieser Blick auf die „Außenleitung" ist zwar in der Formulierung des libertären Paternalismus vielleicht etwas unglücklich ausformuliert, er zeigt jedoch deutlich auf, dass Soziale Arbeit gestaltet, Rahmen setzt, Ziele mitbestimmt, Verhaltensweisen fördern oder ändern will.

Wenn man die Geschichte der Sozialen Arbeit in den letzten 40 Jahren betrachtet, dann treten Moden, Akzentsetzungen hervor, die den „Zeitgeist" wider-
spiegeln (vgl. Vahsen/Mane 2010). Häufig wird die Anleitung durch quasi-
gleichberechtigte Arbeitsbündnisse deklamatorisch ersetzt und findet in Zielver-
einbarungen, Kontrakten eine Entsprechung, die die Freiheit der Wahl und der
Perspektive und Offenheit bisweilen mehr suggeriert, denn einlöst. So gesehen
ist das Prinzip Nudging ein offenes Umgehen mit der Unzulänglichkeit von
Menschen und der Hinweis auf Handlungsalternativen zu eingeschliffenen Verhaltensweisen. Die Frage ist hier allerdings auch, wer definiert und legt fest, was
anzuregen ist? Hier läuft der Ansatz Gefahr, eben nicht libertär zu sein, sondern
eher paternalistisch, nicht im Sinne einer behütenden Hilfestellung, sondern im
Sinne einer Bevormundung. Dennoch ist aber der Blick auf die (Mit)Gestaltung
der Lebenswelten der Adressaten durch Soziale Arbeit wichtig und nicht durch
den Rückgriff auf die Handlungsautonomie und Gestaltungsfähigkeit des Einzelnen zu ersetzen. Bildungslotsen wollen den Jugendlichen durch das Meer bil-
dungspolitischer Erfordernisse steuern zur Erlangung und Behauptung eines
adäquaten Platzes in einer komplexen Arbeitswelt. Der Blick auf das zu fördern-
de Individuum, in einer Welt, in der sich die Ansprüche an die Qualifikation
nach oben verschoben haben, umfasst auch, darauf hat Beck schon 1986 in seiner Risikogesellschaft aufmerksam gemacht, den Zwang zur Ausbil-
dung/Bildung.
      So haben sich die Anforderungen der Sozialen Arbeit verändert. In einer
Welt, in der der Einzelne zu planenden Instanz seines Lebens wird und werden
muss, trägt Soziale Arbeit zur Absicherung des Prozesses der Aneignung von
Wissen, Können und Fertigkeiten bei.
      Soziale Arbeit ist deshalb immer auch Teil bildungspolitischer Intention
und Veränderungen in den schulischen und außerschulischen Systemen. Der Ruf
nach Schulsozialarbeit findet hier seine Begründung. Wilken/Thole (2010) umgrenzen die sich wandelnden Anforderungen an die Soziale Arbeit. Deshalb ist
das *Offenlegen* dieser Anpassungsprozesse als Grundstruktur sozialarbeiterischer
Handlungen und Bemühungen ein wichtiger Teil der Auseinandersetzung beim
Ringen um und Ausgestalten einer fundierten Disziplin und Profession.
      Kehren wir zum Anfang zurück. Wenn die Bielefelder Arbeitsgruppe den
gesellschaftlichen Bezug der Sozialen Arbeit und ihre gesellschaftstheoretische
Fundierung betont, so ist dem uneingeschränkt zuzustimmen. Ob dies allerdings
in dem neuerdings so stark betonten capability approach einen grundlegenden
Bezugsrahmen findet, dies wird zwar propagiert, ist m.E. aber durchaus offen.
      Ähnlich wie bei der Fundierung der Sozialen Arbeit als Menschenrechtspro-
fession ist zu unterscheiden zwischen einer letztlich idealistischen Perspektive
und der jeweiligen gesellschaftlichen Realität. Well-being unterliegt normativen

Festsetzungen und Prinzipien eines würdigen Lebens. Diese sind nicht invariant feststehend, wie es der Ansatz deklariert.

Wenn auch auf die subjektiven Präferenzen verwiesen wird, so will doch der Katalog zur Beschreibung der Bedingungen eines würdigen Lebens einen universellen Rahmen setzen. Hier erscheint mir das Herausarbeiten des Nudgens durchaus eine Erweiterung der Perspektive aber auch eine Rückbesinnung zum Ausgangspunkt sozialer Bildung und Erziehung zu sein. Er kann normative Orientierung für den Adressaten der Hilfsbemühungen vermitteln. Sich dessen zu vergewissern, verweist auf die gesellschaftliche Verflochtenheit der Sozialen Arbeit. In der Gemengelage der Ausgestaltung der Sozialen Arbeit als Disziplin und Profession gerät diese Perspektive bisweilen in den Hintergrund und Soziale Arbeit wird zur Dienstleistung als quasi-neutrale Unterstützung und Förderung des Individuums. Hier wird tendenziell das ausgeblendet, was Soziale Arbeit war und ist, gekleidet in das Gewand der Hilfe zur Selbsthilfe, ist sie zugleich Teil sozialer und systemischer Integration. Chancen schaffend und erweiternd, Handlungsoptionen fördernd, aber eben auch fordernd und wegweisend, strukturierend und festlegend. Darauf kann das Prinzip Nudging aufmerksam machen.

Der Hildesheimer Allgemeinen Zeitung vom 4.2.2010 ist zu entnehmen, dass gerade eine ursprünglich aus Syrien stammende Familie – Vater und Sohn – aus dem Landkreis Hildesheim nach Syrien abgeschoben wurde. „Diese Rückführung ins Heimatland" geschah im Rahmen eines sogenannten Rücknahmeabkommens mit Syrien, da diese Familie, yezidische Kurden, falsche Angaben über ihre Identität gemacht hätten und entgegen ihren Einlassungen die syrische Staatsbürgerschaft besitzen würden. (HAZ v. 4.2.2010: 21).

Bezieht man dies auf die dargestellten theoretischen Ansätze der Sozialen Arbeit, dann wird der Bruch zwischen theoretischen Intentionen und faktischem bürokratischen, rechtsstaatlichen Handeln deutlich: Die im capability approach beschriebene Idee des würdigen Lebens ist offensichtlich rechtlich anders handhabbar, denn in den Vorstellungen der abgeschobenen Menschen verankert.

Die Urteilsheuristiken changieren mit der jeweiligen Betroffenheit und der Rolle staatlicher Behörden und deren Verfahrensvorschriften und gesetzlichen Regelungen.

Soziale Arbeit ist ein Teil der staatlichen Sicherheitspolitik, die persönliche Sicherheit schaffen will, die zugleich aber die Freiheit des Einzelnen einengt. Darauf macht Albrecht (2010) grundlegend aufmerksam. Soziale Arbeit bewegt sich im Spannungsfeld idealistischer Vorstellungen und Konstruktion und staatlichem Gewaltmonopol. Dies auszublenden, verkürzt die unterschiedlichen Rollen der Sozialen Arbeit bei der „Mithilfe", ein „würdiges" Leben zu gestalten. Dies gilt auch für den libertären Paternalismus, denn staatliches Handeln kann zu staatlichen Sanktionen gerinnen. Paradigmen als ordnende Landkarten sind eingebettet in gesellschaftliche Transformationsprozesse, die, entgegen ihren Intentionen, die Freiheit und Würde der Individuen gefährden können (Albrecht 2010: 178ff). Dessen gilt es sich nach wie vor – trotz der hier skizzierten – Ansätze zur Gestaltung humaner und lebenswerter Rahmenbedingungen und Lebensbereiche zu vergewissern.

Wenn im capabiliy approach die Fähigkeit des Einzelnen zu Handeln betont wird und dies vor allem in den neueren Abhandlungen zu diesem Paradigma seinen Niederschlag findet, wird auch dieser „agency-focused" Ansatz, in dem es besonders um die Entwicklung demokratischer Mitwirkungsstrukturen geht (Crocker 2008), in der Praxis von gesellschaftspolitischer Macht transzendiert.

Soziale Arbeit sollte sich der Abhängigkeit von und Verknüpfung mit politischen Herrschaftssystemen in *Theorie und Praxis* alltäglich vergewissern und dieses nicht durch paradigmatisch-prätentiöse Neudefinitionen ihrer Theorie und ihres Tuns amalgamieren.

Literatur

Albrecht, G. (2008): Soziale Prävention. In: Bielefelder Arbeitsgruppe 8 (Hrsg.).Soziale Arbeit in Gesellschaft

Albrecht, P-A. (2010): Der Weg in die Sicherheitsgesellschaft. Auf der Suche nach staatskritischen Absolutheitsregeln. Berlin

Bauman, Z. (2005): Moderne und Ambivalenz. Das Ende der Eindeutigkeit. Neuausgabe. Hamburg

Bauman, Z. (1999): Unbehagen in der Postmoderne. Hamburg

Beck, U. (1986): Risikogesellschaft. Auf dem Wege in eine andere Moderne. Frankfurt/Main

Beck, U. (1996): Das Zeitalter der Nebenfolgen und die Politisierung der Moderne. In: Beck,U./ Giddens, A./ Lash, S.: Reflexive Modernisierung. Eine Kontroverse. Frankfurt am Main

Bielefelder Arbeitsgruppe 8 (Hrsg.), (2008): Soziale Arbeit in Gesellschaft. Wiesbaden

Castells, M., (2002): Das Informationszeitalter, Bd. 1-3. Opladen

Chiappero-Martinetti, E., (2008): Complexity and vagueness in the capabilty approach: strength or weakness? In: Comin, F./Qizilbash, M./Alkire, S. (Hrsg.). A.a.O.

Comin, F./ Qizilbash, M./ Alkire/, S. (Hrsg.) (2008): The Capability Approach. Concepts, Measures and Applications. Cambridge. New York

Crocker, D.A.(2008): Ethics of Global Development. Agency, Capability, and Deliberative Democracy. Cambridge. New York

Dabrock, P., Befähigungsgerechtigkeit als Ermöglichung gesellschaftlicher Inklusion. In: Otto, H.-U., Ziegler, H. (Hrsg.), (2010): Capabilities – Handlungsbefähigung und Verwirklichungschancen in der Erziehungswissenschaft. A.a.O.

Giddens, A. (1999): Konsequenzen der Moderne.3.Auflage. Frankfurt am Main

Hildesheimer Allgemeine Zeitung v. 4.2.2010. Familie nach Syrien abgeschoben

Homfeldt, H. G./ Schröer, W./ Schweppe, C. (2006): Transnationalität, soziale Unterstützung, agency. Nordhausen

Homfeldt, H. G./ Schröer, W./ Schweppe, C. (2007): Transnationalisierung Sozialer Arbeit. Transmigration, soziale Unterstützung und Agency. In: np (Neue Praxis), Heft 3

Hurrelmann, K., /Andresen, S. (2010): Kinder in Deutschland 2010. 2. World Vision Kinderstudie. Frankfurt/Main

Krause, H. U./ Rätz-Heinisch, R. (Hrsg.) (2009): Soziale Arbeit im Dialog gestalten. Theoretische Grundlagen und methodische Zugänge einer dialogischen Sozialen Arbeit. Leverkusen-Opladen

Kreye, A. (2009): Der große Schubser. Die neuen Sozialwissenschaften und der Klimawandel. In: Süddeutsche Zeitung Nr. 282 v. 7.12.

Lelli, S. (2008): Operationalising Sen's capability approach: the influence of the selected technique. In: Comin, F./ Qizilbash, M./ Alkire, S. (Hrsg.). A.a.O.

Mane, G. (2010): König Kunde oder Knecht – Konsequenzen der Ökonomisierung. In: Wilken, U./ Thole,W. (Hrsg.). Kulturen Sozialer Arbeit. Profession und Disziplin im gesellschaftlichen Wandel

Mollenhauer, K. (1989): Sind die Begriffe Erziehung und Bildung revisionsbedürftig? In: Böllert, K./ Otto, H.-U. (Hg.): Soziale Arbeit auf der Suche nach der Zukunft. Bielefeld

Otto, H.-U. (2010): Kommentar: Soziale Arbeit und Gesellschaft – Oder über das Reiten eines Tigers. In: neue praxis, Zeitschrift für Sozialarbeit, Sozialpädagogik und Sozialpolitik, Heft 3/10

Otto, H.-U., Ziegler, H. (Hrsg.), (2010): Capabilities – Handlungsbefähigung und Verwirklichungschancen in der Erziehungswissenschaft. 2. Auflage. Wiesbaden

Rosa, H. (2005): Beschleunigung. Die Veränderung der Zeitstrukturen in der Moderne. Frankfurt/M.

Simmel, G. (1995): Aufsätze und Abhandlungen 1990l-1908, Bd. 1. Frankfurt/M.

Stork, R. (2009): Mut zur Demokratie – Wie Partizipation in der Jugendhilfe gelingen kann. In: Krause, H. U./ Rätz-Heinisch, R. (Hrsg.) (2009): Soziale Arbeit im Dialog gestalten. Theoretische Grundlagen und methodische Zugänge einer dialogischen Sozialen Arbeit. Leverkusen-Opladen

Thaler, R. H./ Sunstein, C. R. (2009): Nudge. Wie man kluge Entscheidungen anstößt, 3. Auflage. Berlin

Thiersch, H. (2009): Lebensweltorientierte Soziale Arbeit. Aufgaben der Praxis im Sozialen Wandel. Weinheim und München

Thole, W. (2010): Die Soziale Arbeit – Praxis, Theorie, Forschung und Ausbildung. In: Thole, W. (Hrsg), (2010): Grundriss Soziale Arbeit. Wiesbaden

Thole, W./ Ahmed, S./ Höblich, D. (2007): Soziale Arbeit in der gespaltenen Konkurrenzgesellschaft. Reflexionen zu empirischen Tragfähigkeit der „Rede von der zweiten Moderne". In: np (Neue Praxis) Heft 2

Thole, W. (Hrsg.), (2010): Grundriss Soziale Arbeit. Wiesbaden

Vahsen, F./ Mane, G. (2010): Gesellschaftliche Umbrüche und Soziale Arbeit. Wiesbaden

Vahsen, F. (2010): Agency, Capability, Dialogische Soziale Arbeit und libertärer Paternalismus (Nudge).Theoretische Bezugspunkte sozialarbeiterischen Handelns? In: np (Neue Praxis). Heft 4

Süddeutsche Zeitung. (SZ) v. 7.12.2009, Nr. 282: 11.
Walker, M. (2010), The capability approach as a framework for reimagining education und justice. In: Otto, H.-U., Ziegler, H. (Hrsg.), Capabilities – Handlungsbefähigung und Verwirklichungschancen in der Erziehungswissenschaft. A.a.0.
Wilken, U./ Thole, W. (2010): Kulturen Sozialer Arbeit. Profession und Disziplin im gesellschaftlichen Wandel. Wiesbaden 2010

„…was Menschen zu tun und zu sein in der Lage sind." Befähigung und Gerechtigkeit in der Sozialen Arbeit: Der Capability Approach als integrativer Theorierahmen?!

Dieter Röh

> „Die zentrale Frage des Fähigkeitenansatzes ist nicht ‚Wie zufrieden ist diese Frau?'
> oder ‚Über wie viel Ressourcen kann sie verfügen?' Es ist vielmehr die Frage ‚Was
> ist sie tatsächlich fähig *(able to)* zu tun und zu sein?'" (Nussbaum 2003a)

Einleitung

Befähigung und Gerechtigkeit, das steht im Vordergrund und ist der Nukleus einer Sozialen Arbeit, die die sozialpädagogische Bildungstradition mit der sozialarbeiterischen Fürsorgetradition zu verbinden versucht (Mühlum 2001, Röh 2009). Menschen zu befähigen, ihr Leben in einem guten Sinne führen zu können, war seit Beginn der beruflichen Sozialen Arbeit sowohl Ansatzpunkt der bürgerlichen Sozialreform wie auch der sozialistischen Bewegung. Wo die einen auf Bildung- und Kulturarbeit Wert legten (vgl. die frühen Settlements), da forderten die anderen eine ausreichende Güterausstattung und verbesserte Arbeits und Lebensbedingungen. Wer hat(te) Recht? Können die in der Marx'schen Ökonomie definierten Klassengegensätze durch materielle Entwicklung der Massen überwunden, kann soziale Gerechtigkeit hierdurch erreicht werden? Theoretisch gibt es hier durchaus unterschiedliche Interpretationsmuster, die die eine oder andere Analyse bestätigen. Doch die empirische Wirklichkeit zeigt häufig eine eher gemischte Wirklichkeit, so ging die im Nachkriegsdeutschland vorgefundene Vollbeschäftigung beispielsweise einher mit der zunehmenden Möglichkeit des Bildungsaufstiegs. Es ist schwer zu sagen, und hängt wohl eher von ideologisch-politischen Interpretationen ab, welche der beiden Seiten sich stärker auf die Entwicklung des Sozial- und Rechtsstaates Bundesrepublik auswirkten.

Jedenfalls stellt sich heute, angesichts neuer sozialer Disparitäten und neuer Ungerechtigkeit, die Frage nach sozialer Gerechtigkeit neu, zumal sowohl weitere, bislang von der gesellschaftlichen Entwicklung ausgeschlossene Gruppen, wie etwa Menschen mit Behinderungen, als auch neue/alte Gesellschaftsgruppen (Kinder, Jugendliche und ihre Familien, insofern sie zu sozial benachteiligten Bevölkerungsgruppen gehören), in zunehmenden Maße vom Erfolg der gesellschaftlichen Entwicklung nicht mehr profitieren. Gerechtigkeit als Fairness, so John Rawls, hänge aber wesentlich davon ab, dass sich Ungleichheit nur so lange aushalten lässt, wie sie zur Besserstellung der bislang Schwächsten beiträgt (vgl. Rauls 2001). Dieses Verhältnis ist angesichts des in Breite wie Spitze zuneh-menden Reichtums und Wohlstands auf der einen und zunehmender Armut und Perspektivlosigkeit extrem gefährdet.

Soziale Arbeit ist seit eh und je auf die Herstellung solcher gerechten Ver-hältnisse und die Modifikation solcherart guten Verhaltens ausgerichtet, die beide eine demokratische, sozial gesicherte und pluralistische Gesellschaft erst ermöglichen. Eine kritische Gesellschaftstheorie steht hierbei insofern Pate als die Verwirklichungschancen nicht die Lebenswelt, mithin also nicht die Indivi-duen, sondern die Funktionssysteme/Gesellschaft, da diese die Chancen in einer modernen Gesellschaft verteilen, steuern und arrangieren.

Ich möchte daher die Möglichkeit ausloten, den bislang fast ausschließlich in der Ökonomie, Politik und der Philosophie diskutierten Capability Approach für eine Handlungstheorie Sozialer Arbeit nutzbar zu machen. Dazu wird es notwendig sein, seine Grundannahmen zu skizzieren, einen bislang vernachläs-sigten Vergleich zu deutschsprachigen, soziologischen Lebenslagentheorien anzustellen und diese Erkenntnisse auf eine Handlungstheorie Sozialer Arbeit, gekennzeichnet als bifokaler Theorierahmen, der sowohl Individuen als auch Systeme (Politik, Gesellschaft) adressieren kann, zu übertragen. Als transdis-ziplinäre Disziplin verfügt die Soziale Arbeit über die hierzu notwendige Fähig-keit die nötige Trajektivität zwischen Wissen über die subjektive, personale oder individuelle Konstitution und Entwicklung des Menschen auf der einen und Wissen über objektive, strukturelle oder gesellschaftliche Konstitution und Ent-wicklung andererseits (auch Verhalten und Verhältnisse) zu erreichen (Röh 2009).

Zur bisherigen Rezeption des Capability Approach in der Sozialen Arbeit

Erstaunlicherweise haben sowohl die ökonomische Theorie Amartya Sens[1] als auch der gerechtigkeitstheoretische Ansatz Martha Nussbaums[2], die der Sozialen Arbeit bzw. Sozialpolitik mit ihren Arbeiten sowohl philosophische wie gesell-schaftspolitische Argumente liefern, und obwohl der Ansatz in anderen Wissen-schaftsbereichen bereits seit mehr als 10 Jahren diskutiert wird, wenig Aufmerk-samkeit erfahren. Gleichwohl erscheinen derzeit erste Publikationen im Bereich

---

1   A. Sen erhielt 1998 für seine Arbeiten zur Wohlfahrtsökonomie und zur Theorie der wirtschaftlichen Entwicklung den Nobelpreis für Wirtschaftswissenschaften.
2   Die Philosophin und Rechtswissenschaftlerin M. Nussbaum lehrt an der University of Chicago.

disziplinärer, evaluativer und forschender Fragestellungen in Form von Expertisen, Aufsätzen und Handbuchartikeln: So interpretieren Ziegler u.a. (2010) das Potential des Capability Approach als Maßstab für Gerechtigkeitsurteile in der Sozialen Arbeit, operationalisieren Otto u.a. (2007) diesen zur Nutzung bei Wirksamkeitsstudien und stilisiert schließlich Schrödter (2007) die Soziale Arbeit gleich zur Gerechtigkeitsprofession par excellence. Bereits in 2. Auflage beschäftigen sich verschiedene Autoren im Sammelband von Otto/Ziegler (2010) mit Facetten einer Neuorientierung der Erziehungswissenschaften durch den Capability Approach.

Neben der nationalen und internationalen Armutsforschung (Institut für angewandte Wirtschaftsforschung 2006) haben auch die Autoren des 13. Kinder und Jugendbericht (Deutscher Bundestag 2009) den Capability Approach gemeinsam mit der Salutogenese auf die Möglichkeiten der Gesundheitsförderung bezogen und dort den warnenden Zeigefinger erhoben, dass die gesellschaftlichen Institutionen die selbstbestimmte Lebensführung und die Erfahrung von Selbstwirksamkeit als bedeutsame gesundheits- und entwicklungsförderliche Faktoren einer guten Sozialisation Handlungsfähigkeit und Selbstbestimmung anerkennen und fördern müssen.

Auf eine wie eingangs skizzierte Soziale Arbeit als Disziplin und Profession, die sich als Expertise für die Zusammenhänge zwischen Individuum und Gesellschaft versteht, ist der Capability Approach allerdings bislang nicht systematisch bezogen worden. M.E. ist er jedoch derart ergiebig, und zwar gleichsam in ethischer, politischer Hinsicht wie auch im Sinne einer Fundierung handlungstheoretischer Beschreibungen dessen, was Soziale Arbeit erstens tun sollte – worauf sie also hinarbeiten sollte – und zweitens tun kann (im Rahmen der gesellschaftlichen Möglichkeiten, die ihr zugewiesen werden, das er hier zur Grundlage einer Theorie sozialer Arbeit .genutzt werden soll.

Darstellung der zentralen Positionen und des Theoriegerüsts des Capability Approach

Vor der Anwendung des Capability Approach muss eine gründliche Untersuchung seiner zentralen Positionen und des Theoriegerüstes erfolgen. Ich werde mich hierbei vor allem auf die Arbeiten von Nussbaum stützen, da diese detaillierter als der Sen'sche Ansatz und gleichsam besser auf die Soziale Arbeit zu beziehen sind.

Martha Nussbaum verbindet mit ihrer Gerechtigkeitstheorie den Anspruch, Richtlinien politischen Handelns in einer ethisch-reflexiven Weise zu erarbeiten, die sowohl zu einer gerechten Güterverteilung als auch zu einem guten Leben führen. Anders als andere Moral- oder Gerechtigkeitsphilosophien, insb. aber in

Abgrenzung zu den Klassikern (Thomas Hobbes, John Locke, David Hume, Immanuel Kant) und besonders der aktuellsten Variante einer Vertragstheorie, nämlich der von John Rawls (2006), versucht Nussbaum zu begründen, wie eine Gesellschaft auch ohne die Vorannahmen von freien, gleichen und unabhängigen Individuen, die sich zwecks Kooperation und zum gegenseitigen Vorteil zusammen finden, Grundprinzipien der Gerechtigkeit definieren kann. Hierzu stellt sie sich drei u.a. von Rawls nicht gelösten Gerechtigkeitsproblemen: Erstens dem Umgang mit Menschen mit Behinderung, zweitens dem Umgang mit Tieren und drittens der transnationalen Problemen. Gleichzeitig versteht sie ihren Ansatz als zur Familie der liberalen Konzeptionen zugehörig, wenngleich von ihr bezüglich der genannten Ansätze teils erhebliche Veränderungen vorgenommen werden.

1.   Erstens wendet sie sich vom Anspruch Rawls ab, eine Theorie zu begründen, die mit minimalsten Vorannahmen auskommt. So erweitert sie die für ein gutes Leben notwendige Güterausstattung, die es zu verteilen gilt, auf 10 „central capabilities", wo Rawls noch von vier ausgeht (Einkommen, Vermögen, Chancen und die sozialen Grundlagen der Selbstachtung[3]).
2.   Zweitens problematisiert sie die Annahme von Personalität, insofern sie in Kantischer Tradition mit rationalem Bewusstsein bzw. Vernunft verbunden ist. Als Hauptargument bringt Nussbaum hier in Anschlag, dass dieses Menschenbild nicht nur im kategorialen Sinne irreführend ist, sondern auch empirisch durch die vielen Phasen im menschlichen Leben korrigiert werden muss, in denen der Mensch nicht im vollen Besitz seiner geistigen Kräfte ist (frühe Kindheit, Krankheitsphasen, Alter etc.)
3.   Drittens kritisiert Nussbaum die Gleichheitsannahme in den Vertragstheorien, weil diese – die ebenfalls empirisch vorhandenen – Phasen bzw. Formen der vielfältigen und häufigen Abhängigkeit und Ungleichheit im menschlichen Leben nicht berücksichtigt.

Zu ihren eigenen Grundannahmen zählt Nussbaum eine „intuitive Idee eines der Menschenwürde gemäßen Lebens" (2010: 105), welches Ziel staatlichen Handelns sein sollte (politische Theorie) und innerhalb eines Rahmens (Verwirklichungschancen), der ein gutes menschliches Leben garantieren kann (10 Grundfähigkeiten, central capabilities) realisiert werden kann, ohne damit paternalistische Ziele zu verfolgen, sodass ihr Ansatz „zum Gegenstand eines übergreifenden Konsenses zwischen Menschen werden [kann, Einfügung D.R.], die ansonsten sehr unterschiedliche ‚umfassende Lehren' und Konzeptionen des Guten vertreten" (Nussbaum 2010: 105). Es handelt sich dabei sowohl in der Breite

---

3   In seinem Neuentwurf der Theorie der Gerechtigkeit als Fairness fügt Rawls diesen noch die „Aussicht auf ein garantiertes Niveau der Gesundheitsversorgung" (2006, 26) hinzu.

(Wohl aller) als auch in der Tiefe (nicht nur Grundgüter) um ein gutes Leben, das trotzdem von den Lebenszielen der jeweiligen Individuen geprägt ist. Adressat der Gerechtigkeitstheorie Nussbaums ist daher m.E. nicht die Lebenswelt der Menschen, mithin also nicht die einzelnen Individuen, sondern die Funktionssysteme der Gesellschaft, da diese die Chancen im Wesentlichen verteilen. Anders gesagt: Die reine Verfügung über Ressourcen ist nach Ansicht Nussbaums nur der notwendige, jedoch noch nicht der hinreichende Grund für ein gutes Leben, zumal die Verfügbarkeit, der Besitz oder der Zugriff auf Ressourcen bzw. Güter allein kein Prädiktor für ein gutes Leben ist, auch nicht, wie sich „die Menschen hinsichtlich dieser Güter fühlen. Stattdessen muss auch gefragt werden, was sie tatsächlich tun und zu sein in der Lage sind." (Nussbaum 2010: 110). Andererseits ist es die Pflicht eines Staates, ein minimales Grundgüterniveau vorzuhalten.

Nussbaum zielt mit ihrer Moraltheorie, vor allem in „Gerechtigkeit oder das gute Leben" (1999), auf den Staat, dessen Funktion sie noch stärker nicht nur in distributiver, sondern in befähigender Art und Weise sieht. Die Aufgabe/Funktion des Staates in einer „aristotelischen Sozialdemokratie" ist es: „alle Bürger mit dem zu versorgen, das als notwendig angesehen wird, um ein Leben zu führen, das den Wert menschlicher Würde aufrecht erhält." (Nussbaum 2002: 22).

Wichtig ist im Capability Approach die Unterscheidung zwischen Fähigkeit[4] (capability) und Tätigkeit (functioning), denn erstere deutet auf die Möglichkeiten hin, etwas tun zu können und letztere auf die Wahl des Menschen, es auch zu tun. Deutlich macht Nussbaum dies u.a. am Beispiel der Wahlfreiheit, die zu garantieren zu vorderste Pflicht eines demokratischen Staates ist und somit ein Menschenrecht. Ob aber von der Wahlfreiheit Gebrauch gemacht wird, bleibt dann jedem Einzelnen, nach Maßgabe seiner Weltanschauung frei gestellt. Das dabei, wie Nussbaum (2006: 171) feststellt, nicht alle Functionings völlig von der Wahl abhängen, sondern verstärkt gefördert werden müssen (z.B. Gesundheit) und andere nicht diktiert werden dürfen (z.B. Religion), macht den besonderen Charme dieser Konzeption aus, da sie niemanden in bestimmte Denk- und Handlungsmuster zwingt, gleichwohl aber auch eine liberale laissez-faire-Politik als falsch zeigt.

---

4   In dem für die deutsche Übersetzung von R. Celikates und E. Engels (2010) sowie I. Utz (1999) gewählten Substantiv „Fähigkeit" kommt m.E. nicht die vollständige Wortbedeutung von „Capability" zum Ausdruck. Insb. die im Deutschen geläufige Konnotation einer individuellen Kompetenz ist hier irreführend. Besser wäre von einem Möglichkeitsraum zu sprechen, der gerechtigkeitstheoretisch durch Politik bzw. staatliches und bürokratisches Handeln limitiert oder eröffnet wird und dann in einem persönlichen Möglichkeitsraum von Individuen genutzt werden muss. Selbst der von Nussbaum gewählte Begriff „Capability" ist mehr als „capacity" oder „quality" zu verstehen. Richtig zu verstehen ist sowohl „Fähigkeit" als auch „Capability" nur teleologisch, d.h. auf die von Nussbaum deklarierten Kategorien hin richtet sich das menschliche Bedürfnis, ein gutes Leben zu führen, bzw. aus diesen geht ein gutes menschliches Leben wahrscheinlich hervor.

Ebenso – als Abwehr eines mitunter laut werdenden Paternalismusvorwurfes an den Capability Approach – definiert sie dessen Anspruch als eine „partielle und minimale Theorie der sozialen Gerechtigkeit" (Nussbaum 2010: 105), mit der ein „Schwellenwert einer jeden Fähigkeit [umfasst wird, Einfügung D.R.], unterhalb dessen ein wirkliches menschliches Tätigsein den Bürgerinnen und Bürgern nicht mehr möglich ist; das gesellschaftliche Ziel sollte deshalb darin bestehen, die Bürgerinnen und Bürger über diesen Schwellenwert zu heben." (Nussbaum 2010: 105) Dabei besteht die hohe Kunst darin, den angemessenen Schwellenwert zu definieren (vgl. hierzu die anhaltende Debatte um den Armutsbegriff oder auch das sog. Existenzminimum, BVerfG...) Schließlich sind – als dritte Facette dieser Problematik – auch die adaptiven Präferenzen von Menschen zu beachten, denn nicht immer wissen Menschen, was ihnen zustünde bzw. was sie an Lebensalternativen realisieren könnten. Interessant erscheint mir auch hier der Rückgriff auf Gerhard Weissers Definition von Interessen, die ein emanzipatorisches Programm eröffnen: „Neben den tatsächlich vorgefundenen Interessen werden zusätzlich aber auch solche berücksichtigt, die der Mensch bei ‚unbehinderter' Selbstbestimmung haben würde (...), d.h., die er nur deswegen nicht hat, weil die äußere Situation, in der er sich befindet, ihn verzweifelt machen, abstumpft, kulturell verflacht oder dgl. Einflüsse ausübt. Auch Bevormundung kann zu einem solchen Hindernis werden, wenn sie ihn psychisch überwältigt, so dass er sich ihrer nicht erwehren kann." (Weisser zitiert nach Knecht 2010: 31)

Nussbaum definiert zwei Ebenen, wovon nur die erste im gerechtigkeitstheoretischen Sinne relevant ist, da die zweite Ebene die der tatsächlich realisierten Tätigkeiten oder Lebensweisen entspricht, deren Realisierung also jeder Bürgerin und jedem Bürger ins Belieben gestellt ist.

Anders als Nussbaum es beschreibt, sehe ich in ihrem Gerechtigkeitsansatz im Grunde genommen aber drei Ebenen, da sie selbst von den hier auf der 2. Ebene angeführten Capabilities als einer ersten Schwelle spricht: „Schließlich umfasst mein Ansatz die Idee eines Schwellenwertes einer jeden Fähigkeit, unterhalb dessen ein wirkliches menschliches Tätigsein den Bürgerinnen und Bürgern nicht möglich ist." (Nussbaum 2010: 105). Allerdings muss man konstatieren, dass ihre Konzeption eben auch diese, in Abb. 1 als 1. Ebene benannte Schwelle enthält, unterhalb derer sie nicht die Möglichkeit eines menschlichen Lebens als Person sieht (vgl. Fußnote 5). In „Gerechtigkeit oder das gute Leben" (1999) beschrieb sie dieses Problem noch mit den Konstrukten der „Grundfähigkeiten" sowie der „internen und externen Fähigkeiten", wobei die Grundfähigkeit so etwas wie die minimale Ausrüstung der Menschen darstellte, ohne die sie keine Urteilskraft entwickeln können: „Ein Mensch besitzt die G-Fähigkeit, die Tätigkeit A auszuüben, dann und nur dann, wenn dieser Mensch eine individuelle Konstitution hat, die so beschaffen ist, daß er nach der angemessenen Ausbildung, dem angemessenen Zeitraum und anderen notwendigen instrumentellen

Bedingungen die Tätigkeit A ausüben kann." (Nussbaum 1999: 109). Seien diese vorhanden, so könnten interne Fähigkeiten unter Nutzung der externen Fähigkeiten (sprich: Ressourcen) ausgebaut werden.

3. Ebene	tatsächlich ausgeübten Tätigkeiten, realisierte Lebensweise = Functionings

Befähigung als Möglichkeit, die richtigen Dinge zu wählen und für diese Wahl die nötigen Grundbedingungen und Möglichkeiten zu haben

hier treffen persönliche und gesellschaftliche Verwirklichungschancen aufeinander

Spielraum für selbst-bestimmtes Handeln und ein gutes Leben

2. Ebene	konstitutive Bedingungen des Menschen Grundstruktur der menschlichen Lebensform = Capabilities

1. Ebene	menschliches Leben als personale Form

Abbildung 1: Der Capability Approach in der Übersicht

So finden wir also im Grunde genommen folgendes vor: Gerechtigkeit als Problem stellt sich nur innerhalb der Gruppe derjenigen, die mindestens über die hier angedeuteten Grundfähigkeiten verfügen können. Ausgenommen ist daher die – wenn auch kleine – Gruppe derjenigen, die nicht im vollen Bewusstsein verantwortliche Entscheidungen treffen können, z.B. schwer geistig behinderte Menschen, Menschen im Wachkoma oder mit fortgeschrittenen Demenzerkrankungen oder anderen geistigen Funktionseinschränkungen. Für diese ist so zu sorgen, sodass ihre grundsätzlichen Ansprüche an menschliche Würde gesichert sind. Somit hat auch die Befähigung ihre Grenzen, was Nussbaum (2010: 259 f.) insbesondere an schwer geistig behinderten Menschen, konkret am Beispiel eines schwer geistig behinderten Kindes exemplifiziert: „Sesha wird nie wählen gehen, und zwar nicht deshalb, weil sie eine umfassende Konzeption des Guten hat, die es ihr verbietet, sondern weil ihre kognitiven Möglichkeiten nie den Punkt erreichen werden, an dem man sinnvoll von einer Möglichkeit zu wählen sprechen könnte. Auch die Pressefreiheit bedeutet ihr nichts, und das nicht aus Gründen, die ultraorthodoxe Gläubige hier anführen würden. Keine Anstrengung der Gesellschaft kann sie zu dem Punkt bringen, an dem man ihr sinnvollerweise die Fähigkeiten zuschreiben könnte."

Schwer geistig behinderte Menschen und andere „Noch-Nicht, Nicht-Mehr oder Niemals-Personen" (Brumlik 2004) können also von der Gerechtigkeitstheorie und dem staatlichen und gesellschaftlichen Bemühen um Befähigung nur insofern erreicht werden, als sie über eine Grundfähigkeit verfügen, die Verwirklichungschancen zu nutzen.[5] Sollten sie hierzu nicht in der Lage sein, so ist ihnen durch sachwaltende Personen und Institutionen (siehe das deutsche Betreuungsgesetz) Schutz und Gewährleistung ihrer Rechte zu garantieren. Auch die zunächst missverständliche Begrenzung des menschlichen Lebens als eines, das nur über der 1. Stufe stattfindet, kann hier ohne weiteres relativiert werden. Nussbaum geht davon aus, dass Menschen, sofern sie als Personen im philosophischen Sinne handeln, jederzeit die nötigen Grundbedingungen für ein gutes, menschliches Leben vorfinden müssen.

Für alle anderen Bürgerinnen und Bürger gilt aber, dass sie in einer gerechten Gesellschaft alle Möglichkeiten vorfinden müssen, um mittels Bildung, Kompetenzerwerb, sozioökonomische Ressourcen und sozialökologische Umweltfaktoren (angemessene Wohnungen, gesunde Arbeit etc.) ein gutes Leben entwickeln und führen zu können. Hier liegt der Spielraum für ein selbstbestimmtes Handeln und ein gutes Leben.

In der Lebenslagensoziologie Gerhard Weissers bzw. Ingeborg Nahnsens finden wir mit dem Begriff des Spielraums einen ähnlichen theoretischen Ansatz. Nahnsen führt folgende Bereiche an, in denen Menschen einen Spielraum auf der Basis einer gesicherten Existenz haben müssten:

---

5   Die nicht ganz ungefährliche Beschreibung dieses Personenkreises als „andere Lebensform"
     bzw. „nie im vollen Sinne gedeihendes menschliches Leben" (Nussbaum 2010, 260) ist nicht
     unproblematisch und ihr Verhältnis zur „schiefen Ebene" der Euthanasie ist nicht hinreichend
     von Nussbaum geklärt. Rein kategorisch ist die von ihr getroffene Schlussfolgerung einer in
     diesen Fällen geschuldeten Vormundschaft zur Wahrung der Menschwürde und der Lebens-
     qualität der Betroffenen zwar ein gänzlich anderer Schluss als der Peter Singers (1994), jedoch
     eben nur hinsichtlich der gezogenen Konsequenzen.

a. Versorgungs- und Einkommensspielraum,
b. Kontakt- und Kooperationsspielraum,
c. Lern- und Erfahrungsspielraum,
d. Muße- und Regenerationsspielraum und
e. Dispositions- und Partizipationsspielraum

der in detaillierter Form die unterschiedlichen Bereiche des menschlichen Lebens zu fassen versucht, in denen der Handlungsspielraum für ein selbstbestimmtes, aber in einem Mindestmaße gesichertes Leben möglich sein sollte (Nahnsen 1992).

Zivilgesellschaftlich wie politisch wird im Capability Approach also die Aufforderung ausgesprochen, auch diejenigen „mit zu nehmen", die aufgrund ihrer physischen oder psychischen Gesundheit nicht in der Lage sind, einen eintauschbaren oder erwartbaren Gegenwert zu leisten. Nicht der gegenseitige Vorteil und die Regelung moralischer Instanzen zur Erreichung desselben, wie bei Rawls, sondern die gegenseitige Sorge und damit die Sorgeverteilung wären zu klären. Nicht die Gleichheit der Individuen wird postuliert, wie bei Rawls, sondern die gegenseitige Sorge und damit die Sorgeverteilung unter Ungleichen. Gleichwohl gilt, dass jede Gesellschaft als „Fürsorge-spendende und [...] Fürsorge-empfangende Gesellschaft" Wege finden muss, „um mit diesen Fakten menschlicher Bedürftigkeit und Abhängigkeit klar zu kommen, Wege, die vereinbar sind mit der Selbstachtung der Fürsorgeempfänger und die den Fürsorgespender nicht ausbeuten." (Nussbaum 2003b: 183).

Schon die Bedürfnistheorie der österreichischen Fürsorgetheoretikerin Ilse Arlt (1876-1960) verfügt über eine solche Schwellenkonzeption. Genauso wie die Bedürfnisbefriedigung Gefahr laufen kann, die Schwelle zum Luxus hin zu überschreiten, kann sie auch Gefahr laufen, eine bestimmbare *„Notschwelle"* zu unterschreiten. „Mit dem Begriff der Notschwelle bezeichnet Arlt einen jedem Grundbedürfnis entsprechenden Entbehrungszustand, der nicht weiter unterschritten werden darf, da dies zu beträchtlichen Schädigungen für den Einzelnen und seine Umwelt [...] führt. (vgl. Mais 2009: 65)

Zu den capabilites zählt Nussbaum zuletzt (2010, siehe eine ältere Fassung in 1999):

1. Leben: Die Fähigkeit, ein menschliches Leben normaler Dauer bis zum Ende zu leben; nicht frühzeitig zu sterben oder nicht zu sterben, bevor dieses Leben so eingeschränkt ist, daß es nicht mehr lebenswert ist.
2. Körperliche Gesundheit: Die Fähigkeit, bei guter Gesundheit zu sein, wozu auch die reproduktive Gesundheit, eine angemessene Ernährung und eine angemessene Unterkunft gehören.

3. Körperliche Integrität: Die Fähigkeit, sich frei von einem Ort zum anderen zu bewegen; vor gewaltsamen Übergriffen sicher zu sein, sexuelle Übergriffe und häusliche Gewalt eingeschlossen; Gelegenheit zur sexuellen Befriedigung und zur freien Entscheidung im Bereich der Fortpflanzung zu haben.
4. Sinne, Vorstellungskraft und Denken: Die Fähigkeit, die Sinne zu benutzen, sich etwas vorzustellen, zu denken und zu schlussfolgern – und dies alles auf jene „wahrhaft menschliche" Weise, die von einer angemessenen Erziehung und Ausbildung geprägt ist und kultiviert wird, die Lese- und Schreibfähigkeit sowie basale mathematische und wissenschaftliche Kenntnisse einschließt, aber keineswegs auf sie beschränkt ist. Die Fähigkeit, im Zusammenhang mit dem Erleben und Herstellen von selbstgewählten religiösen, literarischen, musikalischen etc. Werken und Ereignissen die Vorstellungskraft und das Denkvermögen zu erproben. Die Fähigkeit, sich seines Verstandes auf Weisen zu bedienen, die durch die Garantie der politischen und künstlerischen Meinungsfreiheit und die Freiheit zur Religionsausübung geschützt werden. Die Fähigkeit, angenehme Erfahrungen zu machen und unnötigen Schmerz zu vermeiden.
5. Gefühle: Die Fähigkeit, Bindungen zu Dingen und Personen außerhalb unserer selbst aufzubauen; die Fähigkeit, auf Liebe und Sorge mit Zuneigung zu reagieren und auf die Abwesenheit dieser Wesen mit Trauer; ganz allgemein zu lieben, zu trauern, Sehnsucht, Dankbarkeit und berechtigten Zorn zu fühlen. Die Fähigkeit, an der eigenen emotionalen Entwicklung nicht durch Furcht und Ängste gehindert zu werden. (Diese Fähigkeit zu unterstützen heißt auch, jene Arten der menschlichen Gemeinschaft zu fördern, die erwiesenermaßen für diese Entwicklung entscheidend sind.)
6. Praktische Vernunft: Die Fähigkeit, selbst eine persönliche Auffassung des Guten zu bilden und über die eigene Lebensplanung auf kritische Weise nachzudenken. (Hierzu gehört der Schutz der Gewissens- und Religionsfreiheit.)
7. Zugehörigkeit:
A. Die Fähigkeit, mit anderen und für andere zu leben, andere Menschen anzuerkennen und Interesse an ihnen zu zeigen, sich auf verschiedene Formen der sozialen Interaktion einzulassen; sich in die Lage eines anderen hineinzuversetzen. (Der Schutz dieser Fähigkeit erfordert den Schutz jener Institutionen, die diese Formen der Zugehörigkeit konstituieren und fördern, sowie der Versammlungs- und Redefreiheit.)
B. Über die sozialen Grundlagen der Selbstachtung und der Nichtdemütigung zu verfügen; die Fähigkeit, als Wesen mit Würde behandelt zu werden, dessen Wert dem anderer gleich ist. Hierzu gehören Maßnahmen gegen die Diskriminierung auf der Grundlage von ethnischer Zugehörigkeit, Geschlecht, sexueller Orientierung, Kaste, Religion und nationaler Herkunft.

8. Andere Spezies: Die Fähigkeit, in Anteilnahme für und in Beziehung zu Tieren, Pflanzen und zur Welt der Natur zu leben.
9. Spiel: Die Fähigkeit, zu lachen, zu spielen und erholsame Tätigkeiten zu genießen.
10. Kontrolle über die eigene Umwelt:
A. Politisch: Die Fähigkeit, wirksam an den politischen Entscheidungen teilzunehmen, die das eigene Leben betreffen; ein Recht auf politische Partizipation, auf Schutz der freien Rede und auf politische Vereinigung zu haben.
B. Inhaltlich: Die Fähigkeit, Eigentum (an Land und an beweglichen Gütern) zu besitzen und Eigentumsrechte auf der gleichen Grundlage wie andere zu haben; das Recht zu haben, eine Beschäftigung auf der gleichen Grundlage wie andere zu suchen; vor ungerechtfertigter Durchsuchung und Festnahme geschützt zu sein. Die Fähigkeit, als Mensch zu arbeiten, die praktische Vernunft am Arbeitsplatz ausüben zu können und in sinnvolle Beziehungen der wechselseitigen Anerkennung mit anderen Arbeitern treten zu können."
(Nussbaum 2010, 113 f.)

Vergleich mit anderen Lebenslagenansätzen

Interessanterweise lassen sich Parallelen zwischen den Arbeiten Nussbaums und der Tradition einer Fürsorge- und Bedürfnistheorie finden, die bei Ilse Arlt in den 20er Jahren des 20. Jahrhunderts ihre erste professionsspezifische Ausformung gefunden hat. Arlt selbst beschreibt 13 Bedürfnisklassen (vgl. Mais 2009: 64), die in gewisser Weise mit der von Martha Nussbaum aufgestellten Liste der „central human capabilities" Ebenfalls finden wir in der Systemtheorie Werner Obrechts (2001) ähnliche Kategorien, weshalb sie hier einmal synoptisch verglichen werden sollen. Schließlich finden wir auch bei Gerhard Weisser (1957) Kategorien (1957) guten Lebens.

An der Wahl der Kategorien erkennt man die unterschiedlichen historischen Kontexte und theoretischen wie weltanschaulichen Heimaten der jeweiligen Autoren, so bezieht Ilse Arlt die Notversorgung und die moralisch-sittliche Erziehung und Nussbaum auch die drängenden Probleme des Natur-, Arten- und Klimaschutzes sowie interessanterweise das Spiel mit ein, wohingegen Obrecht sehr stark die im weitesten Sinne physischen Bedürfnisse des Menschen als „Bio-System" betont und Gerhard Weisser jene der wirtschaftlichen Partizipation.

M. Nussbaum (2006)	I. Arlt (1958)	W. Obrecht (2001)	G. Weisser (1957)
Leben	ärztliche Hilfe und Kranken-pflege; Un-fallverhütung und Erste Hilfe		Deckung des Bedarfs an sog. „lebenswichtigen" Gütern ausreichende Vorsorge
Körperliche Gesundheit	Luft/Licht/Wärme/Wasser; Ernährung; Wohnen; Körperpflege; Kleidung; Erholung	für die Autopoiese notwendige Austauschstoffe (Essen, Wasser, Sauerstoff); Regenerierung	Deckung des Bedarfs an sog. „lebenswichtigen" Gütern, an Gegenständen des Gemeinbedarfs
Körperliche Integrität		physische Integrität; sexuelle Aktivität und Fortpflanzung	
			neg. Interesse an der Belastung mit Steuern/Abgaben; neg. Interesse an Abhängigkeit von anderen im Bereich der wirtschaftlichen Bedarfsdeckung
	Rechtspflege		
	Ausbildung zu wirtschaftlicher Tüchtigkeit		Interesse an aktiver Teilnahme am Wirtschaftsleben; besonders: Selbstbestimmtes Handeln, gleichzeitig auch Kooperation; Einkommen und Vermögen
Sinne, Vorstellungkraft und Denken	Erziehung	wahrnehmungsgerechte sensorische Stimulation; Abwechslung/Stimulation; assimilierbar orientierungs- und handlungsrelevante Info	Befriedigung sinnlicher und geistiger Interessen
		schöne Formen in spezifischen Bereichen des Lebens	

Gefühle			
Praktische Vernunft	Geistespflege (Moral, Ethik, Religion)	subjektiv relevante (affektiv besetzten) Ziele und Hoffnung auf Erfüllung; Erkenntnismöglichkeit	
		effektive Fertigkeiten, Regeln und soziale Normen zur Bewältigung von Situationen in Abhängigkeit von subjektiv relevanten Zielen	
Zugehörigkeit	Familienleben	emotionale Zuwendung; spontane Hilfe; sozialkulturelle Zugehörigkeit durch Teilnahme; Unverwechselbarkeit; Autonomie; soziale Anerkennung (Funktion, Leistung, Status); Austauschgerechtigkeit	
Andere Spezies			
Spiel			
Kontrolle über die eigene Umwelt			

Tabelle 1: Verschiedene Lebenslagenkonzepte und ihre jeweiligen Kategorien guten Lebens

Nussbaum setzt sehr stark auf die von ihr sogenannten architektonischen Funktionen, nämlich Verbundenheit und Vernunft. Hilfe bzw. Fürsorge ist bei Nussbaum ein zentrales Element und eben nicht wie in den Vertragstheorien der gegenseitige Vorteil (Nussbaum 2003b). Die Verbundenheit mit anderen Menschen (und Tieren) würde – so Nussbaum – die Menschen lehren können, dass sie sich auch fürsorglich und die eigene Freiheit begrenzend um andere kümmern müssen. Dies ist nicht nur moraltheoretisch ein sehr starker Impuls für die Wissenschaft der Sozialen Arbeit, sondern auch hinsichtlich der handlungstheoretischen

Ausformung. Denn er lehrt uns, dass wir beidseitig um eine Handlungsbefähigung im Sinne eines Vernunftgebrauchs und gleichermaßen um eine Gerechtigkeit im Sinne der Verbundenheit mit anderen bemüht sein müssen. Mit anderen Worten es geht um Bildung, Erziehung und Kompetenzerwerb sowie um die Herstellung bzw. Pflege von solidarischer Gemeinschaft ebenso wie um die Sicherstellung eines sozio-ökonomischen Existenzminimums, dass Jedem und Jeder die Möglichkeiten lässt, mit den erworbenen Kompetenzen eigene Lebenspläne aufzustellen und diese zu realisieren.

Umrisse einer Handlungstheorie Sozialer Arbeit auf der Basis des Capability Approach

Wie könnten also sinnfällige Ableitungen aus dem Capability Approach zu einer Handlungstheorie der Sozialen Arbeit führen, die beides vermag: Menschliche Handlungen im Sinne einer Lebensführung, in problematischer wie gelingender, in dysfunktionaler wie funktionaler, in auffälliger wie angepasster Form, und gesellschaftliche Handlungen im Sinne einer befähigenden oder begrenzenden Umwelt so zu verstehen und mit ihnen professionell umgehen zu können, dass potentiell die Lebensführungskompetenz der Menschen, ihre soziale Lage, insbesondere ihre Teilhabe an der Gemeinschaft und Gesellschaft, verbessert und gleichzeitig das Emanzipationspotential und die Selbstbestimmungsmöglichkeiten gesteigert werden? Eine wahre Herkulesaufgabe, die es da zu bewältigen gilt. Erkenntnistheoretisch hilft hier sicherlich eine sozialkonstruktionistische bzw. kritisch-realistische Perspektive, die in Anlehnung an eine Abbildung von Ziegler (2008) wie folgt aussehen könnte:

Erkenntnis-ebene	Positive Ausformung		negative Ausformung = soziale Probleme
Domäne des Empirischen	▲ Lebenslage	= Functionings	- Kriminalität, Krankheit/ Behinderung, Armut
Domäne des Tatsächlichen	Lebensführung der Menschen	= Freiheit der Wahl	- „abweichendes Verhalten" - dysfunktionale Bewälti-gung
Domäne des Realen	Strukturen, Kontexte und ▼ Bedingungen	= Capabilities	- Armut, Benachteiligung, Ausgrenzung, Diskriminie-rung

Abbildung 2:   Erkenntnistheoretische Ebenen einer Handlungstheorie Sozialer Arbeit

Professionstheoretisch gehe ich – wie gesagt – von einer bifokalen Expertise der Sozialen Arbeit für die Zusammenhänge zwischen dem Individuum und der Gesellschaft, also bezogen auf Probleme des Verhaltens ebenso wie auf Probleme der Verhältnisse aus.

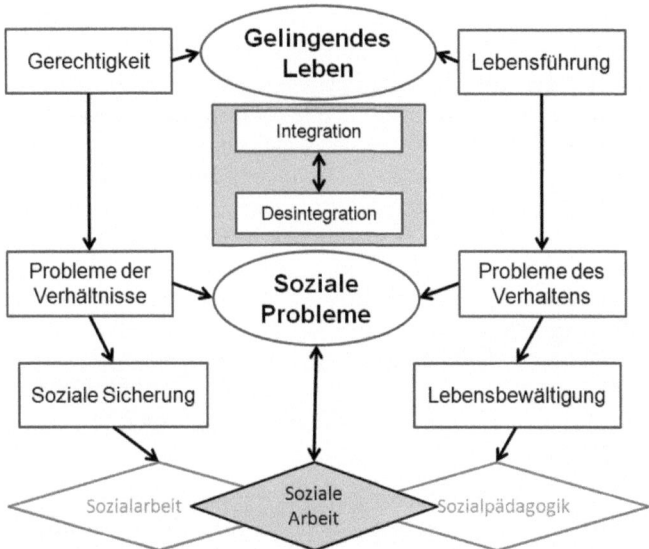

Abbildung 3:　Der Doppelfokus der Sozialen Arbeit

Soziale Arbeit fokussiert zwei Ebenen, in denen sie intervenieren bzw. an denen sie ansetzen kann. Die erste Ebene bildet der Mensch, eine konkrete Person, eine Familie oder Gruppe, wobei uns hier insbesondere die Kompetenzen der Person interessieren können, ihre Bildung und Erziehung und wie wir diese fördern, erhalten oder entwickeln. Diese Kompetenzen werden als maßgeblich für die Lebensbewältigung angesehen und modellieren gleichzeitig das Verhalten von Personen. Zweitens lebt dieser Mensch, diese Person, diese Familie oder Gruppe in einer bestimmten Umgebung, die sie mit Ressourcen ausstattet, aber auch mit Begrenzungen konfrontiert und in der die Person ihr Leben leben muss. Offensichtlich gehören die beiden Ebenen oder Bereiche eng zueinander, und zwar entweder in Form einer guten, funktionalen Verbindung, einer Passung oder eben in Form einer schlechten, misslingenden oder gestörten Verbindung, mithin einem Problem oder einer Störung. Die Frage ist daher, wie Menschen ein gutes Leben nach eigenen Maßstäben und mit eigenen Zielen und Wünschen verwirklichen können, und wie sie dies in einer bestimmten Umgebung zu tun vermögen.

Wie schaffen sie es, die Ressourcen zu nutzen und die Restriktionen zu bearbeiten, sodass sie den Anforderungen im Lebenslauf, in menschlichen Beziehungen, in der Rollenausführung u.a. gerecht werden können? Soziale Arbeit unterstützt Menschen in ihrem Bewältigungsprozess, insofern sie es aus eigenen Mitteln nicht schaffen. Die beiden im Empowerment-Begriff enthaltenen Qualitäten der Kraft, der Macht und des Mutes (Empowerment) auf der einen und der Fähigkeiten und Kompetenzen (Enablement) auf der anderen Seite machen deutlich, was es gleichermaßen für die gelingende Lebensführung braucht. Spätestens an dieser Stelle wird deutlich, dass eine Bezugnahme auf die aristotelische Lehre von der Entelechie nahe liegt: Jeder Mensch, insofern er über die oben beschrieben Grundfähigkeit einer rationalen Vernunft verfügt, kann – unter den entsprechenden Umständen – seine ihm innewohnenden Lebensentwürfe realisieren, wobei er sich erstens an kulturellen Maßstäben orientiert und zweitens an gesellschaftlichen Werten und Normen ausrichtet. Günstigstenfalls kommt es zu einer Passung von Ressourcen und Anforderungen im Rahmen selbstgewählter Lebensziele, im ungünstigen Falle zu Widerständen, Reibungen, Problemen, individuellen oder auch überindividuell aggregiert zu sozialen Problemen.

Auf beiden Seiten der Expertise einer Sozialen Arbeit als Gerechtigkeits- und Befähigungsprofession entstehen somit Aufgaben:

Gerechtigkeit:	Befähigung:
Sicherung der sozio-ökonomischen und sozio-ökologischen Rahmenbedingungen	Handlungsbefähigung in zentralen Kompetenzebenen, z.B. entlang der Auswahl von Habermas: Sprachkompetenz im Sinne Chomskys, kognitive Kompetenz im Sinne Piagets, Ich-Stärke im Sinne Freuds sowie moralische Kompetenz im Sinne Kohlbergs oder z.B. entlang der Einzelteile des Kohärenzgefühls von Antonovsky: sense of comprehensibility, sense of manageability, sense of meaningsfulness
Förderung von Gerechtigkeit	Förderung der Personalität durch Bildung, Erziehung, Therapie und Rehabilitation
Förderung von Teilhabe	Förderung von Urteilskraft (die richtige Wahl treffen und die Wahl richtig treffen) Partizipation
Entitelment ◄———	**Empowerment** ———► **Enablement**

Abbildung 4:   Aufgaben einer befähigenden Gerechtigkeitsprofession Soziale Arbeit

Offene Fragen und Entwicklungsbedarf

Was macht die Nussbaum'sche Moraltheorie so attraktiv für die Soziale Arbeit? Sie gibt ihr die Möglichkeit, auf einer ontologischen Basis definierte Prinzipien menschlichen Lebens, die allen Bürgerinnen und Bürgern eines Staates garantiert sein müssen, zur Grundlage der eigenen professionellen wie disziplinären Handlungsweise zu machen. Der Capability Approach liegt in der Tradition weiterer Fürsorge- oder sozialarbeitswissenschaftlicher Theorien (Arlt, Staub-Bernasconi), die ihr einen Anschluss an die bestehenden Wissensbestände der Sozialen Arbeit ermöglichen. Ähnlich wie Staub-Bernasconi (2007) den professionellen Auftrag der Sozialen Arbeit aus Bedürfnissen bzw. Menschenrechten ableitet, geht auch die Moraltheorie Nussbaums von einer erklärten Liste an Bedürfnissen (capabilities) aus, die jeder Mensch hat und für deren Befriedigung der Staat bzw. das Gemeinwesen mit zu sorgen hat.

Doch die Nutzung des Capability Approach ist nicht möglich, ohne auch die Brüche, offenen Fragen und Inkommensurabilitäten zu erkennen, die die Theorie mit sich bringt. An dieser Stelle seien exemplarisch ein paar der noch zu lösenden Fragen benannt:

1. Die wichtigste scheint zu sein, wie man in einer Handlungstheorie Sozialer Arbeit, die auf den gerechtigkeitstheoretischen Prämissen des Capability Approach fußt, die Widerständigkeit und Eigensinnigkeit des Subjekts berücksichtigt? Wie muss man es sich also vorstellen, dass Subjekte die ihnen gebotenen Verwirklichungschancen nicht nutzen? Wie geht man mit den adaptiven Präferenzen menschlicher Subjekte um, die die angebotenen Verwirklichungschancen nicht ergreifen? Wie sind biografische Erfahrungen, die sich zum Gefühl der Hilflosigkeit oder auch der fehlenden Selbstwirksamkeitsüberzeugung aggregiert haben, in diesem Zusammenhang zu verstehen? Verbindungen zur Lebensweltorientierung von Hans Thiersch und zum Empowerment-Konzept bieten hier evtl. Lösungen an. Auch die Rawls'sche Unterscheidung zwischen vernünftigem und rationalem Handeln (Rawls 2006, 27 und 134) könnte uns hier einer Lösung näher bringen.

2. Im Zusammenhang hiermit: Wie kann man paternalistischen Schlussfolgerungen mit entsprechenden Zwangshandlungen und einer so verstandenen Fürsorgementalität, die u.a. von der Expertenkritik der Selbsthilfebewegung in den 1980er Jahren erfasst und verändert wurde, begegnen? Wie weit darf die Sorge eines Staates bzw. einer helfenden Profession gehen? Wo beginnen die anti-emanzipatorische Zwangs-Beglückung und totalitäre Heilsversprechen?

3. Ist Soziale Arbeit nur für die Befähigung der Personen zur Nutzung ihrer Chancen zuständig und kompetent oder auch für das Angebot der grundlegenden Capabilities? Ist sie nachrangig, als sekundäres Funktionssystem (Fuchs/Schneider 1995) zu verstehen, kann sie nur „stellvertretend inkludieren" (Baecker 1994) oder ist sie doch schon Teil der Daseinsvorsorge (vgl. zu den verschiedenen Positionen: Merten 2000). Und wie verhält sich dies zum Diskurs um das politische Mandat?

Trotz dieser – und weiteren Fragestellungen und Problemen – lohnt sich die weitere Ausarbeitung einer Handlungstheorie, die sowohl auf Fragen der Gerechtigkeit als auch auf Fragen des guten Lebens professionelle Antworten weiß, die Menschen nicht entmündigt, sie aber auch nicht einer allzu liberalen, vielleicht neoliberal-ökonomischen Politik überlässt, die ihnen zwar alle Freiheiten zubilligt, ihnen aber auch gnadenlos das eigene Scheitern ankreidet.

Literatur

Arlt, Ilse (1921): Die Grundlagen der Fürsorge. Wien: Österreichischer Schulbücher Verlag

Brumlik, Micha (2004): Advokatorische Ethik. Zur Legitimation pädagogischer Eingriffe. Philo-Verlag, Berlin

Deutscher Bundestag, 2009: Bericht über die Lebenssituation junger Menschen und die Leistungen der Kinder- und Jugendhilfe in Deutschland – 13. Kinder- und Jugendbericht – Bundestagsdrucksache 16/12860

Institut für angewandte Wirtschaftsforschung, 2006: Das Konzept der Verwirklichungschancen (A. Sen) – Empirische Operationalisierung im Rahmen der Armuts- und Reichtumsmessung – Machbarkeitsstudie.

Knecht, Alban, 2010: Lebensqualität produzieren. Ressourcentheorie und Machtanalyse des Wohlfahrtsstaates. Wiesbaden: VS Verlag für Sozialwissenschaften

Mais, Maria, 2009: Soziale Arbeit im Dienste der Ermöglichung substanzieller/materieller Bedingungen von Freiheit und Wohlleben. In: Pantucek, Peter/Mais, Maria (Hrsg.): Die Aktualität des Denkens von Ilse Arlt. Wiesbaden: Verlag für Sozialwissenschaften, 61-74

Merten, Roland (Hrsg.), 2000: Systemtheorie Sozialer Arbeit. Neue Ansätze und veränderte Perspektiven. Opladen: Leske + Budrich

Mühlum, Albert, 2001: Sozialarbeit und Sozialpädagogik: ein Vergleich. 3. überarbeitete und aktualisierte Auflage, Dt. Verein für öffentliche und private Fürsorge, Frankfurt am Main

Nahnsen, Ingeborg, 1992: Lebenslagenvergleich. In: Heinrich Henkel und Ulrich Merle (Hrsg.): Magdeburger Erklärung. Neue Aufgaben in der Wohnungswirtschaft, Köln

Nussbaum, Martha, 1999: Gerechtigkeit oder das gute Leben. Frankfurt/Main: Suhrkamp

dies., 2002: Für eine aristotelische Sozialdemokratie. Schriftenreihe Philosophie und Politik VI. Nida-Rümelin, Julian/Thierse, Wolfgang (Hrsg.). Essen: Klartext Verlag

dies., 2003a: Frauen und Arbeit – der Fähigkeitenansatz. zfwu 4/1, 8-31

dies., 2003b: Langfristige Fürsorge und soziale Gerechtigkeit. Eine Herausforderung der konventionellen Ideen des Gesellschaftsvertrages. DZPhil, Berlin 51, 2, 179-198

dies., 2006: Frontiers of Justice. Disability, Nationality, Species Membership. London: Belknap Press

dies., 2010: Die Grenzen der Gerechtigkeit. Behinderung, Nationalität und Spezieszugehörigkeit. Frankfurt/Main: Suhrkamp

Obrecht, Werner, 2001: Das Systemtheoretische Paradigma der Disziplin und der Profession der Sozialen Arbeit. Eine transdisziplinäre Antwort auf das Problem der Fragmentierung des professionellen Wissens und die unvollständige Professionalisierung der Sozialen Arbeit. Zürich: Hochschule für Soziale Arbeit

Otto, Hans-Uwe/Albus, Stephanie/Polutta, Andreas/Schrödter, Mark/Ziegler, Holger, 2007: Zum aktuellen Diskurs um Ergebnisse und Wirkungen im Feld der Sozialpädagogik und Sozialarbeit: Literaturvergleich nationaler und internationaler Diskussion. Expertise im Auftrag der Arbeitsgemeinschaft für Kinder- und Jugendhilfe (AGJ). Bielefeld

Otto, Hans-Uwe/Ziegler, Holger, 2010: Capabilities – Handlungsbefähigung und Verwirklichungschancen in der Erziehungswissenschaft. 2. Auflage. Wiesbaden: VS Verlag für Sozialwissenschaften

Rawls, John, 1979: Eine Theorie der Gerechtigkeit. Frankfurt/Main: Suhrkamp

Rawls, John, 2006: Gerechtigkeit als Fairneß. Ein Neuentwurf. Frankfurt/Main: Suhrkamp Verlag

Röh, Dieter, 2009: Metatheoretische Überlegungen zu einem integrativen Theorieansatz für die Sozialarbeitswissenschaft als Auseinandersetzung mit Tillmanns Modell der Trajektivität. In: Birgmeier, Bernd/Mührel, Eric (Hrsg.): Die Sozialarbeitswissenschaft und ihre Theorie(n). Wiesbaden: VS Verlag für Sozialwissenschaften, 199-208

Singer, Peter, 1994,: Praktische Ethik. Ditzingen: Reclam.

Staub-Bernasconi, Silvia, 2007: Soziale Arbeit als Handlungswissenschaft: systemtheoretische Grundlagen und professionelle Praxis – ein Lehrbuch. Haupt: Bern/Stuttgart/Wien

Schrödter, Mark, 2007: Soziale Arbeit als Gerechtigkeitsprofession. Zur Gewährleistung von Verwirklichungschancen. np 1/2007, 3-28

Weisser, Gerhard, 1957: Einige Grundbegriffe der Sozialpolitiklehre. Unveröffentlichtes Manuskript. Köln. zitiert nach: Knecht, Alban, a.a.O.: 30

Ziegler, Holger (2008): Kleine Verteidigung ontologischer Theorien in der Sozialen Arbeit. Widersprüche, Heft 108. 43-52

Ziegler, Holger/Schrödter, Mark/Oelkers, Nina, 2010: Capabilities und Grundgüter als Fundament einer sozialpädagogischen Gerechtigkeitsperspektive. In: Thole, Werner (Hrsg.): Grundriss Sozialer Arbeit. 297-310

Soziale Arbeit: Handlungswissenschaft oder Handlungswissenschaft?

Eine Skizze zur Bestimmung des Begriffs der „Handlungswissenschaften" aus der Perspektive von Grundlagenwissenschaften und Angewandten Wissenschaften

Bernd Birgmeier

1   Zur Einführung

Trotz vieler, noch gänzlich ungeklärter Fragen zum Stand und zum Status einer Wissenschaft Sozialer Arbeit scheinen sich die Wissenschaftsexperten in einem Punkt einig zu sein: Die Wissenschaft Sozialer Arbeit ist – wenn überhaupt – zentral und vor allem als (teilweise auch: „integrative") Handlungswissenschaft zu entwickeln und zu begründen (vgl. u.a. Pfaffenberger 1993, 1996, 2009; Wagner 1995; Sommerfeld 1996; Staub-Bernasconi 1995, 2009; Obrecht 2009; Mühlum 1997, 2009; Feth 1997; Birgmeier 2003, 2005, 2009a/b, 2010 a/b; Callo 2005; Martin 2006; Wendt 2009). Denn Wissenschaften vom Typ der Handlungswissenschaften gewährleisten offensichtlich all das, was man sich von einer Wissenschaft Sozialer Arbeit, die besonders und „anders" ist als andere Wissenschaften, erwartet.

Die Erwartungen an einen Wissenschaftstypus korrelieren jedoch auch mit Erwartungen an die Soziale Arbeit und an die Wissenschaft selbst. Das heißt: wenn wir schon die handlungswissenschaftliche Option für die Soziale Arbeit ziehen wollen, dann resultiert dies aus gewissen Vorentscheidungen zur Bestimmung des Verständnisses a) der Sozialen Arbeit und b) der Wissenschaft und den an a) und b) geknüpften Erwartungen.

Was aber erwarten wir uns zum einen konkret von der Sozialen Arbeit (als Oberbegriff für die Praxis-/Arbeitsfelder, Berufsgruppen und Ausbildungswege der Sozialpädagogik und Sozialarbeit) und zum anderen von der Wissenschaft (als lege artis sach- und sozio-logisch inspiriertes Erkenntnisunternehmen; vgl. Laucken 2007; vgl. Fischer 2007)? Eine (scheinbar) einfache Antwort auf beide Frageaspekte könnte lauten: dass sie (die Soziale Arbeit *und* die Wissenschaft) irgendwie – idealiter in einer sozialwissenschaftlichen Ausprägung – zusammen kommen und ihre jeweiligen Bemühungen auf den Schwerpunkt „Handlung" legen – oder anders formuliert: dass es in der Sozialen Arbeit (a) und in der Wissenschaft (b) – beide vereint in der Formel: „Soziale Arbeit *als* Wissenschaft" –

stets um Handlung(en) zu gehen hat – und zwar praktisch (in der Sozialen Arbeit) *und* theoretisch (in der Wissenschaft)!

Eine durchaus legitime und nachvollziehbare Erwartung an die Soziale Arbeit *als* (praktische und theoretische) Wissenschaft, zumal sie auf die (Handlungs-) Praxis und die (dazugehörige) (Handlungs-)Theorie zwingend angewiesen scheint. Und wenn schon die Handlung im Zentrum der Sozialen Arbeit *und* der Wissenschaft, beide zusammen geknüpft: in der Sozialen Arbeit *als* Wissenschaft die entscheidende Rolle zu spielen scheint, lässt sich durchaus auch verstehen, warum die Soziale Arbeit als *Handlungs*wissenschaft derzeit als konsensualer Typisierungsversuch dieser Wissenschaft für einhellige Zustimmung sorgt.

Nichts, aber auch gar nichts spricht dagegen, die Soziale Arbeit als Handlungswissenschaft zu identifizieren. Im Gegenteil: es gibt eine Reihe von Gründen und Hinweisen, die die Soziale Arbeit sogar als *die* Handlungswissenschaft schlechthin, die im Zentrum der Fragestellungen der gesamten Sozialen Arbeit und im Mittelpunkt aller anderen Handlungswissenschaften zu stehen hat, ausweisen könnten. Und dennoch ist es wichtig, einige zentrale – vor allem wissenschafts- und erkenntnistheoretische – Differenzierungen zu beachten, die mitunter für unterschiedliche „Lesarten" einer Handlungswissenschaft verantwortlich gemacht werden können bzw. die „zwei Wirklichkeiten" einer Handlungswissenschaft darstellen.

Da wir bis dato noch auf keine allgemein gültige und verlässliche Bestimmung der Handlungswissenschaften zurückgreifen können, werden im Folgenden zunächst einmal mehrere Vorschläge zur Beschreibung der Handlungswissenschaften zur Diskussion gestellt, um die Vielfalt der unterschiedlichen Bedeutungsinhalte zu diesem Begriff aufzuzeigen. Es folgt der Versuch eines definitorischen Zuschnitts der Handlungswissenschaften, der je nach (wissenschaftstheoretischer bzw. praxeologischer) Perspektive mindestens zwei spezifische und sich deutlich von einander unterscheidende Definitionsvarianten (Versionen) erfordert, um dem Terminus technicus der Handlungswissenschaften tatsächlich gerecht zu werden. So ist der Begriff der Handlungswissenschaften, nach dem wir suchen, abhängig davon zu sehen, welche Erwartungen, Verständnisse und „Logiken" der Wissenschaft im Allgemeinen auch an die Soziale Arbeit als *Handlungswissenschaft* im Speziellen geknüpft werden, wie z.B. ob sie Angewandte und/oder Grundlagenwissenschaft sein will, Disziplin- und/oder Professionsforschung betreibt und wie sich all diese Unterscheidungskriterien auf den Handlungswissenschaftsbegriff auswirken. Am Schluss werden noch einige Vorschläge gemacht, wie vermeintliche Grenzziehungen zwischen den einzelnen Begriffsversionen zur Handlungswissenschaft aufgehoben werden könnten, um eine Konvergenz für den weiteren wissenschaftlichen Fachdiskurs zu fördern.

2   Was sind Handlungswissenschaften? – die erste Version einer Definition

Bisherige Bestimmungsformeln, die Inhalte, Funktionen, Aufgaben und Eigenschaften einer Sozialen Arbeit als Handlungswissenschaft beschreiben, geben ein differenziertes Bild zur Klärung des Wesens dieses Wissenschaftstyps ab. Dazu einige Beispiele:

- Handlungswissenschaften haben entsprechend den *Anforderungen der praktischen Sozialen Arbeit* ein *systematisch* erzeugtes und *relevantes* Wissen herzustellen mit dem Ziel, *Handlungskompetenz* zu erzeugen und *wirksame Problemlösungsstrategien* abzuleiten. Damit unterscheide sich eine Handlungswissenschaft – als *angewandte Wissenschaft* – zu den *Bezugswissenschaften* der Sozialen Arbeit, die als reine erkenntniserzeugende Disziplinen ihren Ausgang genommen haben (vgl. Klüsche et al. 1999).
- Die Sozialarbeitswissenschaft als Handlungswissenschaft hat die Aufgabe, in konkreten *sozialen Problemlagen wirksame* exemplarische *Lösungsansätze* zu entwickeln (vgl. Wagner 1995). Damit könne eine handlungswissenschaftlich konturierte Sozialarbeitswissenschaft keine *Erklärungswissenschaft* sein, die von ihrem Gegenstandsbereich oder Erkenntnisobjekt her bestimmt wird. Erst durch diese Unterscheidung könne die *Profession* der Sozialen Arbeit den Dualismus zwischen Handlungswissenschaft und *Erklärungswissenschaft* überwinden (vgl. ebd.).
- HandlungswissenschaftlerInnen „arbeiten an *kognitiven* Problemen im Zusammenhang mit der Lösung von *praktischen* Problemen, im Fall der Wissenschaft Soziale Arbeit jener von *sozialen Problemen*. Eine Handlungswissenschaft zeigt auf, wie die Welt bzw. Dinge dieser Welt *verändert* werden können. Sie begründet die Wissenschaft und davon abgeleitet die Kunst, *Ziele* auf die *wirksamste* Weise zu verwirklichen. Das Ergebnis von Handlungswissenschaft ist *Interventionswissen*, das ein zentrales Mittel ist, um die Realität zu verändern" (Martin 2006, 229; vgl. Wendt 2009).
- Handlungswissenschaften (wie bspw. die Sozialarbeitswissenschaft als *Sozialwissenschaft*) haben ihren originären Kern darin, dass sie das *professionelle Handeln* und seine *Bedingungen* in den Mittelpunkt rücken, um in der *Lebensführung* der Adressaten Veränderungen auszulösen (vgl. Feth 1997).
- Von einer Sozialarbeitswissenschaft als Handlungswissenschaft oder *angewandten Wissenschaft*, deren Formalobjekt in der Sozialarbeit zu sehen wäre, könne man dann sprechen, wenn *Handlungs-* und *Veränderungswissen* für sozialarbeiterische *Interventionen* verfügbar gemacht werden (vgl. Mühlum 1997).

- Handlungswissenschaften „bearbeiten jeweils einen *Ausschnitt gesellschaft-licher Praxis*, der sich unter den *Bedingungen der Modernisierung* in eine berufliche und in der Regel auch professionalisierte Praxis transformiert hat" (Sommerfeld 1996, 29). Damit könne der Gegenstand der „Wissen-schaft der Sozialen Arbeit" in der *Praxis* der Sozialen Arbeit in ihrer gesell-schaftlichen und institutionellen Kontextuierung und der darin auftretenden *Handlungsprobleme* festgemacht werden (vgl. ebd.).
- Handlungswissenschaften haben – im Unterschied zu Grundlagen- oder Bezugswissenschaften, die *kognitive* Probleme lösen – die Aufgabe, der *Lösung, Milderung* oder *Prävention* von *praktischen sozialen Problemen* sei-tens ihrer AdressatInnen wie seitens der Gesellschaft aufgrund eines „pro-fessionellen Urteils" gerecht zu werden (vgl. Staub-Bernasconi 2009). Sie beziehen sich zwar auf die von den *Bezugswissenschaften* ermittelten Ant-worten, führen aber zusätzlich *Bewertungen* im Sinne einer wertgeleiteten sowie *ethisch-normativen Kritik* des Bestehenden und Vorstellungen über erwünschte Realität ein. Und sie *bestimmen* ein *planendes* und *handelndes Subjekt* oder Kollektiv, das mit Hilfe von speziellen *Handlungstheorien* ei-nen definierten Sollzustand herbeiführen soll (vgl. ebd.).
- Handlungswissenschaften – aus Sicht der Systemtheorie – sind Wissen-schaften, die ein spezifisches *Professionswissen* für *Professionelle* schaffen. Professionelle sind dabei Menschen, die im Rahmen einer Allgemeinen *normativen* Handlungstheorie *praktische Probleme* durch die *Anwendung professioneller Methoden* bearbeiten (vgl. Obrecht 2009).
- Handlungswissenschaften orientieren sich an einem *funktional* bestimmten Gegenstandsbereich. So gesehen sind nicht die für die Soziale Arbeit rele-vanten (sozialen) Probleme an sich, sondern deren *spezifische Bearbeitung* oder *Bewältigung* und ein darauf bezogener *Auftrag* bzw. eine gesellschaft-lich, professionell und von den Adressaten akzeptierte und legitimierte *Zielsetzung*, wie beispielsweise die durch die Luhmann´sche Systemtheorie her-leitbare soziale Integration oder Inklusion in relevante soziale Systeme der Gegenstand dieser Handlungswissenschaft (vgl. Effinger 2009).
- Handlungswissenschaften charakterisieren sich – so Pfaffenberger (1976, 1996, 2009) – im Gegensatz zu *Einzelwissenschaften* dadurch, dass sie nicht durch wissenschaftsimmanente Problemstellungen und Ziele zu bestimmen sind, sondern bezogen sind auf Probleme und Ziele eines bestimmten zuge-hörigen *Teilfeldes gesellschaftlicher Praxis* und ausgerichtet auf deren *Be-dingungen* und *Anforderungen*.
- Das Wissenschaftsprogramm einer *sozialwissenschaftlich* zu bestimmenden Handlungswissenschaft muss davon ausgehen, dass die Auswahl der anzu-gehenden Aufgaben, des Bereiches, in dem Probleme sich stellen und nach

Antworten gesucht wird, abgeleitet werden von der *Notwendigkeit des Handelns* bzw. vom *„Zugzwang,* der in der sozialen Wirklichkeit gegeben ist" (Pfaffenberger 1976, 104).

▪ Handlungswissenschaften zielen auf *Beeinflussung* und *Veränderung* (vgl. Mühlum 2009). Um jenen *Ausschnitt gesellschaftlicher Wirklichkeit* bearbeiten zu können, der mit ihrer *Berufspraxis* korrespondiert, muss die Sozialarbeitswissenschaft als Handlungswissenschaft unterschiedliche Typen von Wissen bereitstellen: Faktenwissen, darauf gestützte Theorien und daraus gewonnenes Handlungs- oder Interventionswissen (vgl. Sommerfeld 1996; vgl. Mühlum 2009).

Eine einheitliche Definition von Handlungswissenschaften aus eben genannten Beschreibungen zu formulieren ist schwierig. Dennoch werden einige, offensichtlich unbestreitbare Merkmale deutlich, die es erlauben, eine erste Arbeitsdefinition vorzuschlagen, in der die zentralen Elemente einer Handlungswissenschaft subsumierend dargestellt werden sollen. „Version 1" für die Bestimmung von Handlungswissenschaften lautet demnach wie folgt:

Handlungswissenschaften sind Wissenschaften, die dem Wissenschaftsprogramm der *angewandten Wissenschaften* entsprechend auf die *Anforderungen, Aufgaben und gesellschaftlichen Funktionen* der *praktischen* Sozialen Arbeit in der *Postmoderne* ausgelegt sind und damit einen *Ausschnitt gesellschaftlicher Praxis* bzw. *gesellschaftlicher Wirklichkeit* fokussieren, der im Gegensatz zu den Wissensspektren der theoretischen, Erkenntnis-, Erklärungs-, Bezugs-, Grundlagen-, Einzel- und Basiswissenschaften nicht auf *kognitiven* Denk-, sondern auf *praktischen Handlungs*- und *normativen Bewertungslogiken* einer spezifischen, unter *Handlungsdruck* stehenden *Berufspraxis* von *Professionellen* (Sozialpädagogen und Sozialarbeitern) basiert, die als *planende* und *handelnde* Subjekte oder Kollektive *gesellschaftlich bedingte* und vornehmlich *sozialwissenschaftlich* und *systemtheoretisch* begründbare *soziale Probleme* mit Hilfe eines auf *Wirksamkeit, Relevanz* und *Kompetenz* im *professionellen Handeln* zielenden, strategisch und systematisch-paradigmatisch gewonnenen *Professions-, Interventions*- und *Veränderungswissens* für ihre Adressaten mit entsprechenden *Methoden* und *Techniken* metaphylaktisch, kurativ und prophylaktisch *bearbeiten* und *lösen* (vgl. dazu auch Birgmeier 2010c; Birgmeier & Mührel 2011).

Selbstverständlich muss im Blick auf diese erste Definitionsformel (Version 1) selbstkritisch vermerkt werden, dass diese keinesfalls dem Anspruch auf Vollständigkeit oder gar auf Verbindlichkeit genügen kann. Ebenso kann sie wohl auch nicht auf eine ungeteilte, einvernehmliche Zustimmung aller HandlungswissenschaftlerInnen in unseren Reihen hoffen. Doch es geht auch einfacher, prägnanter und kürzer! Zum Beispiel mit Hilfe einer zweiten Definitionsformel, die da lautet: Handlungswissenschaften sind die „Wissenschaften vom Handeln" (vgl. Lenk 1989).

3 Grundlagenwissen und/oder Angewandtes Wissens zum Handeln?

Dass die erste Version des Begriffs der Handlungswissenschaften einen komplett anderen Sachverhalt zur Sprache bringen will als die zweite Version und dass beide Versionen auf gänzlich unterschiedliche Wissensformen (in diesem Fall: unterschiedliche Formen von Handlungswissen) abzielen, ist auf mehrere Ursachen zurückzuführen. Die erste Ursache dafür, dass wir beim Begriff der Handlungswissenschaften offensichtlich von zwei Wirklichkeiten ausgehen müssen, liegt darin, dass die Experten gemeinhin davon ausgehen, dass Handlungswissenschaften mit Angewandten bzw. Praktischen Wissenschaften *identisch* gesetzt werden, Handlungswissenschaften somit *als* Angewandte Wissenschaften gelten, und dass zwischen diesem Wissenschaftsprogramm und den Grundlagenwissenschaften, den theoretischen, Erkenntnis-, Erklärungs- und den Einzelwissenschaften ein kategorialer Unterschied besteht (siehe Tabelle 1).

Unterscheidungen in:	Einerseits...	Andererseits...
Klüsche (1999):	Erklärungs- und Bezugswissenschaften	Handlungswissenschaft als Angewandte Wissenschaft
Sorg (2009):	Grundlagenwissenschaften	Angewandte und Handlungswissenschaften
Derbolav (1987):	Erkenntniswissenschaften (theoretische Wissenschaften)	Handlungswissenschaften (praktische Wissenschaften)
Staub-Bernasconi (2009):	Grundlagen- oder Bezugswissenschaften	Handlungswissenschaften
Obrecht (2009):	Grundlagen- und Bezugswissenschaften	Handlungswissenschaften
Pfaffenberger (2009):	Einzelwissenschaft	Handlungswissenschaft
Thiersch (2005):	Grundlagenwissenschaften	Handlungswissenschaften

Tabelle 1: Wissenschaftsprogrammatische Differenzierungen

Eine solche Wissenschaftstypisierung ist aus der Sicht wissenschaftssystematischer und -theoretischer Vorgaben durchaus korrekt; fragwürdig dagegen bleibt, warum man der Sozialen Arbeit ihre wissenschaftliche Identitätsbildung ausschließlich als Angewandte Wissenschaft zutraut, die sich wiederum *als* Handlungswissenschaft im Sinne der Definition nach Version 1 eindeutig von den Grundlagenwissenschaften, den theoretischen sowie Erkenntniswissenschaften distanziert.

Um diese Fragwürdigkeiten aufzulösen, ist auf das Verhältnis der beiden Wissenschaftsprogramme zueinander hinzuweisen. So betonen die einen, dass sich die Handlungswissenschaften als Angewandte Wissenschaften auf die von den Grundlagen- oder Bezugswissenschaften ermittelten Antworten bezögen (vgl. Obrecht 2009; Staub-Bernasconi 2009) und hierdurch gewissermaßen eine Abhängigkeit der Handlungswissenschaften von den Befunden der Grundlagen- und Bezugswissenschaften zu Tage tritt. In diesem Sinne würden Handlungswissenschaften als Angewandte Wissenschaften ein von den theoretischen, Erkenntnis- und Einzelwissenschaften erforschtes Grundlagen- und Bezugswissen voraussetzen, um auf dieser Basis und in bewertender Reaktion darauf selbst ein Handlungswissen für das Berufsfeld (= Professionswissen) zu schaffen. Für andere dagegen scheinen die Grundlagen- und Bezugswissenschaften zur Bestimmung der Handlungswissenschaft überhaupt keine oder nur eine marginale Rolle zu spielen und man begnügt sich mit der Vorstellung, dass sich mit der Aufzählung derjenigen Kriterien, die die Grundlagen- und Bezugswissenschaften für Angewandte Wissenschaften *nicht* erfüllen könnten, alleine schon die Konturen der Handlungswissenschaft als Angewandte Wissenschaft ergeben würden.

Nun: dass Angewandte Wissenschaften etwas vollkommen anderes darstellen als Grundlagenwissenschaften, ist nicht zuletzt vor dem Hintergrund der Werturteils- und Positivismusdebatten eine längst bewiesene Tatsache. Dass die Unterschiede zwischen diesen Wissenschaftsprogrammen jedoch auch für die unterschiedliche Bestimmung der Charakteristiken einer Handlungswissenschaft verantwortlich sind, wird vielfach übersehen. Daher ist es zunächst einmal wichtig zu klären, was Angewandte Wissenschaften (als Handlungswissenschaften) im Vergleich zu Grundlagenwissenschaften ausmachen. Erst aus dieser Differenzierung können dann auch die neben einander stehenden Lesarten und die beiden Versionen des Begriffs der Handlungswissenschaft im wissenschaftlichen Fachdiskurs zur Sozialen Arbeit extrahiert werden.

Angewandtes Wissen zu schaffen impliziert zunächst einmal das Ziel, mit Hilfe von Erkenntnissen aus den Grundlagenwissenschaften Regeln, Modelle und Verfahren zu entwickeln, die für das Handeln in der Praxis nützlich sind und somit der Anwendung dienen. Somit herrscht ein Primat der Grundlagenwissenschaften vor den Angewandten Wissenschaften. Da Angewandte Wissenschaften von Erkenntnissen ausgehen, die bereits (eben von den Grundlagenwissenschaften) geschaffen wurden, sind sie deshalb allenfalls ein Anhang der Grundlagenwissenschaften, zumal *Anwendung* wissenschaftlicher Erkenntnisse eine Aufgabe der Praxis, und nicht der Wissenschaft ist (vgl. Hofmann 2004). Demnach ist das Ziel der von Problemen in der Praxis ausgehenden Angewandten Wissenschaft, ein praktisch nützliches und verwertbares Wissen umzusetzen, das der von Problemen in der Theorie ausgehenden Grundlagenwissenschaft, wissenschaftliche Erkenntnisse an sich zu schaffen.

Neben den zu differenzierenden Zielkriterien beider Wissenschaftsprogramme gestaltet sich auch der Umgang und die Erwartung an die Empirie – und damit auch das Verständnis und die Funktion von Forschung – aus beiderlei Perspektiven als kategorial verschieden. Die Grundlagenwissenschaften beschäftigen sich in ihrer empirischen Forschung mit der Frage nach der Gültigkeit bzw. Wahrheit von Theorien und ihren Hypothesen. Demgegenüber pflegen Angewandte Wissenschaften meist ein empiristisches Modell sozialwissenschaftlicher Forschung, das theoriegeleitete Forschung weitestgehend ignoriert und in dem es deshalb nicht um die Überprüfung des Wahrheitsgehalts von Theorien durch empirische Forschung geht, sondern darum „die Relevanz der Problemstellung in der Praxis zu bestätigen sowie die praktische Anwendbarkeit der entwickelten Gestaltungsempfehlungen (d.h. der Regel, Techniken und Verfahren; B.B.) zu untersuchen" (Hofmann 2004, 290).

4   Disziplin-, Professions- und/oder Praxisforschung zum Handeln?

Trotz dieser Unterscheidungsmerkmale verspricht man sich von einer Handlungswissenschaft als Angewandter Wissenschaft, die wissenschaftliche Erkenntnisproduktion mit der Lösung praktischer, sozialer Probleme und damit Wissenschaft mit Praxis verbinden zu können. Doch diese, besonders von den modernen Sozialwissenschaften geteilte Vorstellung einer Verknüpfung von Wahrheits- und Nützlichkeitskriterien und einer Verbindung zwischen forschendem Subjekt und beforschtem Objekt stößt nicht bei allen auf Zustimmung, zumal hierdurch nur noch das interessieren könne, was Lösungen auf Praxisprobleme liefert (vgl. Bammé 2004, 2009; Heintel 2009). Überdies ist – dies sei noch einmal betont – zu bedenken, dass die Herstellung von Praxisrelevanz eine praktische Aufgabe ist und nicht das Ergebnis wissenschaftlicher Theoriebildung.

Gleichwohl ist festzustellen, dass – indem das Ziel der Wissenschaft im Allgemeinen heute nicht mehr nur in der Wahrheit, sondern vor allem in der Nützlichkeit, Anwendbarkeit und Brauchbarkeit von Erkenntnissen festgemacht wird (vgl. Birgmeier 2009a) – die Relevanz der Grundlagenforschung gegenüber der angewandten Forschung allmählich schwindet (vgl. Fischer 2007). Denn während die Grundlagenforschung primär nach dem Beschreiben, Erklären und Verstehen von disziplinrelevanten Phänomenen zum Zwecke der „reinen" Erkenntnis strebt, zielt die angewandte Forschung unmittelbar auf die Nützlichkeit/Anwendbarkeit eines transdisziplinär gesammelten und geprägten Wissens für die professionelle Praxis oder auf die Befriedigung spezifischer Bedürfnisse diverser Nachfrager (vgl. Krainz 2009). Die „reine" Erkenntnis scheint im Vergleich zur Anwendung heutzutage den Kürzeren zu ziehen – obgleich beide Wissensformen in der Kombination so wichtig wären!

Und so dürfen wir aus der Forschungsperspektive neben dem Hiatus zwischen Grundlagenwissenschaften und Angewandten Wissenschaften auch einen Hiatus zwischen Disziplin- und Professionsforschung attestieren, der für die unterschiedliche Verwendung des Begriffs Handlungswissenschaften mit verantwortlich ist.

a) Disziplinforschung:

Eine *Disziplin* beschreibt das gesamte Feld der wissenschaftlichen Theoriebildung und Forschung sowie das Handlungssystem, in dem sich Forschungs- und Theoriebildungsprozesse realisieren (vgl. Becker-Lenz & Müller 2009). Disziplinen definieren sich über die Bereit- und Herstellung von Wissen mit dem Ziel, zu wahren und richtigen Erkenntnissen zu gelangen (vgl. Thole 2010) und stehen somit in Distanz zu den unmittelbaren Erfordernissen der Praxis (vgl. Füssenhäuer & Thiersch 2001).

Disziplinforschungen führen – über theoretische oder empirische Studien – zu Disziplintheorien, d.h. zu theoretischen Betrachtungen und Ansätzen, die auf die Erhellung eines Ist-Zustandes der Sozialen Arbeit ausgerichtet sind und deren Ziel in der Beschreibung, Rekonstruktion oder Erklärung gegebener Sachverhalte in der Sozialen Arbeit liegt (vgl. Rauschenbach & Züchner 2010). Die Aufgabe der Disziplinforschung, nach den Kriterien der Wahrheit und Widerspruchsfreiheit ein reines wissenschaftliches Wissen (Erklärungswissen) für die Bildung von Theorien zu schaffen, führt dazu, dass Disziplinforschung stets darauf ausgerichtet ist, Grundlagenforschung zu betreiben. Das Wissen aus dieser Forschung ist demnach ein Grundlagenwissen – einzelne Wissenschaften, die Grundlagen erforschen, sind Grundlagenwissenschaften, die ein Basiswissen zur Identifikation und Identitätsbildung von einzelnen Disziplinen schaffen.

b) Professionsforschung:

Eine *Profession* beschreibt das gesamte fachlich ausbuchstabierte Handlungssystem, also die berufliche Wirklichkeit eines Faches. Eine Profession ist eine komplexe bis hoch komplexe, erwerbsbezogene Tätigkeit, die im Fall der Sozialen Arbeit die Aufgabe hat, dem Auftrag zur Lösung, Milderung oder Prävention von praktischen sozialen Problemen seitens ihrer AdressatInnen/Klientel wie seitens der Gesellschaft aufgrund eines ´professionellen Urteils´ gerecht zu werden (vgl. Staub-Bernasconi 2009). Dementsprechend ist die Soziale Arbeit als Profession gebunden an Aufgaben der Praxis, an die Lebensbewältigungsaufgaben der Individuen in der heutigen gesellschaftlichen Realität (vgl. Füssenhäuer

& Thiersch 2001). Hier geht es also um das Praxissystem, die Realität der hier beruflich engagierten Personen; Professionen definieren sich daher über das Handeln im Kontakt mit den Adressaten in der Absicht, die Wirksamkeit dieses berufspraktischen Handelns zu fördern (vgl. Thole 2010).

Professionsforschungen führen zu Professions- und Professionalisierungstheorien, d.h. zu konzeptionell-gestaltenden Entwürfen, die auf die Veränderung des Ist- und die Realisierung eines Soll-Zustandes im Leben des Adressaten ausgerichtet sind und deren Ziel im Entwickeln von Entwürfen eines richtigeren, gelingenderen oder besseren Handelns in der Sozialen Arbeit liegt (vgl. Rauschenbach & Züchner 2010).

Die Aufgabe der Professionsforschung besteht darin, nach den Kriterien der Nützlichkeit und Anwendbarkeit und im Sinne der Anleitung der Praxis ein spezifizierbares und angemessenes Professionswissen zu schaffen. Dies führt dazu, dass Professionsforschung stets darauf ausgerichtet ist, anwendungsbezogene und praxeologische Forschung *für* die Praxis zu betreiben. Das Wissen aus dieser Forschung ist demnach ein praktisch-technologisches Wissen – Wissenschaften, die Anwendungen für die professionelle Praxis erforschen, sind Angewandte oder Praktische (Handlungs-) Wissenschaften, die ein Basiswissen zur Identifikation und Identitätsbildung von einzelnen Professionen schaffen.

c) Praxisforschung:

Eine Praxis beschreibt das gesamte Feld der zeitlich-räumlichen Situationen, in denen sich Adressaten und Professionelle jeweils befinden und in der ein Professioneller spezielle Methoden, Techniken und Verfahren anwendet, um dem Adressaten zu helfen. Eine Praxis definiert sich so über ein technologisch-inspiriertes, verantwortungsvolles Handeln von Professionellen, die über ein Regelwissen verfügen, mit dem Veränderungen und Interventionen, die die Praxis unmittelbar erfordert, umgesetzt werden können.

Praxisforschungen führen zu Praxistheorien, d.h. zu regelgeleiteten Konzeptionen, die darauf abzielen zu klären, wie die Praxis des Sozialpädagogen und Sozialarbeiters aussehen soll bzw. *wie* es ein in sozialen Berufen Tätiger machen muss, um ein bestimmtes Ereignis optimal zu erzielen, und *was* er dafür braucht (vgl. Sommerfeld 1996, 33)

Die Aufgabe der Praxisforschung, nach den Kriterien der Angemessenheit und Umsetzbarkeit ein technologisch-praktisches Wissen (Praxiswissen) für die konkrete Arbeit in der Praxis zu schaffen, führt dazu, dass Praxisforschung als spezifischer Zweig der Angewandten Forschung ein Praxiswissen schafft – Wissenschaften, die Praxiswissen erforschen, sind Praxiswissenschaften, die aus dem Basiswissen der Angewandten Wissenschaften ein spezifisches Anwendungswissen zum konkreten „Handwerk" (vgl. Winkler 2009) der Praktiker in der situativen Praxis schaffen (vgl. Birgmeier 2010b).

5   Positionen zur Verhältnisbestimmung von Disziplin, Profession und Praxis

Wenn wir schon von einer jeweils eigenen Disziplin-, Professions- und Praxisforschung ausgehen, die die Sozialpädagogik bzw. Sozialarbeitswissenschaft als Handlungswissenschaft zu erbringen hat, so ist konkret nach den Verhältnissen dieser Forschungszugänge zueinander zu fragen. Hierzu werden in der Fachdiskussion unterschiedliche Positionierungen eingenommen, die sich im Kern auf folgende Aussagen beziehen:

Disziplin und Profession sind klar zu unterscheiden (Divergenz): Das *Divergenztheorem* geht davon aus, dass es aus wissenschaftssoziologischen Gründen (vgl. Stichweh 1994) notwendig ist, zwischen Disziplin und Profession klare Trennlinien aufzuzeigen, weil beide Zuordnungsaspekte unterschiedliche Zielsetzungen verfolgen. Diese unterschiedlichen Zielsetzungen resultieren aus den „Eigenheiten" der Grundlagenwissenschaften (Disziplin) und Angewandten Wissenschaften (Profession). Im Vordergrund stehen disziplinäre Identitätsbildungsprozesse und das Primat des Disziplinwissens, denn: wenn Professionen als Handlungssysteme gelten, deren Verhältnis zum Wissen sich als eine Anwendung von Wissen unter Handlungszwang definiert, basieren sie auf disziplinärem Wissen (vgl. ebd.).

Disziplin und Profession sind deckungsgleich (Kongruenz): Das *Kongruenztheorem* nimmt an, dass das Verhältnis zwischen wissenschaftlicher Disziplin und Profession deckungsgleich ist (vgl. Pfaffenberger 1993; 2009), weil die Professionswerdung als ein jeweils aktueller Prozess darauf gerichtet ist, eine Kongruenz von Berufsfeld und wissenschaftlicher Disziplin herzustellen. Mit dieser Annahme wird deutlich, dass der Grad der Verwissenschaftlichung und damit der Disziplinbildung von Sozialer Arbeit stets abhängig ist von deren Professionsbildung. Im Vordergrund stehen Professionsbildungsprozesse, die nach dem Wissenschaftsprogramm der Angewandten Wissenschaften als Handlungswissenschaften mit grundlagenwissenschaftlichen Disziplinbildungsprozessen identisch gesetzt werden.

Eine Sonderform des Kongruenztheorems betrifft die Frage nach dem Verhältnis zwischen Profession und Praxis. So mancher Fachvertreter vertritt hier die Auffassung, die Praxis sei technologisch-technisch auszurichten. Die Techniken für die Praxis habe die Profession bereitzustellen, die – weil sie sich ja kongruent zur wissenschaftlichen Disziplin verhält – dann wiederum ebenso in das Aufgabenspektrum der Disziplin fallen. Indem sowohl die Disziplin als auch die Profession einzig auf die Schaffung von Handlungstechniken ausgerichtet sind, stehen hier Praxistheorien im Fokus des Interesses, die nach dem Wissenschaftsprogramm der „Praxiswissenschaften" eine Handlungs- bzw. Handwerkslehre verkörpern, die jenseits aller gültigen wissenschafts- und erkenntnistheore-

tischer Vorgaben weder ein eindeutig theoretisches noch ein eindeutig praktisches, sondern vielmehr ein poietisches Programm für das Berufsfeld Sozialer
Arbeit entwickeln wollen.

Unterschiedliche Annahmen zur Verhältnisbestimmung zwischen Disziplin
und Profession sowie auch zwischen Profession und Praxis führen unmittelbar
auch zu heterogenen Auffassungen über die Rolle der Disziplinen für die Professionen und darüber, welche wissenschaftliche Disziplin nun im Zentrum der
Sozialen Arbeit zu stehen hat. So konzentrieren sich die Vertreter des Divergenz-
theorems (a) in erster Linie darauf, die Frage nach dem disziplinären Heimatha-
fen der Sozialen Arbeit zu klären. Eine populäre Antwort auf diese Frage lautet,
dass die Sozialpädagogik – als Subdisziplin der Pädagogik/Erziehungswissenschaft
– das wissenschaftliche Feld der Disziplin der Sozialen Arbeit umfasst (vgl. Thole
2010). Dagegen verwehren sich jedoch die Vertreter des Kongruenztheorems (b),
indem sie der in den Erziehungswissenschaften beheimateten Sozialpädagogik
nicht zutrauen, die gesuchte eigenständige wissenschaftliche Disziplin vom „Sozi-
alwesen" zu vertreten – jedenfalls so lange nicht, bis sie ihre subdisziplinären erziehungswissenschaftlichen Begrenzungen zu überwinden vermag (vgl. Pfaffenberger 2009).

Indem also entweder (a) eine *Unabhängigkeit* der Disziplinbildungsprozesse von Professionsbildungsprozessen oder (b) eine *Abhängigkeit* zwischen Dis-
ziplin- und Professionsbildung postuliert wird, können nicht nur die diskutierten
Forschungsprogramme für die Soziale Arbeit zugeordnet werden in eine Grundlagenforschung und in eine Angewandte Forschung, sondern es lassen sich auch
die Wissenschaftsprogramme identifizieren, die für die Wissenschaft der Sozialen Arbeit eine Rolle spielen: die Grundlagenwissenschaften und die Angewandten Wissenschaften.

Da der Sozialpädagogik und der Sozialarbeitswissenschaft bescheinigt wird,
dass sie selbst noch keine *Grundlagenwissenschaften* (bzw. keine Einzel-, Erklä-
rungs- und Erkenntniswissenschaften) für die Soziale Arbeit darstellen, begnügt
man sich meist mit der Festlegung, dass die Soziale Arbeit vornehmlich eine
Angewandte Wissenschaft oder eine *Handlungswissenschaft* zu sein habe, die
sich allenfalls auf das in den Grundlagenwissenschaften bereit gestellte Wissen
bezieht. Der umgekehrte Weg, nämlich dass sich auch die Grundlagenwissenschaften auf das in den Angewandten Wissenschaften verfügbare Wissen beziehen könnten, wird bis dato nicht diskutiert. Warum eigentlich nicht?

6   Was sind Handlungswissenschaften? – die zweite Version einer Definition

Und so bleibt die Frage offen, ob ausschließlich im Rahmen einer Angewandten bzw. Handlungswissenschaft ein Handlungswissen für die Soziale Arbeit geschöpft werden kann, oder ob es nicht auch in den Grundlagenwissenschaften um ein Handlungswissen zu gehen hat, zumal es doch im Kontext der Disziplin- und Professionsforschung um jeweils unterschiedliche Zugänge und Perspektiven eines Handlungswissen geht, gleichgültig der Frage, wie abhängig bzw. unabhängig diese spezifischen Formen des Handlungswissens zueinander stehen.

Zur Beantwortung dieser Frage ist auf folgende Umstände hinzuweisen: Die Verwendung des Begriffs der Handlungswissenschaft ist erstens abhängig vom Wissenschaftsverständnis und -programm der Sozialen Arbeit als Grundlagen- und/oder Angewandte Wissenschaft, zweitens von den Funktionen der Disziplin- und Professionsforschung, die unterschiedliche Dimensionen des Wissens zu Tage bringen (vgl. Thole 2010) und deren Verhältnis zueinander.

Es ist sehr gut nachzuvollziehen, dass die Soziale Arbeit als Angewandte Wissenschaft auf einen Begriff der Handlungswissenschaft abhebt (siehe Version 1), mit dem weniger auf Wahrheit, sondern vor allem auf Nützlichkeit, Anwendbarkeit und Brauchbarkeit abgezielt wird. Aber die Annahme, der Begriff der Handlungswissenschaften wäre von dem der Grundlagenwissenschaften, Basiswissenschaften, Bezugswissenschaften, Einzelwissenschaften, Erkenntniswissenschaften, theoretischen Wissenschaften eindeutig abzugrenzen bzw. hätte nichts mit jenen zu tun, ist nicht korrekt und ignorierte die Tatsache, dass es seit jeher eine eigene epistemologische Tradition gibt, die sich in vielen Disziplinen als *Wissenschaft vom Handeln* ebenso mit dem Titel *Handlungswissenschaft* schmückt wie ihre angewandte bzw. praxeologische Zwillingsschwester, die sich offensichtlich deutlich in den Räumen zwischen der Profession und der Praxis aufhält. Daher schafft es große Missverständnisse, wenn Angewandte Wissenschaften mit Handlungswissenschaften identisch gesetzt werden und es scheinbar keinen Unterschied macht, ob wir nun über Angewandte oder über Handlungswissenschaften sprechen.

Eine Gleichsetzung von Angewandten Wissenschaften mit Handlungswissenschaften birgt somit die Gefahr zu übersehen, dass vor allem die Grundlagenwissenschaften eine ganze Reihe an Handlungswissenschaften beherbergen, die als theoretische Wissenschaften, als Erkenntnis- und Erklärungswissenschaften einen Objektbereich erforschen, der sich weitaus allgemeiner und spezifischer auf das Handeln bzw. die Handlung von Menschen erstreckt und nicht nur auf das Handeln und die Handlungsprobleme von Professionellen der der Praxis der Sozialen Arbeit, wie es die erste Version der Definition zur Handlungswissenschaft als Angewandte Wissenschaft zeigt.

Deshalb erscheint es notwendig, neben der ersten Version zur Definition von Handlungswissenschaften eine zweite, an den Grundlagenwissenschaften orientierte Version gegenüberzustellen. „Version 2" für die Bestimmung von Handlungswissenschaften lautet wie folgt:

Handlungswissenschaften sind „Wissenschaften vom Handeln" (vgl. Lenk 1989), also Wissenschaften, die der *Erweiterung* und *Spezifikation* von reinen *Erkenntnissen* dienen und die dem Wissenschaftsprogramm von *Grundlagenwissenschaften* folgend auf die *anthropologische Grundtatsache,* dass der Mensch ein *handelndes Wesen* ist, ausgelegt sind und damit einen bestimmten *Teilbereich menschlicher Wirklichkeit* zum Gegenstand bzw. Objektbereich einer Forschung erheben, die im Gegensatz zu den Wissensspektren der Angewandten Wissenschaften nicht auf eine professions-, berufs- und praxisbezogenen Handlungslogik von Professionellen fokussiert, sondern auf einer *wissenschafts-* und *erkenntnistheoretisch* gesicherten *Denk-* und *Forschungslogik* einer *Gemeinschaft* von *interdisziplinär* forschenden *Wissenschaftlern* basiert, die *einzelwissenschaftlich* relevante und *methodologisch* unterschiedlich (normativ, deskriptiv, philosophisch, empirisch) erschließbare *spezifische Aspekte des Handelns* von Menschen durch ein auf *Wahrheit* und *Richtigkeit* im *wissenschaftlichen Forschen* zielendes, wissenschaftslogisch und systematisch gewonnenes *wissenschaftliches Wissen* schaffen und begründen (vgl. Birgmeier 2010c).

Wenn wir nun diese zweite Definitionsversion von Handlungswissenschaften mit der ersten vergleichen wird deutlich, dass wir es hier mit einem Begriff zu tun zu haben scheinen, der offensichtlich ein – auch aufgrund der häufig vorgenommenen Teilung der Wissenschaft(en) Sozialer Arbeit in die Sozialarbeitswissenschaft und die Sozialpädagogik – janusköpfiges Wesen offenbart, das in zwei verschiedene Wirklichkeiten blickt:

▪   einerseits im Kontext der Sozialarbeitswissenschaft als vorwiegend an Hochschulen für applied sciences verankerte Angewandte Wissenschaft in die Profession und Praxis Sozialer Arbeit mit der Funktion, ein praktisches und praxeologisches Professionswissen für das Handeln der Akteure in sozialen Berufen zu schaffen;
▪   andererseits im Kontext der Sozialpädagogik als an Universitäten im Hafen der Erziehungswissenschaft verankerte Erkenntniswissenschaft in die Disziplin Sozialer Arbeit mit der Funktion, ein rationalistisches und theoretisches Basis- und Grundlagenwissen über das Handeln von Adressaten in sozialen Berufen zu schaffen.

7   Eine (vorläufige) Zwischenbilanz

Ein vorläufiges Fazit zur Suche nach dem Begriff der Handlungswissenschaften und zur Rolle der Sozialen Arbeit in diesem Wissenschaftsprogramm kann nur lauten: Angewandte Wissenschaften mit Handlungswissenschaften gleichzusetzen, entspricht nur der halben Wahrheit. Eine *Handlungswissenschaft* ist nämlich keinesfalls nur eine Bezeichnung für die praxistheoretische bzw. praxeologische Ergründung des Handelns von Professionellen) (vgl. Birgmeier 2009a, b; 2010b, c; Birgmeier & Mührel 2011); ebenso wenig dürfen auch Handlungstheorien daher nicht mit Praxistheorien verwechselt werden, da Praxistheorien viel stärker die Einbettung des individuellen Handelns in materielle Strukturen und soziale Praktiken sowie die Abhängigkeit des Handelns von institutionellen Rahmungen betonen (vgl. Birgmeier 2003). Vielmehr sind Handlungswissenschaften zunächst einmal – in ihrer Bestimmung als Grundlagenwissenschaften – Wissenschaften, die das zentrale anthropologische Bestimmungsmerkmal des Menschen, eben sein Handeln zum Gegenstand haben und sich um die Beschreibung und das Verstehen, die Erklärung und Vorhersage des spezifisch menschlichen Verhaltens bemühen (vgl. Straub & Werbik 1999; Lenk 1989). Dazu zählen u.a. die Psychologie (auch die Tiefen-, Sozial-, Verhaltens- und Entwicklungspsychologie), die Soziologie, Kulturanthropologie, Ethnologie, die Sozial- und Handlungsphilosophie, die Ökonomie, Politologie u.v.a.m. (vgl. Lenk 1989). All diesen Disziplinen gemein ist die Verständigung auf *Handlung* als Grundbegriff, d.h. dass sich jedes einzelwissenschaftliche Interesse auf bestimmte Handlungen und auf bestimmte Handlungszusammenhänge richtet und somit jede dieser Wissenschaften jeweils spezifische Aspekte von Handlungen zu erforschen versucht.

Auch wenn zu diesen „Wissenschaften vom Handeln, den Handlungswissenschaften" (Lenk 1989, 121) eine ganze Reihe von Wissenschaften gehört, die als Grundlagenwissenschaften auch zu den Bezugs- und Basiswissenschaften der Sozialen Arbeit zählen und als *theoretische* oder *Erkenntniswissenschaften* einen spezifischen Aspekt des Handelns zum Gegenstand haben, bleibt die Frage, wo in diesem Kanon der Handlungswissenschaften als Grundlagenwissenschaften denn die Sozialpädagogik oder die Sozialarbeitswissenschaft erscheinen? Nirgends! Sie begnügen sich offensichtlich noch immer damit, ihr eigenes „handlungswissenschaftliches Süppchen" zu kochen und vermeiden es tunlichst, (endlich) einen eigenen Begriff des „Handelns" zu explizieren und diesen – in klassischer einzel- und erkenntniswissenschaftlicher Manier – zu beforschen.

Hätte die Sozialpädagogik oder die Sozialarbeitswissenschaft als wissenschaftliche Disziplin(en) diesen eigenen Begriff des Handelns, so könnte sie sich als eigene, von ihrer Profession unabhängige „Wissenschaft vom Handeln" in die Grundlagenwissenschaften einreihen und von dort aus ein theoretisches und auf Erkenntnissen basierendes Handlungswissen für die Profession anbieten, das die

Soziale Arbeit als Angewandte Wissenschaft so dringend benötigt. Der Rückgriff der Sozialen Arbeit auf beide Versionen zum Begriff der Handlungswissenschaft ermöglichte es somit auch, dass die Soziale Arbeit ihre disziplin- und professionsbezogenen Identitäten deutlich konturiert – und zwar als Grundlagenwissenschaft, die auf eine *Unabhängigkeit* der Disziplinbildungsprozesse von Professionsbildungsprozessen pocht und als Angewandte Wissenschaft, die auf die *Abhängigkeit* zwischen Disziplin- und Professionsbildung angewiesen ist. Solange sich jedoch weder die Sozialpädagogik noch die Sozialarbeitswissenschaft als erkenntnisbezogene Handlungswissenschaften (Version 2) in den Grundlagenwissenschaften beheimaten und etablieren können, müssen wir uns weiter mit dem Vorwurf der disziplinären Heimatlosigkeit konfrontieren und uns damit begnügen, ausschließlich fachfremdes Wissen, d.h. fachfremde Handlungstheorien aus den Fremd- und Referenzdisziplinen zu importieren, um daraus „unsere" Disziplin und Profession zu bilden!

Was ist also zu tun? Um den Disziplinbildungsprozess weiter zu entwickeln, ist es zwingend notwendig, dass die Wissenschaft Sozialer Arbeit im Sinne der Bildung von Disziplintheorien einen eigenen, spezifischen Aspekt des Handelns von Menschen ins Zentrum ihrer erkenntnisorientierten Forschung rückt. Erst mit einem solchen Gegenstand wäre sie imstande, sich in die Grundlagenwissenschaften einzureihen und hier ein handlungswissenschaftliches Pendant zur Professionsforschung, die auf die Bildung von Professionstheorie ausgerichtet ist, zu werden. Dies mit dem entscheidenden Vorteil, dass es damit sowohl auf der Seite der Grundlagenwissenschaften als auch auf der der Angewandten Wissenschaften um ein Handlungswissen geht, durch das sich Disziplin und Profession miteinander verknüpfen und konvergieren.

„Soziale Probleme" (und deren Bearbeitung und Lösung) als Gegenstand dieser Disziplin zu benennen, ist sicherlich richtig, greift jedoch zu kurz. Neben den sozialen Problemen müssten zusätzlich noch die Gegenstandbereiche integriert werden, die allgemeine Fragen der „Erziehungstatsache" (vgl. Rauschenbach & Züchner 2010) und der Lebenslagen, -verläufe, -führung und -bewältigung betreffen und die auf die „Normalisierung Sozialer Arbeit" einerseits, auf den Widerfahrnischarakter im menschlichen Leben andererseits (vgl. Birgmeier 2007, 2010a) verweisen und mit denen davon ausgegangen werden kann, dass potentiell alle Menschen (irgendwann) zu Adressaten der Sozialen Arbeit werden könnten, weil sich die Risikopotentiale auf alle Teilbereiche des Seins ausweiten können (vgl. Thole 2010).

Wenn die Soziale Arbeit als eine öffentliche Reaktion auf einen politisch anerkannten sozialen Hilfebedarf von Personen und Personengruppen – gleich welcher Art und welchen Alters – in modernen Gesellschaften (vgl. Rauschenbach & Züchner 2010) betrachtet werden möchte, wäre es für sie als Handlungswissenschaft wichtig, ihrem janusköpfigen Wesen gerecht zu werden und mit Hilfe ihres konkreten Handlungsbegriffs eine interdisziplinäre Zusammenarbeit und Forschung zu fördern, in der sich der grundlagenwissenschaftliche Blick zuvörderst auf Situationen richtet, in denen der Mensch als ein Wesen betrachtet wird, dessen bisherige, bewährte und durch Routinen gestützte Handlungsrepertoires nicht mehr greifen und er hierdurch in eine zeitweilige Handlungskrise geraten kann, die schließlich zum Ruf nach professioneller Hilfe führt, mit der eine Handlungsfähigkeit wieder hergestellt werden kann (vgl. Otto & Ziegler 2010).

8 Soziale Arbeit als janusköpfige Handlungswissenschaft – Dialektik und Synthese

Eine Handlungswissenschaft im Sinne einer Praxiswissenschaft forscht – wie oben bereits hergeleitet – nach Erkenntnissen *für* die (methodische) Praxis. Sie will ein anwendungsorientiertes Wissen schaffen, das dem Professionellen hilft, in seiner Praxis Probleme zu lösen. Gewissermaßen ist hier dann das „Objekt" dieser Forschung die Praxis des Sozialpädagogen und Sozialarbeiters, in der soziale Problemlagen erklärt und beschrieben und (soziale) Problemlösungen methodisch angeleitet werden. Und da Praxis mit Handeln identisch gesetzt wird, macht es für die Vertreter dieser handlungswissenschaftlichen Position keinen Unterschied, ob wir dabei nun von einer Praxis- oder Handlungsforschung sprechen.

Vollkommen anders verhält es sich jedoch, wenn die Differenz zwischen *Praxis* und *Handlung* eingehalten wird. Dann steht nicht die Praxis *als* Handlung im Fokus sozialpädagogischer und sozialarbeitswissenschaftlicher Forschung, sondern die Handlung an sich – als spezifische anthropologische Festlegung des Menschen, gleichgültig, ob es sich bei diesem Menschen nun um einen Sozialpädagogen/Sozialarbeiter, einen Klienten der Sozialen Arbeit oder sonst irgend ein menschliches Wesen handelt.

Aus diesem Grunde ist offenkundig die Auseinandersetzung damit, was mit Handlungstheorie und in diesem Kontext eigentlich mit Handlungswissenschaft gemeint ist, eine weitere wichtige Grundlage für eine wissenschaftlich bestimmbare Soziale Arbeit. Um Fragen nach einer anthropologisch und wissenschaftlich verortbaren Theorie von Handlung anzudenken, ist deshalb der Fokus zentral auf das Gebiet der Handlungstheorien im disziplinären, erkenntnistheoretischen Kontext zu legen und die Differenz zwischen Disziplin und Profession zu betonen. Denn wenn – wie Winkler (1995) ausführt – Theorie Theorie ist und Praxis Praxis, dann ließe sich diese Erkenntnis fortführen in: Praxis ist Praxis, Handlung ist Handlung, Praxistheorie ist Praxistheorie, Handlungstheorie ist Handlungstheorie – und schließlich: Handlungswissenschaft als praktische und Angewandte Wissenschaft ist das eine, Handlungswissenschaft als theoretische und Grundlagenwissenschaft ist das andere!

Auch in der Sozialen Arbeit als Wissenschaft muss deshalb eine Verständigung darüber erzielt werden, dass es sich in ihr immer auch um handlungstheoretische Fragestellungen handelt, d.h. dass es einer Handlungstheorie bedarf, die einen spezifischen Begriff der Handlung expliziert. Eine an die Handlungstheorie gerichtete Frage müsste daher lauten: „Wie bestimmt die Soziale Arbeit als wissenschaftliche Disziplin die Handlung von Menschen theoretisch?" (vgl. Birgmeier 2009a).

Die wissenschaftliche Soziale Arbeit hat es bisher weitgehend versäumt, ihren gegenstandsbetreffenden Begriff von Handlung konkret zu explizieren und erforschen; stattdessen hat sie sich vielfach um das Handeln des professionellen Sozialpädagogen/Sozialarbeiters bemüht, um hierdurch Verfahren, Methoden und Arbeitsweisen – so allgemein gültig wie möglich – für das Praxisfeld festzulegen. Das ist freilich sehr wichtig; doch wo spielen hierbei die Handlungen bzw. die Handlungskompetenzen und -möglichkeiten der Klienten eine explizite Rolle?

Eine Lösung dieser Frage könnte darin liegen, dass die Soziale Arbeit als Handlungswissenschaft – also als Wissenschaft, die konkrete Aspekte allgemeinmenschlicher Handlungen erforscht – einen Objekt- bzw. Gegenstandsbereich fokussiert, mit dem (ausgehend von einer allgemeinen „Theorie der Krise") Handlungsstörungen, Handlungsinkompetenzen, -unfähigkeiten einerseits und die Handlungsbefähigung (vgl. Otto & Ziegler 2010; vgl. Oelkers et al. 2010) im Kontext der Lebensbewältigung (vgl. Böhnisch 2005) und der Lebensführung (vgl. Volz 2009) seitens der Adressaten erklärt, beschrieben, verstanden und auch bearbeitet werden, die aufgrund von Handlungskrisen, erschwerten Lebenslagen, den Folgen sozialer Probleme oder Widerfahrnissen (vgl. Birgmeier 2003, 2005, 2007, 2010b) entstehen können. Dem entspricht die anthropologische Voraussetzung jeglicher (Human-) Wissenschaft. Andererseits muss sie als Wissenschaft von der Handlung auch spezifische, interdisziplinäre Handlungsaspekte erforschen. D.h., dass sich menschliche Handlungen nur dann zureichend theoretisch und wissenschaftlich bestimmen lassen, wenn multidisziplinär fundiert v.a. auch anthropologische, philosophische und ethische Gesichtspunkte berücksichtigt werden.

Damit stehen (mindestens) zwei unterschiedliche Verständnisse und Lesarten einer Sozialen Arbeit als Handlungswissenschaft zur Vermittlung gegenüber. Die erste Lesart geht davon aus, die professionelle Praxis als Handlung sowie Praxiswissen als Handlungswissen festzulegen und – demgemäß – Forschung *für* die Praxis der professionellen Sozialpädagogen und Sozialarbeiter anzutreiben. Dieses Handlungswissen (*für* die Praxis) zielt darauf ab, Praxisanleitungen für den professionellen Praktiker bereit zu stellen (vgl. Göppner 2006; Preis 2009) und wird dadurch gewissermaßen eine Theorie der Methoden für die Praxis, kurz: eine Praxistheorie. Der Begriff Praxistheorie, mit dem ein Handlungsfeld (eben die Soziale Arbeit) gewissermaßen einen wissenschaftlichen Schliff erhalten soll, gerät jedoch in diverse wissenschaftstheoretische Paradoxien. Denn:

zielte eine Praxistheorie ausschließlich darauf ab zu klären, *wie* die Praxis des Akteurs aussehen soll bzw. *wie* es ein in sozialen Berufen Agierender machen muss, um ein bestimmtes Ereignis zu erzielen, und *was* er dafür braucht, dann zeigt sich das praxistheoretische Programm als Technologien vermittelnd rein methodenorientiert. Auf die institutionelle Ebene des Wissen Schaffens für Soziale Arbeit herunter gebrochen würde dies bedeuten, dass die disziplinäre wie auch die professionelle Verfasstheit der Sozialen Arbeit strukturell identisch wäre. Solche Praxistheorien verkörpern damit ein Programm professioneller Praxishandlungen und geben vor, durch das Entwerfen von Theorien über das Handeln von Sozialpädagogen und Sozialarbeitern einen Wissenschaftstypus konstruieren zu können, der sich *nicht* auf Handlungstheorien im engeren Sinne bezieht, sondern auf „Professionshandlungstheorien", die, dem Anwendungszwang von Praxiswissenschaften folgend einer Methodenlehre, einem Handwerk oder einer Wissenschaft der Methodik, Technik bzw. Kunst professioneller Intervention entsprechen (vgl. dazu auch Winkler 2009).

Ein solches Verständnis einer Praxiswissenschaft als Handlungswissenschaft, die eigentlich eine poietische Wissenschaft verkörpert, zeigt deutlich, dass Theorien – in den Dienst techn(olog)ischer Nutzanwendung gestellt – nur allzu gerne pragmatisch-technisch, d.h. auf optimale Anwendbarkeit im Sinne herstellenden Machens hin entworfen werden und dass *Praxis* zu dem wird, was eigentlich *Poiesis* heißen müsste. Ob dies die korrekte und „richtige" Richtung zur Bildung von Theorien und zur Etablierung einer Sozialen Arbeit als Handlungswissenschaft ist, bleibt fragwürdig.

Vielmehr – und damit sind wir bei der zweiten Lesart einer Sozialen Arbeit als Handlungswissenschaft – sind Bemühungen dort anzustrengen, Soziale Arbeit als „klassische" Handlungswissenschaft (vgl. Lenk 1989) zu entwickeln, die – ihrem Programm gemäß – den Menschen in den Fokus ihres erkenntnis- *und* handlungsleitenden Interesses rückt und mit Hilfe des Programmes einer „Allgemeinen Handlungstheorie" (Lenk 1989) eine Versöhnung zwischen unterschiedlichen Verständnissen von Handlungswissenschaften und eine disziplinäre und professionelle Identität der Sozialen Arbeit sicher stellt. Der Verweis auf eine Versöhnung im Blick auf den Begriff und das Wesen einer Handlungswissenschaft legitimiert sich alleine schon deshalb, weil ein rein auf Praxis oder Poiesis reduziertes Verständnis eines Handlungswissens nicht genügt, um dem Menschen (auch als Adressaten der Hilfe sozialpädagogischer und sozialarbeiterischer Bemühungen) gerecht zu werden – vor allem dann, wenn die Resultate solcher Forschung einzig den Akteuren im sozialen Feld zur Verfügung gestellt werden sollen und auf *Erklärungen* abzielen, welche Techniken ein Sozialpädagoge oder Sozialarbeiter für sein professionelles Handeln zu verwenden hat. Daher ist in der Tradition einer allgemeinen bzw. philosophischen handlungstheoretischen Forschung nach Lenk (1989) auf einen für die Wissenschaft der Sozialen Arbeit zentralen, spezifischen Leitbegriff von Handlung zurück zu greifen, der sowohl der Disziplin zur Erforschung als auch der Profession zur – eben: professionellen – Praxis dient. Aus diesem Grunde hat sich die Soziale Arbeit einer interdisziplinären Zusammenarbeit mit allen anderen humanwissenschaftlich orientierten Handlungswissenschaften zu verpflichten und *ihren* Beitrag zur Konstituierung eines umfassenden Handlungsbegriffs, der für eine interdisziplinäre, integrative, allgemeine und philosophische Handlungstheorie notwendig erscheint, zu leisten. Mit einem solchen Handlungstheorie-Verständnis wird auch der Unterschied zu gängigen Begriffsversionen zur Handlungstheorie in Sozialer Arbeit deutlich: Während die einen den Begriff Handlungstheorie für ein berufliches Handeln oder ein professionelles Handeln (von Sozialpädagogen und Sozialarbeitern) reserviert wissen wollen, entspricht *Handlungstheorie* nach einem – an Lenk (1989) angelehnten – alternativen Verständnis der Theorie(n) zum epistemologischen Objektbereich *Handlung* (vgl. Seiffert 1992).

Als Fazit kann somit festgehalten werden: Die Soziale Arbeit als Wissenschaft ist als *Handlungswissenschaft* zu entwickeln; dies jedoch aus einer (mindestens) zweifachen Lesart heraus: einmal als anthropologisch-erkenntnisorientierte *Handlungswissenschaft als (theoretische) Grundlagenwissenschaft* (in Anlehnung an die Allgemeine bzw. Philosophische Handlungstheorie), zum zweiten in ihrer spezifischen Form als *angewandte, praxisorientierte, sozialwissenschaftliche Handlungswissenschaft* (in Anlehnung an u.a. Professionstheorien).

9   Ausblick

Wenn wir davon ausgehen, dass die Grundlagenwissenschaften die Wissens- und Kompetenzbasis für die Angewandten Wissenschaften bilden sollen (vgl. Effinger 2009), dann muss sich in der handlungswissenschaftlichen Grundlagenforschung und Theoriebildung zunächst einmal alles um die menschliche Handlung, um Bedingungen, Komplexitäten, Optionen und Steuerungen des Handelns oder die Veränderungen des Bezugsrahmens des Handelns oder die Handlungsergebnisse oder die Entwicklung von Handlungsfähigkeiten, die Überwindung von Handlungsstörungen und -krisen, um die Frage nach Handlungsregeln, -plänen, -kontrollen, -optionen, um Handlungsprobleme und um Strategien zur Sicherung und Wiedergewinnung alltäglicher Handlungskompetenz, -fähigkeit und -sicherheit von Adressaten der Sozialen Arbeit drehen (vgl. Otto & Ziegler 2010). Erst auf der Basis solcher grundlagenwissenschaftlichen Überlegungen lassen sich auch professionsbezogene und techn(olog)ische Handlungsleitlinien für die Praxis ableiten, um Realitäten zu verändern und praktische Probleme durch die Anwendung professioneller Methoden bearbeiten zu können (vgl. Preis 2009).

Handlungswissenschaften arbeiten sowohl an kognitiven Problemen als auch an praktischen Problemen im Kontext der Fragen an die Disziplin und Profession Sozialer Arbeit und sie spiegeln unterschiedliche Denk- und Handlungslogiken wider, mit denen zwar zwischen der wissenschaftlichen Analyse und der praxeologisch-teleologischen Ziel- und Aufgabenbestimmung von Sozialer Arbeit unterschieden werden kann. Dennoch sind beide Gesichter der Handlungswissenschaft zueinander zu vermitteln und aufeinander verwiesen, um Theorie für die Praxis fruchtbar zu machen und um aus der Praxis wichtige Impulse für (neue) Theorien und Forschung zu erhalten. Ergo: es macht durchaus Sinn, Soziale Arbeit in den Rahmen handlungswissenschaftlich-epistemologischer Rationalität *und* Praxeologie zu stellen und damit eine doppelgesichtige, auf zwei Wirklichkeiten zielende, *handlungswissenschaftliche* Forschung voranzutreiben, die der Wissenschaftsentwicklung, der Theoriebildung, der Praxis, der Ausbildung und vor allem: den Akteuren für ihre Handlungssicherheit und den Adressaten nützlich, hilfreich und dienlich sein wird und trotzdem auf lege artis begründbaren und wahren Erkenntnissen beruht. Erst im Zusammenspiel zwischen Grundlagenwissen und Angewandtem Wissen wird die Soziale Arbeit (als Sozialarbeitswissenschaft *und* Sozialpädagogik) zu einer „integrativen" Handlungswissenschaft (vgl. Mühlum 2009), die wir uns alle wünschen und mit der auch die Frage nach einer Meta-Theorie für Soziale Arbeit neu angedacht und konturiert werden kann.

Um diese Frage nach der Meta-Theorie andenken zu können, müssen wir daher erst die terminologischen Verwirrungen um den Begriff der Handlungswissenschaften auflösen. Freilich ist es diesbezüglich auch wichtig, zwischen metatheoretischen, objekttheoretischen und handlungstheoretischen Wissensbeständen und Grundlagen der Sozialen Arbeit als Disziplin und Profession zu differenzieren (vgl. Obrecht 2009), um durch eine solche Aufteilung von Wissensformen auch eine eindeutigere Struktur der Sozialen Arbeit als Handlungswissenschaft zu entwickeln. Doch gerade deshalb ist kritisch zu hinterfragen, ob wir die Struktur des Wissens für Soziale Arbeit weiterhin einerseits auf der Basis der (theoriebezogenen) Grundlagen- oder Bezugswissenschaften (für meta- und objekttheoretische Erkenntnisse), andererseits auf Basis der auf Anwendung und Praxis bezogenen Handlungswissenschaften (für handlungstheoretische, konkreter: praxeologische Erkenntnisse) geschaffen werden sollen (vgl. Obrecht 2009; Staub-Bernasconi 2007, 2009) oder ob es nicht besser wäre, den Handlungswissenschaften eben auch in den Grundlagen- und Bezugswissenschaften einen Platz zu reservieren?

Um die Verwirrung um den Begriff der Handlungswissenschaften aufzuheben, wäre semantisch an und für sich nur ein kleiner definitorischer Feinschliff notwendig, der das Modell der Zür'cher Schule betrifft: hier wäre der dort verwendete Begriff Grundlagen- und Bezugswissenschaften durch den Begriff

Handlungswissenschaft bzw. Allgemeine Handlungstheorie (linke Spalte oben) sowie der Begriff Handlungswissenschaften durch Allgemeine und Spezielle Praxeologie (rechte Spalte unten) zu ersetzen. Im Rahmen der Korrekturen ergäbe sich folgende Matrix zur Bestimmung und Differenzierung des Verständnisses von „Handlungswissenschaften":

Handlungswissenschaft als Grundlagenwissenschaft	*Handlungswissenschaft als Angewandte Wissenschaft und Praxeologie*
Allgemeine Handlungstheorie	**Spezielle Handlungstheorie**
Disziplinwissen	**Professionswissen**
(Disziplinäre Zugänge – Adressat – *Wissen*)	(Professionsbezogene Zugänge – Akteur – *Können*)
Einzelwissenschaften (interdisziplinäre Objekttheorien) Bezugswissenschaften (transdisziplinäre Objekttheorien)	Allgemeine handlungstheoretisch fundierte Praxeologie Spezielle handlungstheoretisch fundierte Praxeologie

Tabelle 2:   Die zwei Wirklichkeitsbereiche einer Handlungswissenschaft

Möglicherweise ließe sich auf der Basis dieses Rasters zur Doppelgesichtigkeit und zur doppelten Gewichtigkeit von Handlungswissenschaften die Diskussion für ein Modell zur Integration von unterschiedlichem Handlungswissen vorantreiben.

Hierzu wäre es aber wiederum auch wichtig zu klären, wie das Verhältnis zwischen der Sozialpädagogik und der Sozialarbeitswissenschaft als wissenschaftliche Disziplinen der Sozialen Arbeit zueinander zu bestimmen ist, denn die offensichtliche Selbstverständlichkeit, die „Soziale Arbeit" als Oberbegriff auch für die Verwissenschaftlichung von Sozialpädagogik und Sozialarbeit zu prädestinieren und die erkenntnis- und forschungsleitenden Unterschiede der Sozialpädagogik und Sozialarbeitswissenschaft zu ignorieren, wird besonders in den Reihen der meist an „Hochschulen für Angewandte Wissenschaften" tätigen Sozialarbeitswissenschaftler nicht geteilt – zumal sich die Gegenstandsbereiche beider Wissenschaften doch ziemlich voneinander differenzieren (vgl. Becker-Lenz & Müller 2009). Ist es also nach wie vor korrekt, die Sozialpädagogik als Begriff zur Charakterisierung des wissenschaftlichen Feldes der Disziplin der Sozialen Arbeit zu verwenden (vgl. Thole 2010), die es doch nicht so ganz hinzubekommen scheint, die spezifischen Anliegen der Sozialarbeit entsprechend mitzudenken? Und was könnte eine Sozialarbeitswissenschaft als wissenschaftliche Disziplin der Sozialen Arbeit schon leisten, die ihre kognitive, soziale und historische Identität bisher noch nicht zu klären imstande war (vgl. Scherr 2010)?

Nein, hier soll nicht (schon wieder) das alte Problem der Begriffsdiffusion aufgetischt und alte Wunden aufgerissen werden, die auf wissenschaftspolitische und nicht wissenschaftstheoretische Ursachen zurückzuführen sind (vgl. Merten 2008). Doch wir stehen noch immer vor der Frage wo und in welchen Bereichen eine Dialektik besteht, die aufgehoben werden muss: diejenige, die sich zwischen Sozialpädagogik und Sozialarbeit oder diejenige, die sich zwischen Disziplin und Profession abzeichnet. Während die einen auf eine Trennung von Disziplin und Profession abheben und die Einheit von Sozialpädagogik und Sozialarbeit voraussetzen, gehen andere genau den umgekehrten Weg einer Einheit von Disziplin und Profession und einer Trennung von Sozialpädagogik und Sozialarbeit.

Wie lassen sich solche Dialektiken überwinden? Vieles spricht dafür, dass sich im Stichwort der „Reflexion" eine ganze Reihe an Möglichkeiten verbirgt, Gegensätze aufzuheben. „Reflexion" bedeutet dabei nicht nur die für die Soziale Arbeit so wichtige Anbindung an die Philosophie, die als „reflexive Wissenschaft" (vgl. Marquard 1981) in allen Wissenschaftsbereichen, die den Menschen zum Gegenstand haben, eine zentrale Stellung einzunehmen hat (vgl. Birgmeier 2009c). „Reflexion" spiegelt ebenso ein Programm für die Soziale Arbeit wieder, das die Aufgabe verfolgt, Subjekte und Lebenswelten, die mit ihren eigenen Ressourcen Lebenskrisen und Schicksalsschläge nicht oder kaum aufzufangen vermögen, zu unterstützen und biografische Bruchstellen und Übergänge als Folge von Desintegration anzunehmen und Menschen in institutionalisierte Lebenslaufregime neu einzubinden und so aufzuheben, dass für sie gesellschaftlich anerkannte, selbstverantwortete Wege durch das Leben wieder denkbar und möglich werden (vgl. Thole 2010). In diesem Programm sind sowohl sozialpädagogische als auch sozialarbeitswissenschaftliche Aufgaben enthalten, die sich auf die Adressaten und die Akteure der Sozialen Arbeit fokussieren, Theorie und Praxis gleichermaßen zur Sprache bringen und sowohl ein (theoretisches) Grundlagenwissen als auch ein (angewandtes und anwendbares) Handlungswissen erfordern.

Möglicherweise ist exakt dieses „reflexive" Programm in der Sozialen Arbeit ein Modell, das zur Integration der praktischen und der theoretischen Handlungswissenschaften (Version 1 *und* 2) beizutragen vermag.

Literatur

Bammé, A. (2004): Science Wars. Frankfurt

Bammé, A. (2009): Die „Praxiswende" in der zeitgenössischen Wissenschaft. In: Thaler, A./Wächter, Chr. (Hg.): Geschlechtergerechtigkeit in Technischen Hochschulen. München.

Becker-Lenz, R./Müller, S. (2009): Die Notwendigkeit des wissenschaftlichen Wissens und die Bedeutung eines professionellen Habitus für die Berufspraxis der Sozialen Arbeit. In: Becker-Lenz, R. et al. (Hg.): Professionalität in der Sozialen Arbeit. Wiesbaden 195-221

Birgmeier, B. (2003): Soziale Arbeit als Wissenschaft. Eichstätt

Birgmeier , B. (2005): Sozialpädagogik als Handlungswissenschaft. In: sozialmagazin 5/2005. 38-49

Birgmeier, B. (2007): Handlung und Widerfahrnis. Frankfurt/M.

Birgmeier, B. (2009a): Theorie(n) der Sozialarbeitswissenschaft – reloaded! In: Birgmeier, B./Mührel, E. (Hrsg.): Die Sozialarbeitswissenschaft und ihre Theorie(n). Wiesbaden. 231-244

Birgmeier, B. (2009b): Theorie(n) der Sozialpädagogik – reloaded! In: Mührel, E./Birgmeier, B. (Hg.): Theorie(n) der Sozialpädagogik – ein Theorie-Dilemma? Wiesbaden. 13-32

Birgmeier, B. (2010a): Krisen und Widerfahrnisse. In: Birgmeier, B. et al. (Hg.): Sozialpädagogik und Integration. Essen. 49-62

Birgmeier, B. (2010b): Sozialarbeitswissenschaft als Praxiswissenschaft? In: Birgmeier, B. et al. (Hg.): Sozialpädagogik und Integration. Essen. 63-76

Birgmeier, B. (2010c): Was sind Handlungswissenschaften? In: Sozialmagazin 10/2010. 46-52

Birgmeier, B./Mührel, E. (2011): Wissenschaftliche Grundlagen der Sozialen Arbeit. Schwalbach/Ts.

Böhnisch, L. (2005): Sozialpädagogik der Lebensalter. Weinheim

Callo, Chr. (2005): Handlungstheorie in der Sozialen Arbeit. München

Derbolav, J. (1987): Grundriss einer Gesamtpädagogik. Frankfurt/M.

Effinger, H. (2009): Begriff, Bahnsteige und Gebietsansprüche bei der Erklärung und Bearbeitung sozialer Probleme. In: Birgmeier, B./Mührel, E. (Hg.): Die Sozialarbeitswissenschaft und ihre Theorie(n). Wiesbaden. 53-68

Feth, R. (1997): Sozialarbeitswissenschaft. In: Kreft, D./Wendt, W.-R. (Hg.): Wissenschaft von der Sozialen Arbeit oder Sozialarbeitswissenschaft. Frankfurt/M. 11-41

Fischer, K. (2007): Fehlfunktionen der Wissenschaft. In: EWE 18(2007)1. 3-16

Füssenhäuser, C./Thiersch, H. (2001): Theorien der Sozialen Arbeit. In: Otto, H.-U./Thiersch, H. (Hg.): Handbuch Sozialarbeit Sozialpädagogik. Neuwied 2000, S. 1876-1900

Göppner, H. (2009): „Unbegriffene Theorie – begifflose Praxis" – Sozialarbeitswissenschaft zwischen Wissenschaftstheorie, Programmierung des praktischen Handelns und Adressatennutzen. In: Birgmeier, B./Mührel, E. (Hg.): Die Sozialarbeitswissenschaft und ihre Theorie(n). Wiesbaden. 245-256

Heintel, P. (2009): Wege aus der Randständigkeit – ein Brückenschlag. In: Hanschitz, R.-Chr. et al. (Hg.): Transdisziplinarität in Forschung und Praxis. Wiesbaden.

Hofmann, E. (2004): Betriebswirtschaftslehre als anwendungsorientierte Wissenschaftsdisziplin. In: Pfohl, H.-Chr. (Hg.): Netzkompetenz in Supply Chains – Grundlagen und Umsetzung. Wiesbaden. 285-297

Klüsche, W. et al. (1999) (Hg.): Ein Stück weitergedacht. Freiburg

Krainz, E. (2009): Ende des Disziplinären? In: Hanschitz, R.-Chr. et al. (Hg.): Transdisziplinarität in Forschung und Praxis. Wiesbaden

Laucken, U. (2007): Mittel und Maßstäbe der Diagnose von Fehlfunktionen der Wissenschaft. In: EWE 18(2007)1. 37-39

Lenk, H. (1989): Handlung(stheorie). In: Seiffert, H./Radnitzky, G. (Hg.): Handlexikon zur Wissenschaftstheorie. München. 119-127

Marquard, O. (1981): Bemerkungen zur Philosophie als „Grundwissenschaft". In: Zeitschrift für Didaktik der Philosophie 3/1981. 196-198

Martin, E. (2006): Die Forderung nach Wissenschaftlichkeit in der Gemeinwesenarbeit. In: Schmocker, B. (Hg.): Liebe, Macht und Erkenntnis. Freiburg/Br. 222-241

Merten, R. (2008): Sozialarbeitswissenschaft – Vom Entschwinden eines Phantoms. In: Bielefelder Arbeitsgruppe 8 (Hg.): Soziale Arbeit in Gesellschaft. Wiesbaden. 128-135

Mühlum, A. (1997): Sozialarbeitswissenschaft und Sozialarbeitslehre. In: Soziale Arbeit 4/1997. 123-128

Mühlum, A. (2009): Annäherung durch Wandel. In: Birgmeier, B./Mührel, E. (Hg.): Die Sozialarbeitswissenschaft und ihre Theorie(n). Wiesbaden. 85-94

Obrecht, W. (2009): Probleme der Sozialen Arbeit als Handlungswissenschaft und Bedingungen ihrer kumulativen Entwicklung. In: Birgmeier, B./Mührel, E. (Hg.): Die Sozialarbeitswissenschaft und ihre Theorie(n). Wiesbaden. 113-130

Oelkers, N./Otto, H.-U./Ziegler, H. (2010): Handlungsbefähigung und Wohlergehen. In: Otto, H.-U./Ziegler, H. (Hg.): Capabilities – Handlungsbefähigung und Verwirklichungschancen in der Erziehungswissenschaft. VS. Wiesbaden. 85-89

Otto, H.-U./Ziegler, H. (2010): Capabilities – Handlungsbefähigung und Verwirklichungschancen in der Erziehungswissenschaft. Wiesbaden

Pfaffenberger, H. (1976): Sozialpädagogik/Sozialarbeitswissenschaft. In: Timmermann, M. (Hg.): Sozialwissenschaften. Konstanz. 97-115

Pfaffenberger, H. (1993): Entwicklung der Sozialarbeit/Sozialpädagogik zur Profession und zur wissenschaftlichen und hochschulischen Disziplin. In: Archiv f. Wiss. u. Praxis d. sozialen Arbeit 24/1993. 196-208

Pfaffenberger, H. (1996): Science in progress. In: Sozial Extra 4/1996. 2-3

Pfaffenberger, H. (2009): Gibt es eine Sozialarbeitswissenschaft? In: Birgmeier, B./Mührel, E. (Hg.): Die Sozialarbeitswissenschaft und ihre Theorie(n). Wiesbaden. 17-27

Preis, W. (2009): Perspektiven einer Praxeologie Sozialer Arbeit. In: Birgmeier, B./Mührel, E. (Hg.): Die Sozialarbeitswissenschaft und ihre Theorie(n). Wiesbaden. 157-170

Rauschenbach, T./Züchner, I. (2010): Theorie der Sozialen Arbeit. In: Thole, W. (Hg.): Grundriss Soziale Arbeit. Wiesbaden. 151-174

Scherr, A. (2010): Sozialarbeitswissenschaft. In: Thole, W. (Hg.): Grundriss Soziale Arbeit. Wiesbaden. 283-296

Seiffert, H. (1992): Einführung in die Wissenschaftstheorie. München

Sommerfeld, P. (1996): Soziale Arbeit – Grundlagen und Perspektiven einer eigenständigen wissenschaftlichen Disziplin. In: Merten, R. et al. (Hg.): Sozialarbeitswissenschaft. Neuwied. 21-54

Sorg, R. (2009): Welches Wissenschaftsverständnis braucht die Sozialarbeitswissenschaft? In: Birgmeier, B./Mührel, E. (Hg.): Die Sozialarbeitswissenschaft und ihre Theorie(n). Wiesbaden. 29-40

Staub-Bernasconi, S. (1995): Systemtheorie, soziale Probleme und Soziale Arbeit. Bern

Staub-Bernasconi, S. (2007): Soziale Arbeit als Handlungswissenschaft. Bern

Staub-Bernasconi, S. (2009): Soziale Arbeit als Handlungswissenschaft. In: Birgmeier, B./Mührel, E. (Hg.): Die Sozialarbeitswissenschaft und ihre Theorie(n). Wiesbaden. 131-146

Stichweh, R. (1994): Wissenschaft, Universität, Professionen. Frankfurt/M.

Straub, J./Werbik, H. (1999) (Hg.): Handlungstheorie. Frankfurt/M.

Thiersch, H. (2005): Theorie der Sozialarbeit/Sozialpädagogik. In: Kreft, D./Mielenz, I. (Hg.): Wörterbuch Soziale Arbeit. Weinheim. 965-970

Thole, W. (2010): Die Soziale Arbeit – Praxis, Theorie, Forschung und Ausbildung. In: ders. (Hg.): Grundriss Soziale Arbeit. Wiesbaden. 19-72

Volz, R. (2009): „In aller Freundschaft". In: Mührel, E./Birgmeier, B. (Hg.): Theorien der Sozialpädagogik – ein Theorie-Dilemma? Wiesbaden. 287-305

Wagner, A. (1995): Zur Debatte um eine eigenständige Sozialarbeitswissenschaft. In: Soziale Arbeit 9-10/1995. 290-296

Wendt, W.-R. (2009): Handlungstheorie der Profession oder Theorie der Wohlfahrt? In: Birgmeier, B./Mührel, E. (Hg.): Die Sozialarbeitswissenschaft und ihre Theorie(n). Wiesbaden. 219-230

Winkler, M. (1995): Bemerkungen zur Theorie der Sozialpädagogik. In: Sünker, H. (Hg.): Theorie, Politik und Praxis Sozialer Arbeit. Bielefeld.

Winkler, M. (2009): Theorie und Praxis revisited – oder: Sozialpädagogik als Handwerk betrachtet. In: Mührel, E./Birgmeier, B. (Hg.): Theorien der Sozialpädagogik – ein Theorie-Dilemma? Wiesbaden. 307-330

III. Philosophische und wissenschaftstheoretische Reflexionen zur Einheit und Differenz von Forschung und Theoriebildung in Sozialer Arbeit

Prolegomena zu einer Theorie der Sozialen Arbeit – ein selbstkritischer bis polemischer Essay

Carsten Müller

Es ist niemals zu spät vernünftig und weise zu werden; es ist aber jederzeit schwerer, wenn die Einsicht spät kommt, sie in Gang zu bringen.
Immanuel Kant (1783)

Der Titel des vorliegenden Essays wird, so vermutet der Autor, bei denjenigen Leserinnen[1], die in der Philosophie belesen sind, mitleidiges Lächeln hervorrufen, denn es handelt es sich um die Adaption eines berühmten Buchtitels von Immanuel Kant aus dem Jahr 1783: „Prolegomena zu einer jeden künftigen Metaphysik, die als Wissenschaft wird auftreten können".[2]

Dementsprechend kann bereits vor der ersten Zeile ein schiefes Bild entstehen, dass den Zugang zum Gedankengang verstellt und deshalb zurechtgerückt gehört. Der Autor versteht sich keineswegs als überheblicher Zeitgenosse, der sich mit dem großen Königsberger Philosophen schmücken will, was an kleinen aber feinen Unterschieden zu merken ist:

Wird der Titel des vorliegenden Essays mit dem Original verglichen, dann ist von der Kantischen Wendung „einer jeden künftigen" nichts übrig geblieben. Somit ist im vorliegenden Essay nicht behauptet, jede mögliche Soziale Arbeit in den Blick zu rücken, sondern allenfalls eine; was schwer genug ist. Weiterhin ist unter der Hand der Nebensatz, „die als Wissenschaft wird auftreten können", durch „Theorie" ersetzt worden. Bei einer Wissenschaft handelt es sich um ein geordnetes System verschiedener Theorien. Nur eine Theorie ist folglich kleiner, zumal Theorien im Einzelnen geprüft werden, sollen sie Bestandteile einer Wissenschaft sein. In Verbindung mit der ersten Einschränkung folgt daraus: Dem Wörtchen „künftig" im Titel haftet nicht so sehr die Verheißung der Ewigkeit, sondern vielmehr die Konnotation des noch zu Prüfenden an.

Nach diesen Rücknahmen sind die Leserinnen hoffentlich geneigt, dem Verfasser freundlicherweise zu unterstellen, dass er nicht prahlen wollte. Vielleicht teilen sie darüber hinaus folgende Erfahrung: Nachdenkende sind intellek-

---

1   Weibliche und männliche Formen werden im willkürlichen Wechsel benutzt.
2   Siehe: Kant, Immanuel (1783/1968): Prolegomena zu einer jeden künftigen Metaphysik die als Wissenschaft wird auftreten können. In: Kants Werke. Akademische Textausgabe, Bd. IV. Berlin: Walter de Gryter & Co., Seiten 253-384. Angaben im Text werden mit Seiten und Zeilen vorgenommen.

tueller Eitelkeit ausgesetzt und stehen in der Gefahr, in die Fallen des eigenen Denkens zu gehen. Dies liegt in der Natur der Tätigkeit. Dafür ist die Titelwahl ein Beispiel.

Zum Zeitpunkt als dem Autor des vorliegenden Artikels der Titel eingefallen ist, da hielt er die Überschrift für eine durchaus reizvolle Wahl – zumal mit der erhofften Rückendeckung durch Kant. Jetzt, nachdem länger darüber nachgesonnen wurde, sitzt Kant eher wie ein Alp im Nacken. Denn bereits das Vorwort der Prolegomena, welches nur wenige mehr als zehn Seiten umfasst, hat ausgereicht, den Autor zurück auf den demütigen Boden des Halbwissens zu holen. Um es mit Kant zu sagen: „Denn die menschliche Vernunft ist so baulustig, daß sie mehrmals schon den Thurm ausgeführt, hernach aber wieder abgetragen hat, um zu sehen, wie das Fundament desselben wohl beschaffen sein möchte." (256, 18-21) Was also tun? Hier folgen einige Einfälle...

I.

Bekanntlich verfasste Kant die Prolegomena im Anschluss an sein Hauptwerk „Kritik der reinen Vernunft". Gewissermaßen schob er die Vorübungen (vgl. 261, 28), denn dies bedeutet Prolegomena[3], erklärend hinterher. Er wollte damit keineswegs populär oder unterhaltend wirken, wie er bekennt, sondern vielmehr einer „gewissen Dunkelheit" und „Weitläufigkeit", Beschwerden die gegen sein Hauptwerk vorgebracht wurden, „abhelfen" (261, 20-25). Seither werden die Prolegomena als ein Einstieg in das Denken Kants verwendet.

Indes sind Kants Prolegomena mehr als eine nachträglich angewandte Didaktik. Die Vorgehensweise sagt Grundlegendes hinsichtlich Theoriebildung aus: Wird mit Theoriebildung angefangen, dann ist immer etwas vorausgesetzt. Voraussetzungen gehören immer schon dazu und werden – zumindest in der Lebenswelt, woraus die Soziale Arbeit sogar eine eigene Theorie gebastelt hat – wenig beleuchtet. Obwohl es gerade zur wissenschaftlichen Redlichkeit gehören sollte, die eigenen Voraussetzungen zu reflektieren.

Kants Prolegomena können deshalb darauf aufmerksam machen, dass die erste Frage an Theoriebildung nicht die Frage sein kann, was die Theorie bezeichnet, sondern vielmehr, ob eine derartige Theorie den Vorrausetzungen nach überhaupt möglich ist. Dazu Kant: „Meine Absicht ist, alle diejenigen, so es werth finden, sich mit Metaphysik zu beschäftigen, zu überzeugen, dass es unumgänglich nothwendig sei, ihre Arbeit von der Hand auszusetzen, alles bisher Geschehene als ungeschehen anzusehen und vor allen Dingen zuerst die Frage

---

3   Plural, aus dem Griechischen: das Prolegomenon = Vorwort, Einleitung, Vorbemerkung

aufzuwerfen: ob auch so etwas als Metaphysik überall nur möglich sei". (255, 16-21) Mit anderen Worten: Es geht darum, wie es wenig zuvor an entsprechender Textstelle heißt, die Wissenschaft selbst zu erfinden. (vgl. 255, 6)

Auf Soziale Arbeit übertragen, könnte dies bedeutet, zuallererst zu fragen, *ob eine Theorie der Sozialen Arbeit überhaupt möglich ist?* (Kriterium A) – eine Frage, die nicht leicht zu beantworten ist.

II.

Die Anschlussfrage könnte lauten: Auf was kann zur Beantwortung der Frage nach der Möglichkeit einer Theorie zurückgegriffen werden?

Auch hier helfen Kants Vorübungen weiter, wenn auch zunächst ausschließend. Wenige Zeilen vor dem obigen Zitat schreibt er: „Es gibt Gelehrte, denen die Geschichte der Philosophie (der alten sowohl, als neuen) selbst ihre Philosophie ist; für diese sind gegenwärtige Prolegomena nicht geschrieben. Sie müssen warten, bis diejenigen, die aus den Quellen der Vernunft selbst zu schöpfen bemüht sind, ihre Sache werden ausgemacht haben, und alsdann wird an ihnen die Reihe sein, von dem Geschehenen der Welt Nachricht zu geben." (255, 5-10) So gesehen kann die Antwort auf die Frage nach der Möglichkeit einer Theorie nicht im bereits Gewesenen, etwa im Geschichtlichen gefunden werden. Die Sache selbst, ihre Gültigkeit und deren Geschichte darf nicht in Eins gesetzt werden.

Es kann also bezüglich Sozialer Arbeit als zweites Kriterium aufgestellt werden: Wenn eine Theorie der Sozialen Arbeit möglich sein soll, dann kann *sie sich nicht alleinig aus dem Vorhandenen, etwa der Geschichte herleiten* (Kriterium B). Vielmehr gilt, dass die „Quellen der Vernunft" (255, 8), wie von Kant metaphorisch umschrieben, selbst aufgesucht werden müssen. Damit kommt die dritte Aussage in den Blick.

III.

Wo lassen sich diese Quellen der Vernunft finden? Zunächst einmal lehnt es Kant vehement ab, sich ausschließlich auf den so genannten „gemeinen Menschenverstand", den er auch den „geraden" oder „schlichten" Menschenverstand nennt, zu verlassen. (259, 13-15) Bei Lichte besehen, handele es sich hierbei um nichts anderes „als eine Berufung auf das Urtheil der Menge". (259, 25-26) So gesehen ist etwas nicht per se dadurch vernünftig, weil es etabliert ist oder von vielen, vielleicht sogar von einer überwiegenden Mehrzahl geteilt wird.

Das bedeutet indes nicht, dass der gemeine Menschenverstand überflüssig wäre. Er dient anderem: „Meißel und Schlägel können ganz wohl dazu dienen, ein Stück Zimmerholz zu bearbeiten, aber zu Kupferstechen muss man die Radiernadel gebrauchen". (259, 35-37) In Übertragung dieses handwerklichen Bildes unterscheidet Kant den „gesunden" vom „spekulativen" Verstand. Erste Verstandesart schöpft aus Erfahrungen, indes geht zweite wie die Radiennadel feiner vor und urteilt aufgrund von Begriffen. (vgl. 259, 35 und 260, 1-5)

Für die Begründung der Möglichkeit einer Theorie wählt Kant den spekulativen Weg. Er zeigt – hier nur ganz verkürzt angerissen –, dass Metaphysik, will sie als Wissenschaft auftreten, aus Schlüssen besteht, die der Verstand a priori setzt. (vgl. 260, 19-22) Den Erkenntnisweg, den Kant in Auseinandersetzung mit dem Erfahrungsphilosophen David Hume hierbei vorschlägt, nennt er den Weg der transzendentalen Deduktion, d.h. der logischen Ableitung, die zumindest den apriorischen Ursprung von Verknüpfungen sichert. „Diese Deduktion ... war das Schwerste, das jemals zum Behuf der Metaphysik unternommen werden könnte". (260, 27-32) Der Gewinn aber ist, eine „ganz neue Wissenschaft", von „welcher niemand auch nur den Gedanken vorher gefasst hatte". (261, 37 und 262, 1-2)

Wird dieser Gedankengang wiederum auf die Möglichkeit einer Theorie der Sozialen Arbeit übertragen, dann lassen sich dementsprechend eine erfahrungsbasierte Theoriebildung von einer eher spekulativen Theoriebildung – wobei der Begriff Spekulation entgegen dem alltäglichen Sprachgebrauch positiv konnotiert ist – unterscheiden. Parallel lassen sich induktive von deduktiven Wegen der Erkenntnisgewinnung differenzieren. Es dürfte klar sein, dass der jeweils zweite Weg der Königsweg des Königsberger Philosophen ist. Folglich kann gesagt werden: *Wenn eine Theorie der Sozialen Arbeit möglich sein soll, dann muss sie vernünftig sein!* (Kriterium C)

IV.

Ein letztes Kriterium soll zur Warnung aufgestellt werden: Wird der deduktive Weg einer Theoriebildung eingeschlagen, dann geht es um alles! Dazu Kant: „Allein reine Vernunft ist eine so abgesonderte, in ihr selbst so durchgängig verknüpfte Sphäre, dass man keinen Theil derselben antasten kann, ohne alle übrigen zu berühren, ...". (263, 7-8)

In Übertragung auf die Soziale Arbeit deutet dies auf Folgendes hin: Wer sich daran macht, eine vernünftige Theorie der Sozialen Arbeit aufzustellen, wird nicht umhin kommen, diese Theorie systematisch anzulegen. Kann sich die induktive Theoriebildung hier eher mit teils unverbundenen Einzelergebnissen zu Frieden geben, geht es auf deduktiver Seite um Zusammenhänge. Dies mag ab-

schrecken. Also: Wenn eine Theorie der Sozialen Arbeit möglich sein soll, *dann muss diese systematisch sein!* (Kriterium D)
Die Systematik hat m. E. zudem eine innere wie an eine äußere Seite: Nach innen wäre zu bestimmen, was alles zur Sozialen Arbeit gehört. Nach außen wäre anzugeben, in welchem Verhältnis Soziale Arbeit zu anderen Wissenschaften, sollte Soziale Arbeit denn eine solche sein, steht.

V.

Klauben wir den bisherigen Gedankengang zusammen. Als Kriterien einer Theoriebildung in der Sozialen Arbeit wurden aus dem Vorwort zu Kants Prolegomena abgeleitet:

- (Kriterium A):
  Ist eine Theorie der Sozialen Arbeit überhaupt möglich?
- (Kriterium B):
  Wenn eine Theorie der Sozialen Arbeit möglich sein soll, dann kann sie sich nicht alleinig aus dem Vorhandenen herleiten.
- (Kriterium C):
  Wenn eine Theorie der Sozialen Arbeit möglich sein soll, dann muss sie vernünftig sein.
- (Kriterium D):
  Wenn eine Theorie der Sozialen Arbeit möglich sein soll, dann muss diese systematisch sein!

Dies klingt alles banal, ist aber mit ironischem Blick auf die Theoriebildung in der Sozialen Arbeit keineswegs selbstverständlich. Wenden wir also die vier Kriterien auf Teile der aktuellen Theoriebildung in der Sozialen Arbeit an. Salopp formuliert: Tun wir so, als stelle Kant einen Theorie-TÜV auf, anhand dessen sich die aktuelle Soziale Arbeit Kriterium für Kriterium abarbeiten ließe.
Dabei wird stillschweigend vorausgesetzt, dass Soziale Arbeit sich einerseits aus dem Strang der Sozialarbeit und andererseits aus dem der Sozialpädagogik zusammensetzt – wohl wissend, dass dies selbst eine Frage ist, die höchst streitbar selbst erst systematisch zu erörtern wäre. Und ein weiterer grober Mangel soll am Kantischen Theorie-TÜV vorbeigeschmuggelt werden: Der Autor geht von seinen subjektiven Erfahrungen aus, die er im Laufe mehrerer Jahre im Universitäts-, Hochschul- und Fachhochschulbetrieb gewonnen hat – was genau genommen eigentlich ein Unding ist.

VI.

Zu Kriterium A: Ist eine Theorie der Sozialen Arbeit überhaupt möglich?

Es kann der Eindruck gewonnen werden, dass die Soziale Arbeit diese Frage geradezu mit masochistischer Freude verfolgt. Oft beginnen Theorien der Sozialen Arbeit ja damit, dass die Schwierigkeiten eben eines solchen Unterfangens herausgestellt werden, z.b. mit dem Verweis auf die fast klassisch zu nennenden Dilemmata. Auch der vorliegende Band leistet ja mit der Frage „Auf dem Wege zu einer Theoriebildung der Sozialen Arbeit?" der Vermutung Vorschub, dass die Soziale Arbeit erst auf dem Wege zu einer Theorie ist, aber eben noch nicht angekommen sei. Wenn sich dann die oben gestellte Frage nach der grundsätzlichen Möglichkeit einer Theorie Sozialer Arbeit, nicht bejahen lässt, bedeutet dies, dass das Ziel nicht erreicht werden kann. Ist dann der Weg das Ziel?

Hier tröstet dann der postmoderne Trick kaum, Fehlendes mit dem Hinweis auf die Ambivalenz der Moderne, vom Makel zum Modernitätsgewinn umzudeuten. Es ginge m. E. erheblich besser, die Soziale Arbeit käme zeitweise zumindest dem Anspruch nach, an ein oder auch mehrere vorläufige Enden. Warum? Weil sie sich sonst – mit Kant gesprochen – der Lächerlichkeit aussetzt: „Es scheint beinahe belachenswerth, indessen daß jede andre Wissenschaft unaufhörlich fortrückt, sich in dieser, die doch die Weisheit selbst sein will, deren Orakel jeder Mensch befragt, beständig auf der selben Stelle herumzudrehen, ohne einen Schritt weiter zu kommen". (256, 5-8)

Die Anwendung des ersten Kriteriums lässt deshalb etwas ratlos zurück. Aber es bleiben ja noch drei weitere Kriterien.

VII.

Zu Kriterium B: Eine Theorie der Sozialen Arbeit kann sich nicht alleinig aus dem Vorhandenen herleiten.

Hier kann der Eindruck gewonnen werden, dass in den letzten Jahren die Historiegrafie in der Sozialen Arbeit etwas wächst und sich zudem zeitgeschichtlich ausweitet, was Publikationen, nicht aber Professuren und Lehrstühle betrifft. Wobei es „die" Geschichte Sozialer Arbeit eben nicht gibt, wovon bereits ein Blick in einschlägige Geschichtsbücher belehrt. Allein der Anfang Sozialer Arbeit gleicht einem Mythos, der von der Antike, über das Spätmittelalter, die bürgerliche Gesellschaft, die Soziale Frage im Kaiserreich usw. reicht. Hier bildet sich ab, dass Geschichte eben keine Sicherheit hinsichtlich Theoriebildung verheißt. Geschichte tritt eher rekonstruktiv hinzu. Sie belegt, verunsichert und fordert Theorie heraus, kann diese aber nicht ersetzen.

Einige Tendenzen der Historiografie sollen trotzdem kurz markiert werden: Einen Kanon von Klassikerinnen – wie noch vor wenigen Jahren diskutiert – wird und kann es wohl auch nicht geben. Gleiches gilt meines Erachtens für ein verbindliches Paradigma. Durch differente Bezugsnahmen aus verschiedenen Perspektiven kristallisieren sich indes womöglich dennoch einige wichtige Knotenpunkte – wenn Geschichte weniger personal, sondern eher als Netzwerk aufgefasst wird – heraus.

Auch hier lässt also die strikte Anwendung des Kriteriums ratlos zurück. Es bleiben noch zwei weitere Kriterien.

VIII.

Zu Kriterium C: Wenn eine Theorie der Sozialen Arbeit möglich sein soll, dann muss sie vernünftig sein!

In der Sozialen Arbeit herrschen m. E., wie die Diskussion um die Sozialarbeitswissenschaften belegt, erfahrungs- und handlungswissenschaftliche Zugänge vor. Zumindest werden hierin strategische Vorteile auf dem Weg zur Etablierung einer anerkannten Profession ausgemacht. Das ist auch gut so! Denn Soziale Arbeit kann Empirie brauchen, um Handlung zu orientieren, zumal wenn Empirie nicht positivistisch verkürzt und methodisch eindimensional verstanden wird. Indes vermisst der Autor – sollte er sich hierfür entschuldigen? – die „reine" Theoriebildung; wenn eine solche nach der postmodernen Bezichtigung jedweder Metaerzählung als Ideologie überhaupt noch opportun ist. Hierzu darf an den bekanntesten unter den vergessenen Sozialpädagogen erinnert werden: an Paul Natorp.

Natorp schrieb 1899 bezeichnender Weise als Neukantianer auf deduktivem Weg eine *Theorie der Sozialpädagogik als Willensbildung auf Grundlage der Gemeinschaft*. Das Buch ist nicht nur in der Systematik immer noch lesenwert wie erkenntnisreich. Natorp leitet die Sozialpädagogik aus der elementaren Tatsache her, dass der Mensch ohne andere Menschen nicht zum Menschen werde. Wie diese anthropologische Grundlegung politisch auszugestalten ist, etwa als Gemeinschaft – ein zumal in Deutschland nicht unumstrittener Begriff – oder als Gesellschaft, ist m. E. auch heute immer noch eine entscheidende Frage. Sie lautet in Unverfängliches übersetzt: Wie können, sollen und wollen Menschen zusammenleben? Und welche Erziehung brauchen sie dazu?

Vielleicht sollte sich Soziale Arbeit, neben aller Empirie wieder derartigen grundlegenden Fragen zuwenden. Denn wenn es nicht gelingt, hier vernünftige

Antworten zu finden, die Geltung beanspruchen dürfen, dann hilft – so befürchtet der Autor – auch die Beschäftigung mit Faktischen kaum weiter.

Auch Kriterium C lässt einerseits ratlos zurück, wobei sich anderseits abzeichnet, dass Soziale Arbeit eventuell von der „alten" Sozialpädagogik lernen könnte. Deshalb noch ein letzter Versuch.

IX.

Zu Kriterium D: Wenn eine Theorie der Sozialen Arbeit möglich sein soll, dann muss diese systematisch sein!

Auch hier ist zu befürchten, dass es der Sozialen Arbeit an Systematik mangelt. So scheint nur bedingt klar, was zur Sozialen Arbeit disziplinär hinzugehört und was nicht. Im so genannten sozialpädagogischen Jahrhundert hilft dabei auch die professionelle Sicht auf ein sich stetig ausdehnendes Arbeitsfeld kaum weiter. Noch weniger ist deutlich, ob und wenn, welche Leitdisziplinen es in der Sozialen Arbeit gibt. Hier herrschen eher Moden und Trends vor – gestern importierte die Soziale Arbeit z.B. aus der Psychologie, heute etwa aus den Gesundheitswissenschaften. So gesehen mangelt es an innerer und äußerer Systematik, aus der sich Sozialen Arbeit heraus begründen ließe.

Auch hier hat es m. E. die „alte" Sozialpädagogik leichter. Sie ist zumindest dem Terminus nach Pädagogik. Erstens ist die Sozialpädagogik eben als Pädagogik – wenn sie nicht reformpädagogisch im Sinne der Sozialpädagogischen Bewegung auf Fürsorge verkürzt wird – die soziale Fassung jedweder Pädagogik. Zweitens bildet Sozialpädagogik, wird das Lehnwort in seiner Bedeutung ernst genommen, folglich alle Wissenschaften in sich ab, die zur Erklärung des sozialen Zusammenlebens dienlich sind. Soziale Pädagogik kommt dann zumindest nicht ohne Bezug zu den Gesellschaftswissenschaften aus. Sie verliert sich aber auch nicht an diese.

Kriterium D birgt also auch keine letzte Gewissheit, wobei sich festigt, dass die Soziale Arbeit eventuell von der „alten" Sozialpädagogik, etwa à la Natorp, lernen könnte.

X.

Nach diesen enttäuschenden Worten soll die Schlusspointe nicht vorenthalten werden. Dazu müssen wir an den Anfang zurückkehren, denn dort ist ein Unterschied unterschlagen worden, der freilich entscheidend ist: Bei Kants Prolegomena geht es um Metaphysik, hingegen geht es im vorliegenden Essay um Soziale Arbeit. Metaphysik ist dann doch etwas ganz anders als Soziale Arbeit. Obwohl nicht immer deutlich ist, was eigentlich der Unterschied zwischen einem Sozialarbeiter, einer Therapeutin, einem Priester oder einer Schamanin sein soll; denn alles hilft irgendwie.

Von daher ist das obige Gedankenexperiment, welches Kants Prolegomena auf die Theoriebildung der Sozialen Arbeit überträgt, nicht statthaft. Ganz abgesehen davon, dass selbstredend auch Kants Vorüberlegungen nicht der Weisheit letzter Schluss sind. Von daher dürfen wir beruhigt sein! Und schließlich ist es mit Kant gesprochen „eben nicht nöthig …, daß jedermann Metaphysik studiere, das es manches Talent gebe, welches in gründlichen und selbst tiefen Wissenschaften, die sich mehr der Anschauung nähern, ganz wohl fortkommt … und daß man seine Geistesgaben in solchem Fall auf einen andern Gegenstand verwenden müsse; …". (263, 34-37 und 264, 1-2)

Machen wir deshalb so weiter wie bisher?! Als belächelte Halbwissenschaft, als uneindeutige Profession, als unsystematischer Steinbruch. Damit lässt sich zumindest einfacher leben und überlebt haben wir auch, zumindest bis dato!

Existenziale Anthropologie als sozialpädagogische Denkfigur.

Ein Beitrag zur Renaissance philosophischer Fundamente in den Theorien der Sozialpädagogik und Sozialen Arbeit

Christoph Ried & Bernd Birgmeier

1 Einführung

Wir leben, so das postmoderne Paradigma, in einer Epoche, in der sich die sinn-stiftende gesellschaftlich-kulturelle „Totalität [...] auflöst in eine Reihe zufällig auftauchender, sich verschiebender Inseln der Ordnung" (Bauman 1995: 224). Da zwar noch eine kontingente Pluralität inselartiger Funktions- und Sinnsysteme in Momentaufnahmen identifizierbar ist, diese aber nicht mehr die funktionale Ausdifferenzierung eines geordneten Ganzen darstellt, kommt dem Einzelnen die Aufgabe der beständigen Lebensorientierung selbst zu. Lebensbewältigung wird zur Bewältigung der Kontingenz möglicher Lebensentwürfe. Das Erfordernis nach individueller Sinnkonstitution ist das einzige (negative) Ergebnis, das aus gesellschaftstheoretischer Perspektive an den Einzelnen gerichtet formulierbar ist. Das bedeutet analog für die Sozialpädagogik: Es entfallen Autoritäten, die wirkmächtig und widerspruchsfrei unbedingte Funktionalitätsansprüche stellen und daraus abgeleitete sozialpädagogische Direktiven formulieren könnten. Damit kann sich die Sozialpädagogik auch nicht mehr nur von einer bestimmten gesellschaftlich-politischen Warte aus definieren.

Wie das Individuum steht auch die Sozialpädagogik vor der Aufgabe der Selbstdefinition ihres Tuns. Darin aber liegt die echte Chance, diese Aufgabe konkret an den Klienten abzugeben und das professionelle Handeln in den Dienst der Lebensbewältigung und der Lebensführung des Einzelnen zu stellen (vgl. Böhnisch 2005; Volz 2009). Denn gerade „(sozial-)pädagogische Begleitungsformen [...] beziehen sich – in der konkreten Hilfesituation gewissermaßen soziologisch naiv – primär auf konkrete Handlungsmöglichkeiten des Menschen, der sich in der Krise befindet" (Mennemann 2000: 225; vgl. auch Schmidt 1998; Birgmeier 2005, 2006; 2007; vgl. auch Otto & Ziegler 2010). Da auch die theoretisch-disziplinäre Seite der Sozialpädagogik durch ihren Objektbereich auf konkrete, zwischenmenschliche – eben: pädagogische – Hilfesituationen rückverwiesen ist, ist ihr wohl im Gesamten ein gerüttelt Maß soziologischer Naivität anzuraten. Als primär (kritisch *oder* integrativ) auf die gesellschaftliche Makroebene fokussierte Institution entfernt sich die Sozialpädagogik von der ureigensten Aufgabe, dem Klienten bei der Bewältigung eben seiner subjektiv erlebten, lebensweltlichen Probleme – unter genuin pädagogischem Personbezug – zu helfen. Gerade im fortschreitenden postmodernen Zustand lässt sich die Sozialpädagogik immer weniger als gesellschaftliches oder politisches Vehikel begründen. In gesellschaftlich und kulturell undurchsichtigen Zeiten empfiehlt sich ihr daher ebenso wie allen Sozialwissenschaften (vgl. Bauman 1995: 225f) ein strenger methodologischer Individualismus.

Der Bedarf nach Klärung des je spezifischen Handlungsauftrags aus der lebensweltlichen ‚Innenperspektive' ist so zwar formal zu begründen – eine Ratlosigkeit des Klienten bezüglich konkreter Lösungen ist jedoch eine Bedingung für eine (womöglich durch Dritte inszenierte) Intervention des Sozialpädagogen. Deshalb benötigt der sozialpädagogische Praktiker, der wissen will, worauf er seine Aufmerksamkeit zu richten hat, um konkrete Lebensformen der Anderen zu verstehen, eine allgemeine Orientierung darüber, was menschliches Leben ist; kurz: er braucht die Anthropologie als Lehre von der *conditio humana* (vgl. Schmidt 1981: 307; Birgmeier 2009: 34; Birgmeier 2010), auch um an diesem Leitfaden zu einer explizierbaren Vorstellung von misslingender Lebensführung zu gelangen.

2 Konturen einer existenzialen Anthropologie für die Sozialpädagogik

Die traditionelle Anthropologie sieht eine ihrer wesentlichen Aufgaben in der Suche nach einer *differentia specifica*, mittels derer die Gattung ‚Mensch' von anders qualifizierten Seinsformen wie den Tieren, Maschinen oder Gott abgegrenzt werden kann. Die Suche nach solch einem Proprium führte unlängst zu einer, das *tool-making animal* erweiternden Bestimmung des Menschen als dem Wesen, welches artifiziell hergestellte Werkzeugbehälter transportiert (vgl. Lenk 2008: 207; alternativ auch: *Homo vehiculis fabricatis utens*, „das mit künstlichen Fahrzeugen reisende Wesen", ebd.: 161). Wenngleich damit eine eindeutige Abgrenzung zu Vergleichsreferenten möglich ist, ist es höchst zweifelhaft, im Ausgang davon den sozialpädagogischen Verstehensprozess instruieren oder gar Interventionen legitimieren zu wollen (vgl. Nauerth 2009). Schon die zoologische Struktur dieser Suche nach einem Wesensbegriff des Menschseins ist dafür ein Irrweg.

Zumindest rein intuitiv wären da schon die Versuche vielversprechender, im Gegensatz zu einer Anthropologie menschlicher Sonderstellung notwendige statt hinreichende Bedingungen des Menschseins aufzusuchen. Der Komplexität des Wesens ‚Mensch' scheint man nur mit einer systematisch installierten und methodisch versicherten Pluralität der Bestimmungen Rechnung tragen zu können:

Differenzierungen von Kopf, Herz und Hand, Innen und Außen, diversen Grundphänomenen etc. umgehen die reduktionistische Gefahr monolithischer Wesenkonzeptionen und halten die damit multifaktoriell fundierte Sozialpädagogik interdisziplinär anschlussfähig. So hat etwa Johannes Schilling in seinem „anthropologischen Orientierungs-Modell" (2000: 248) für die Soziale Arbeit versucht, aus der Unterscheidung von sechs wesentlichen Dimensionen des Menschseins eine praktische Handreichung über entsprechende Bedürfnisbereiche abzuleiten. Zudem steht es nach Schilling „jedem Pädagogen frei, weitere für ihn wichtige Dimensionen dem Modell hinzuzufügen" (ebd.). Dieser könnte sich hierfür zur Inspiration z.b. in Hans Lenks Sammlung von 326 Humancharakteristika (Lenk 2008: 129-167) bedienen – und würde angesichts der Vielzahl förderungswürdiger Dimensionen vermutlich an die Grenzen seiner praktischen Möglichkeiten stoßen.

Es ist nun aber keineswegs selbstverständlich, dass es die Aufgabe einer auf den gelingenden Lebensvollzug abhebenden Sozialpädagogik ist, Dimensionen des Menschlichen zum Einklang zu bringen oder, allgemein formuliert, spezifische Charakteristika des Menschseins als eudämonistische Sollensforderung auszugeben. Der sozialpädagogische Klient wird nicht damit einverstanden sein, dass derjenige, an den er sich hilfesuchend wendet, sein professionelles Selbstverständnis aus einem abstrakten Dimensions-Homöostase-Modell herleitet. Er erwartet Hilfe dabei, Lebensprobleme, so wie sie sich ihm selbst zeigen, zu überwinden, um wieder einen normalen Alltag führen zu können (vgl. dazu Volz 1993; Thiersch 1998; Birgmeier 2010). Eine ‚ganzheitliche' (vgl. Schilling 2000: 261f) Sichtung des Menschen gelingt nicht in einer Zusammenführung und Austarierung von Dimensionen, sondern indem man den noch nicht analytisch in seine Bruchstücke zerschlagenen Daseinsvollzug des einen ‚ich', eben wie er in dieser ursprünglichen Einheit erlebt und problematisch wird, betrachtet und respektiert. Dementsprechend liegt das Problem der auch vom sozialpädagogischen Praktiker zu erwartenden Hermeneutik der Lebensführung darin, dass deren Gegenstand ja überhaupt kein auf Eigenschaften und Dimensionen hin abprüfbares Objekt ist, sondern sich als ganz ungegenständlicher Lebensvollzug darstellt. Methodisch erforderlich wäre an dieser Stelle eine Blickverschiebung weg von fixierten Humancharakteristika der Gattung hin zu zunächst phänomenologisch zu klärenden, strukturellen Charakteristika des alltäglichen Lebens. Martin Heidegger lieferte im Rahmen seiner Fundamentalanalytik des Daseins explizit die Gründe mit, warum die zeitgenössische Anthropologie in ihrem traditionellen Verständnis nicht zu solch einem dynamisch gefassten Begriff des Menschseins vordringt (vgl. Ried 2010).

Der Kern von Heideggers Einwand besteht in der Feststellung, dass die Anthropologie aufgrund ihrer natürlichen Herangehensweise versucht, den Menschen als kategorisierbares Objekt der Forschung zu vergegenständlichen. Die

Anthropologie verkommt dabei zu einer „Fixierung der Ausstattungsstücke eines vorgegebenen Dinges" (Heidegger 1995: 21). Der Mensch ist aber kein Ding wie andere Forschungsobjekte. Menschliche „Existenz [...] ist nie »Gegenstand«, sondern Sein; sie ist *da* nur, sofern je ein Leben sie ‚ist'" (ebd.: 19). Da das Sein nur individuell verschieden als jeweiliges Existieren eines Einzelnen geschieht, ist es auch „undefinierbar [...] – wenn definitio fit per genus proximum et differentiam specificam" (Heidegger 2006: 4). Mit dieser grundsätzlichen Kritik sind zwar „die humanistischen Auslegungen des Menschen als animal rationale, als ‚Person', als geistig-seelisch-leibliches Wesen nicht für falsch erklärt" (Heidegger 1976: 330), allerdings dringen dahingehende Untersuchungen noch nicht zum letzten Grund des Humanen durch, da sie „die Frage nach dem ‚Person*sein*' selbst nicht mehr" (Heidegger 2006: 47) stellen (vgl. zum Personenverständnis in der Sozialen Arbeit und der Pädagogik auch Mührel 2009b).

Heidegger weist darauf hin, dass das sich-vollziehende Sein der grundlegende Vorgang ist, von dem erst nachträglich statische Konzepte wie ‚Person' oder der Geist-Materie-Dualismus abgehoben werden können. Ebenso steht es mit sämtlichen anderen anthropologischen Bestimmungsversuchen einer *conditio humana*. Deshalb ist Heideggers Fundamentaluntersuchung auch keine wesensontologische Anthropologie, sondern Daseinsanalytik: „Der Begriff Mensch in jeder der überlieferten kategorialen Prägungen verbaut grundsätzlich das, was als Faktizität in den Blick gebracht werden soll" (Heidegger 1995: 26). Dagegen ist das faktische ‚Sein' (Existenz) der Begriff für ein sich in verschiedensten Weisen vollziehendes Geschehen. Wenn dieses Faktische also von ihm selbst her – noch ohne schon bestehende anthropologische Vorbestimmung im Anschlag – ausgelegt werden soll, muss es im Rückbezug auf seine ihm wesentlichen Strukturen beschrieben werden. Gesucht sind also die denknotwendigen Vollzugsstrukturen des Menschseins als ermöglichende Grundform jeglichen Existierens.

Die gesuchte Grundstruktur fundiert als Möglichkeitsbedingung alle kontingenten Seinsweisen: Sie bildet den Rahmen, in dem der Mensch überhaupt denken, handeln, sozial sein, Mängel kompensieren, mit seinen Trieben umgehen etc. kann (vgl. Marquard 2001; 2005; vgl. auch Birgmeier 2009). Werden all diese potentiellen Modi des Seins für sich als anthropologische Dimensionen diskutiert, verkommt die Anthropologie zu einem „Sammelbecken" (Heidegger 1991: 212) disparater Bruchstücke. Vor diesem Scherbenhaufen stehend taucht dann wie von selbst die unbestimmbare Rede von einer ‚Ganzheitlichkeit' der Betrachtung auf. Was die Anthropologie an dieser Stelle aber wirklich benötigt, ist nicht eine geschickte Dimensions-Collage, sondern eine geschlossene Konzeption apriorisch-existenzialer Strukturen, um die Einzelbestimmungen der Sammlung als deren konkret mögliche Ausprägungsweisen diskutieren zu können.

Heidegger hat gesehen, dass die zeitgenössischen wissenschaftlichen Strömungen die Diversifikation des Bestandes der Anthropina nur vorantreibt, ohne darin das menschliche Sein selbst aufzuklären. Seine Existenzialanalytik stellt nun – wenngleich nicht anthropologisch motiviert und „vielfach ergänzungsbedürftig" (Heidegger 2006: 131) – diese Strukturerhebung des gesamten Phänomenbereichs menschlichen Seins dar. Als phänomenologische Analyse zielt sie auf das Invariante am Sein ab, d.h. formale und apriorisch notwendige Strukturmomente aller Arten dessen, was als Leben, menschliches Existieren, Alltagshandeln etc. bezeichenbar ist. Diese heißen bei Heidegger ‚Existenziale'.

2.1 Die Existenziale

Das Sein des Menschen ist nun ganz grundlegend ein „In-der-Welt-sein [...], das wir auch den *Umgang* in der Welt und *mit* dem innerweltlichen Seienden nennen" (ebd.: 66f). Der Mensch ist also nicht schon als ein wesensanthropologisch zu bestimmendes Etwas gedacht, sondern er *ist* zunächst einfach. Formal anzugeben ist an dieser Stelle nur das Wie der Möglichkeit dieses Seins. Soll also die größtmögliche Offenheit und Formalität gewahrt bleiben, sodass jede mögliche konkrete Seinsweise als Manifestationsform des In-der-Welt-seins denkbar bleibt, dann können die Existenziale nur aus einer Zergliederung dieser Grundstruktur zu gewinnen sein. Daraus resultiert ein formales Konzept denknotwendiger Seinsprinzipien. Diese sind nicht-hierarchisch aufeinander verwiesen und gleichursprünglich (vgl. ebd.: 131), da die existenziale Grundstruktur sofort da ist, sobald ein Mensch ist, also ‚zur Welt kommt'. Die am In-der-Welt-sein am einfachsten festzustellenden Existenziale sind eine als bedeutsam begegnende Umwelt und die ‚Sorge', Heideggers existenzialer Grundbegriff für alle existenziellen Formen des Beschäftigtseins mit dieser Umwelt.

Die im Anschluss an die Daseinsanalytik als „Sonderaufgabe" zu entwickelnde „existenzial-apriorische [...] Anthropologie" (ebd.: 183) wäre nun wie folgt hinsichtlich zweier Teilaspekte zu charakterisieren: Zum einen hätte sie zunächst die nach Heideggers eigener Einschätzung auch in *Sein und Zeit* noch unvollständige „geschlossene Ausarbeitung des existenzialen Apriori der philosophischen Anthropologie" (ebd.: 131) zu leisten, d.h. sie müsste die Strukturmomente menschlichen Seins von ihren Grundsätzen (dem besorgenden In-der-Welt-sein) her entfalten. Zum zweiten hätte sie „[d]ie faktischen existenziellen Möglichkeiten in ihren Hauptzügen und Zusammenhängen darzustellen und nach ihrer existenzialen Struktur zu interpretieren" (ebd.: 301).

Wenn nun die vielen bekannten Anthropina und Human-Dimensionen als Sammlung solcher existenziellen Möglichkeiten gefasst werden, ist die funda-

mentale Rolle einer existenzialen Anthropologie einsehbar: Sie schafft die Rück-
bindung von (potenziellen) existenziellen Manifestationsformen des Menschseins auf existenziale Strukturen (vgl. dazu Rombach 1987; Birgmeier 2007;
Ried 2010). Damit ist nun auch verständlich, warum Heidegger die Ergebnisse
der traditionellen Anthropologie nicht für falsch erklärt, sondern nur bemängelt,
dass diese nicht hinreichend auf genuine Seinsstrukturen zurückgedacht wurden.
So wäre etwa selbst Eugen Finks dezidiert in heideggerianischem Geist vorgetragene Rede von fünf Grundphänomenen des Daseins kritisch daraufhin zu
befragen, ob diese nicht nur existenzielle Konkretionsformen der einen existenzialen Struktur ‚In-der-Welt-sein' darstellen. Dafür bräuchte es eine existenziale
Anthropologie.

Die ohnehin nur in Nebenbemerkungen herausgearbeitete Idee einer existenzialen Anthropologie ist nun aber auch in der Philosophie nur eingefleischten
Heidegger-Rezipienten bekannt und wurde systematisch bis dato nicht weiter
verfolgt. Ebenso wie sie für den späteren Heidegger nach *Sein und Zeit* (1927)
und dem Kantbuch (1929) selbst an Bedeutung verlor, wurde sie von der Forschung nur gelegentlich aufgegriffen (vgl. Pöggeler 1966, Fahrenbach 1970, Arlt
2001), nicht aber eigenständig ausgebaut. Weit häufiger waren stattdessen die
Versuche, die Daseinsanalytik – von gegenläufigen Beteuerungen Heideggers
und vieler Kommentatoren unbeeindruckt – schon für eine Anthropologie zu
nehmen und deren Terminologie in anthropologische Kontexte zu übertragen
(mustergültig z.B. Ignatow 1979). Auch prominente pädagogische Denker wie
z.B. Ballauff, Bollnow, Rombach, Fink, M. Müller oder Grisebach machen
Gebrauch von Heideggers Gedankengut, wobei für jeden einzelnen zu fragen
wäre, ob er in seiner Adaption gewisse Konzepte als herauszubildende eigen-
schaftliche Charaktere des Gattungswesens ‚Mensch' interpretiert und so dem
„schon berühmte[n] ‚anthropologische[n] Mißverständnis'" (Fahrenbach 1970,
99) verfällt. Schon Käthe Meyer-Drawe mahnte generell an, dass jede pädago-
gisch-anthropologische „Aneignung" Heideggers dem ursprünglich ontologischen Denken Gewalt antue und deshalb einer viel produktiveren „Anregung"
durch Heidegger Platz machen solle (vgl. Meyer-Drawe 1988). Denn Heidegger
spricht ja weder vom Menschen, noch vom Subjekt, Individuum oder ähnlichem.
Im geht es um das Sein. Im Übrigen ist Heideggers Vision einer existenzialen
Anthropologie ohne seine bisweilen scharfe Anthropologiekritik gar nicht zu
verstehen. Nimmt man diese nicht mit, hängt sich die Herausdestillation einer
‚Anthropologie Heideggers' allzu schnell an Schlagworten auf, ohne überhaupt
zum spezifisch dynamischen Seinsbegriff durchzudringen. Zudem wäre eine
angebliche anthropologische Relevanz gerade so berühmter Konzepte der Fun-
damentalontologie wie der Todesanalyse oder des Wahrheitsbegriffs am Ausgangspunkt des täglichen In-der-Welt-seins kritisch zu prüfen.

Dementsprechend soll auch im Folgenden der Umweg über die Anthropo-logiekritik und deren zunehmend von Heideggers Ontologie selbst wegführenden Mündung in eine existenziale Anthropologie genommen werden, um die Per-spektive einer existenzial-anthropologisch denkenden Sozialpädagogik anzurei-ßen. Die These war ja, dass man erst über diesen Umweg zu einer ernsthaft beim Mensch*sein* beginnenden Anthropologie gelangt. Ein solches phänomenologi-sches Modell ist nun jedoch kein Erklärungsleitfaden individueller Lebenswirk-lichkeit, sondern kann in seiner Formalität nur darauf hinweisen, wo man denn im Einzelfall hinzusehen hätte, wenn man die konkrete Lebenswirklichkeit ver-stehen will. Es liefert der sozialpädagogischen Lebensführungshermeneutik das Konzept von ‚Lebensführung', welches ihr überhaupt erst erlaubt, dezidierte Fragen zu stellen (vgl. Volz 1993; vgl. Birgmeier 2010).

Methodisch beschränkt bleibt diese Sichtweise mit dem Fokus auf das In-der-Welt-sein jedoch auf eine individuenzentrierte „Betrachtung von Lebens-wirklichkeiten im Rahmen von Handlungs-Widerfahrnis-Kontexten" (Birgmeier 2007), sie schließt holistische, gesellschafts- und systemtheoretische Konzeptio-nen kategorisch aus. Dabei könnte eine existenzial-anthropologische Fundierung der sozialpädagogischen Alltags- und Lebensweltorientierung „die eher pragma-tische, fast intuitive Einführung" deren zentraler Begriffe (Winkler 2003: 20) revidieren, wenn sie den gesamten Ansatz mit einem kohärenten Modell der drei für seine Theoriebildung wesentlichen Eckpunkte (Lebenswelt des Klienten, Lebensführung des Klienten und sozialpädagogische Intervention) untermauert.

2.2 Die Lebenswelt

Jeder Mensch ist voll und ganz ein Da-Seiender. Die existenziale Anthropologie kennt keine Graddefizite oder -differenzen und kann deshalb auch keinen bil-dungstheoretischen Auftrag formulieren, der sich auf die Erfüllung von Mensch-lichkeitskriterien bezieht. Die einzige Forderung, die dem Menschen von seinem puren Sein her ergeht, ist, dass er „sein Sein als seiniges zu sein hat" (Heidegger 2006: 12). Alle möglichen verschiedenen Seinsweisen sind potentielle Antwor-ten auf diesen Anspruch, der den Einzelnen von seinem Mensch*sein* aus betrifft und nicht nur aus einer anthropologisch explizierbaren inhaltlichen Vorstellung vom *Mensch*sein abgeleitet ist. Die Zielbestimmung gelingender Lebensführung ist also kein abstraktes Humanum, das zum eudämonistischen *telos* deklariert wird und so als Ideal in die Einzelexistenz hereinsteht. Noch viel weniger ist sie aus einem Funktionalitätsauftrag zu verstehen, der systemtheoretisch generierten „Multikomponenten-Individuen" (Hejl 2000: 130) zukommt. Aus diesem Grun-de kann existenziale Anthropologie Normativität immer nur in Referenz auf den

gelingenden Seinsvollzug begründen, welcher nicht mit fremdem Maß zu bemessen ist.
Die Grundstruktur des Seinsvollzugs wurde als In-der-Welt-sein benannt, d.h. Sein geschieht nie im ‚leeren Raum'. Man kann nicht einfach nur handeln, sondern muss immer etwas behandeln. Das gilt analog für alle anderen Weisen der Sorge. Der Mensch agiert in seiner Umwelt und reagiert auf Umweltsituationen. Sein Sein hat also – philosophisch gesprochen – intentionale Struktur, es ist immer Besorgen von etwas, Betrachten von etwas, Zutunhaben mit etwas etc. (vgl. Heidegger 2006: 56f).

Heideggers Existenzial der Sorge ist als intentionales Sein die ursprüngliche Verweltlichung des intentionalen Bewusstseinssubjekts Husserls. Die Umweltgegenstände sind dabei die Korrelate des Besorgens, also immer schon in einer bestimmten praktischen Qualität erlebt, gesehen und verstanden. In der Umwelt begegnen daher keine unbestimmten ‚Dinge', sondern *pragmata*, Gegenstände der Praxis (vgl. ebd.: 68). In einer Umwelt leben heißt demnach, dass die Dinge in der bestimmten Bedeutung erscheinen, die sie für mich und meinen Seinsvollzug haben. Die Tür begegnet mir nicht als etwas Unbestimmtes, sondern *als* Tür, und darin liegt: als etwas zum Öffnen, zum Benutzen, zum damit Leben. Heidegger erläuterte seinen Studenten diesen Sachverhalt in einer seiner frühen Vorlesungen am Beispiel seiner selbst, wie er in den Hörsaal tritt: „Was sehe »ich«? Braune Flächen, die sich rechtwinklig schneiden? [...] Eine Kiste, und zwar eine größere, mit einer kleineren daraufgebaut? Keineswegs, ich sehe das Katheder, an dem ich sprechen soll" (Heidegger 1999: 71).

Wesentlich an der Umwelt ist, dass ich mich immer schon irgendwie und auf meine Art in ihr auskenne. Die Umweltgegenstände ‚sagen' mir etwas, ich weiß, woran ich bin, welche „Bewandtnis" (Heidegger 2006: 84) es mit ihnen hat. Das liegt daran, dass sie mich auf eine Möglichkeit meines Seins verweisen: Man kann etwas mit ihnen tun, über sie nachdenken, sie hinterfragen.

Die erfahrene Welt ist so ganz und gar auf Bewältigung hin angelegt, da sie immer in einer Möglichkeit des Umgangs mit ihr erfasst ist. Die Räume und ihre Teile sind damit eigentlich Plätze und Orte, an denen man etwas macht (zum Begriff des Ortes in der Sozialpädagogik siehe auch Winkler 1988). Vorsprachliche *Wert- und Funktionsprädikate der Umwelt drängen sich unmittelbar auf* und erscheinen als ihre inhärente Bedeutung, da sie den eigentlichen Grund der Begegnung ausmachen. Diese Bedeutsamkeit im Sinne von Behandelbarkeit ist der Urgrund der Umwelt, in ihr leben wir. Die so bedeutsame Umwelt ist für mich nach Interessantem und Nicht-Interessantem gegliedert, sie ist die echte *Lebenswelt*.

Durch diese kleine Phänomenologie der Lebenswelt ist die Konzeption des In-der-Welt-seins analytisch in zwei aufeinander verwiesene Grundvorgänge zu scheiden: Erleben von Umwelt und Tätigsein in dieser Umwelt. Das Modell bleibt darin aber kohärent, da die beiden Momente nur in Korrelation zueinander gedacht werden können; das bedeutet: Das In-der-Welt-sein ist der Begriff für das wechselseitige Bedingungsverhältnis von Sorge (Lebensführung) und zu Besorgendem (die als behandelbar erscheinenden Gegenstände der Lebenswelt) und nicht für eine additionale Nebeneinanderstellung zweier verschiedener Dinge ,Mensch' und ,Umwelt'.

▪ Auf der einen Seite gilt nämlich für alle Formen des Tätigseins, dass mir meine Erfassungsweise der begegnenden Umwelt schon anzeigt, was zu tun ist. Lenk spricht von der „prinzipielle[n] *Handlungsorientierung des Erkennens*" (Lenk 1995: 31). Das Erlebnis der begegnenden Umwelt fundiert die konkret mögliche Weise des In-der-Welt-seins.

▪ Auf der anderen Seite resultiert die spezifische Aufgabe des Orientierung schaffenden Erkennens ja nur aus der praktischen Notwendigkeit, sein Leben zu führen. Die erscheinende, sich mir anbietende Umwelt konstituiert sich als solche nur aus meinen Handlungsbedarf.

Um die menschliche Lebensführung und jede Vorstellung vom Phänomen ,Handlung' wirklich ,ganzheitlich', also in seiner fundamentalen Einheit zu konzipieren und nicht nur als eigenschaftlichen Charakter des Menschen in einem Dimensionsmodell zu verorten, muss sie existenzial aus dem In-der-Welt-sein begriffen werden, d.h. aus der gegenseitigen Verwiesenheit von Tätigsein und Wirklichkeitserfassung[1].

Um die angestrebte existenziale Allgemeinheit des In-der-Welt-seins zu bekräftigen muss nochmals darauf hingewiesen werden, dass mit der Lebenswelt gerade keine Ansammlung von materialen Objekten gemeint ist, sondern dass sie die gesamte Bedeutungshaftigkeit meint, die mir in einer Situation widerfährt. Demnach impliziert sie alles, was mir konkret als für meinen Lebensvollzug bedeutsame Umwelt erscheint, also auch andere Menschen, Kommunikation, Symbole aller Art etc. Lebens(um)welt ist erfahrene Bedeutung. Ganz formal bleibt dabei aber die Egozentrizität die Bestimmungsstruktur der Umwelt, da sie ja immer meine Umwelt mit der spezifischen Bedeutung für meinen Lebensvoll-

---

1   Das hier über das Leben in der Lebenswelt Gesagte kommt im Übrigen Hans Thierschs Bestimmung des Begriffs ,Alltäglichkeit' sehr nahe (vgl. Thiersch 1986: 16-21) – was bemerkenswert ist, da dieser ja dezidiert nicht auf apriorisch-anthropologische Konstanten abheben will (vgl. ebd.: 16). Damit ließe sich allerdings begründen, dass der synonyme Gebrauch der beiden Bezeichnungen ,Alltagsorientierung' resp. ,Lebensweltorientierung' (vgl. Grunwald/Thiersch 2001: 1136) legitim ist, da sich die transzendentale existenzialanthropologische Korrelation von Lebensführung und erscheinender Lebenswelt auch als konstitutive Verschränkung von Alltag und Lebenswelt ausdrücken ließe.

zug ist. Auch der Andere ist für mich eben ‚der Andere' in meiner Welt, bestenfalls natürlich ein echtes ‚Du' im bekannten Sinne Bubers. Hier wäre auch ein
ethischer Gedanke zu integrieren, da der egozentrische Mensch, auf dessen Möglichkeiten des Seinsvollzugs die pragmatisch konstituierte Umwelt verweist, ja
selbst das Bewandtnislose ist: Einzig der Seinsvollzug des Einzelnen ist keinem
höheren Geschehen mehr dienlich. Das gilt es auch beim Anderen anzuerkennen.

Die im Rahmen des In-der-Welt-seins durchgeführte Umweltanalyse klingt
zwar trivial, ist aber als explizites philosophisch-anthropologisches Thema er-
staunlich. Ebenso ging es wohl einigen Kollegen Heinz von Foersters, als diese
die Umwelt regelrecht entdeckten: „Ich lebe in einer Umwelt. Ich habe immer
schon in einer Umwelt gelebt! Ich habe mein ganzes Leben lang in einer Umwelt
gelebt!" (Foerster 1993: 25). Der Konstruktivist von Foerster fügt dem selbstverständlich hinzu: „Die Umwelt, die wir wahrnehmen, ist unsere Erfindung" (ebd.:
26). Wie gesehen ist die begegnende Umwelt das Konstitut einer praktischen
Sichtart, in der „das Handeln *seine* Sicht" (Heidegger 2006: 69), ja „seine eigene
‚Erkenntnis' hat" (ebd.: 67).

Aufgrund seiner Angewiesenheit auf eine spezifische Orientierungssicht-
weise ist das Handeln als „Umgehen mit Interpretationskonstrukten" (Lenk
1993: 81) zu beschreiben. Kants unumstößliche Erkenntnis, dass ein Ding nicht
an sich erkennbar ist, ist nun jedoch für den Lebensvollzug nicht weiter schlimm.
Jeder lebt in seiner Welt und das alltägliche Bedürfnis zu leben ist von dieser
ganz eigenartigen Indifferenz dem gegenüber, wie die Dinge an sich sind, getragen. Das Gesehene ist nicht das Wesentliche einer Sache, sondern das Wesentliche für mich, ein selektierter Aspekt der Behandelbarkeit. Was also begegnet ist
ein *pars pro toto* (vgl. Lenk 1993: 261), welches aber in der unhintergehbaren
und aufdringlichen Art seines Erscheinens meine Lebenswirklichkeit darstellt[2].
Es ist dann Teil meiner höchst speziellen Situation, in der ich mich voll und ganz
befinde.

Formal hat die interpretative Wirklichkeitserfassung, die die Lebenswelt
konstituiert, die Struktur des „*Etwas als Etwas*" (Heidegger 2006: 149, vgl. dazu
auch in ebendieser Formulierung aus erkenntnistheoretischer Sicht Lenk 1993:
30). Das Umwelterleben des Einzelnen ist allerdings aus der Außenperspektive
nicht so einfach zu rekonstruieren: Man sieht z.B. in einer Seite seines eigenen

---

2   Die divergierenden Interpretationen des Anderen sind demnach nicht vorschnell als Unsinn zu
    disqualifizieren, sondern zunächst einmal hinzunehmen, da sie einen ganz eigenen Sinn zum
    Ausdruck bringen. Dazu eine allgemeine pädagogische Anmerkung: „[D]ie Schüssel, die in der
    kindlichen Phantasie zum Helm wird, *ist* ein Helm und erscheint nicht nur so" (Waldenfels
    1985: 49). Ein Kind ist kein defizientes, unfertiges Exemplar einer anthropologisch-
    humanistischen Gattungsbestimmung (*animal rationale* o.ä.). Was da in seiner Eigensinnigkeit
    heranwächst ist überhaupt nicht nur ein kleiner Mensch, sondern eine kleine *Welt*.

Wohnzimmertisches „nicht die nach Osten, [...] sondern die, an die sich abends die Frau setzt, wenn sie noch lesen will" (Heidegger 1995: 90). Prägend für meine spezielle Umwelt und die in ihr aufscheinende Behandelbarkeit, dafür also, *als was* mir etwas erscheint, ist ein bestimmtes Vorverständnis der Welt.

2.3 Das Weltverständnis

Die Strukturen des Weltverständnisses bilden das bestimmte ‚als etwas' der konkreten, phänomenalen Begegnung von etwas. Sie sind die Bedingungen der Möglichkeit jeweiliger Wirklichkeitserfassung, womit in die existenziale Analyse eine transzendentale Komponente eingeführt ist. Heidegger bezeichnete den transzendentalen – wenngleich bei ihm nicht subjektivistischen – Aspekt des Seins als ‚vorgängige Erschlossenheit der Welt' (vgl. Heidegger 2006: 87), durch die das in die Umwelt eingehende Etwas seine Bedeutung gestiftet bekommt.

Otto Friedrich Bollnow formulierte denselben Sachverhalt schon anthropologischer, indem er „alles das, was der Mensch an Welt- und Lebensverständnis, an allgemeinen Wertungen, Stellungnahmen und Deutungen [...] schon mitbringt", „zunächst einmal mit dem unbestimmten Namen einer Weltanschauung" (Bollnow 1959: 107) bezeichnete. Von Ernst Cassirer wurde Goethes Diktum aus dessen Farbenlehre, „daß wir schon bei jedem aufmerksamen Blick in die Welt theoretisieren" (Cassirer 2002: 18), in die Philosophie getragen. In der Psychologie kursiert derselbe Sachverhalt im Fahrwasser der Schemaforschung als ‚naive', ‚subjektive', ‚private' oder ‚alltägliche' Theorien (vgl. Rumelhart 1980: 37, Lenk 1993: 16, 347).

Eine fruchtbare und anthropologisch anschlussfähige Verbindung gehen diese beiden Strömungen – nämlich die konstruktivistische Erkenntnistheorie und die Schematalehre der konstruktivistischen Psychologie – in Lenks Interpretationismus ein (vgl. dazu auch Birgmeier 2003). Dieser in erster Linie methodisch-beschreibungstheoretisch konzipierte und daher ontologisch nicht überfrachtete Interpretationskonstruktivismus lässt sich zur Deskription des Strukturmoments ‚bedeutungsverleihende Interpretation' (also der Umweltkonstitution) in der existenzialen Analyse des In-der-Welt-seins verorten. Lenk betont allenthalben die lebenspraktische Notwendigkeit der „mit hinreichender praktischer Sicherheit" (Lenk 1993: 16) funktionierenden, ‚naiv-theoretisch' schematisierenden Interpretationen.

Es war eine geniale Intuition Heideggers, die Beschaffenheit des Weltverständnisses lange vor der psychologischen Schematheorie als „Verweisungszusammenhang" (Heidegger 2006: 87) beschrieben zu haben. Das, was heutzutage als dispositive „Schemaarchitektur" (Lenk 1995: 162) bezeichnet wird, garantiert die Bedeutungshaftigkeit eines Umwelterlebnisses durch mannigfache Verweise in einem individuellen System aus Bedeutungen. Solche Verweise sind i.d.r. entweder semantisch-pro-positionale Verknüpfungen oder Hierarchien von Schemata (ebd.: 162). Diese Struktur entspricht der Gliederung der Umwelt nach lebenspraktischen Funktions- und Wertcharakteren.

Mit Hilfe des Konzepts der Schemakonnotationen und -hierarchien sind sämtliche menschlichen Erfassungsgehalte einer Umwelt wie intentionale Gefühle, ästhetische und rationale Urteile unter einem einheitlichen Prinzip zu beschreiben: als schemabasierte Weisen der Wirklichkeitserfassung. Der Sinn des Interpretierens bleibt auch für Lenk seine praktische Orientierungsfunktion, die am erfassten Gegenstand einen Charakter der Behandelbarkeit offenbart, wodurch es ganz im Sinne des existenzialen Begriffs des In-der-Welt-seins korrelativ an den Handlungsbedarf gebunden ist. Da die Interpretation also immer auf künftige Handlungsweisen gerichtet ist, indem sie mir einen Gegenstand in seiner praktischen Qualität vorstellt, ist die gegenwärtige faktische Situation des In-der-Welt-seins die Schnittstelle von Vergangenem und Zukünftigen. Denn die Schemakonnotationen und -hierarchien sind ja die Manifestationen biographisch erworbener Vorverständnisse. Auch der auf die Zukunft gerichtete Mensch „‚ist' seine Vergangenheit" (Heidegger 2006: 20), da sich seine Lebenswelt aus einem biographisch bedingten Weltverständnis heraus konstituiert. Dem Menschen begegnet in seiner Umwelt all das mit, worauf das Begegnenden je für ihn als gewordenes Selbst verweist: Die Geschichte von Gegenständen und deren Verknüpfung mit Personen, Gewohnheiten, Absichten, Wünschen, Ängsten etc. – all das ist unmittelbar in der erfahrenen Lebenswelt präsent.

Auf einer abstrakten analytischen Ebene lässt sich das Weltverständnis weitergehend als Produkt von einerseits soziokulturell präformierten und andererseits geradezu „idiosynkratisch individualisierten Schemabildungen" (Lenk 1995: 68) beschreiben. Wenngleich die Adaption sozial vermittelter Schemata zwar eine konventionelle, (interpretations-)kulturelle Färbung der Wirklichkeitserfassung des Einzelnen bedingt, ist dessen konkrete Lebenswelt nur als Ergebnis eines komplex verwobenen, individualbiographisch gefestigten Kompositum aus Idiosynkrasien und Präformismen zu beschreiben. Denn auch die adaptierten sozialen Deutungsstrukturen sind – in einer beliebten Wendung Heideggers – ‚je meine' Adaption, mit der ich lebe und die in den Bedeutungskontext meines Weltverständnisses eingeht, ja darin ihre ganz individuelle Bedeutung erlangen. Dadurch ist ein methodischer Individualismus gerechtfertigt, um zu einer ‚dichten' Beschreibung konkreter Lebenswelt zu gelangen. Auch das Soziale und Kulturelle muss im Medium der Einzelexistenz und deren Weltverständnis beschrieben werden.

Wenn die transzendentale Komponente ‚Weltverständnis' in die existenziale Anthropologie aufgenommen ist, lässt sich das In-der-Welt-sein anthropologisch differenzieren: Es wäre besser als ein In-einem-Weltverständnis-sein und dadurch als In-einer-bedeutsamen-Umwelt-sein zu beschreiben. All das meint das In-der-Welt-sein immer schon mit. Damit ist auch eine ganz allgemeine Bestimmung der existenziellen Situation möglich. Die Situation ist immer nur für jemanden als jemandes Situation. Situationen bestehen eigentlich nur in diesem ‚für mich' und nur durch das, was mir da in Abhängigkeit von meinem Weltverständnis begegnet, ja widerfährt. Heidegger sprach von der „Geworfenheit" (Heidegger 2006: 135) in eine Situation, die sich mir in ihrer konkreten Bedeutsamkeit aufdrängt. Es ist aber ein eigenartiges Hineingeworfensein in ein durch mich selbst Konstituiertes, welches aber für jedes ‚Umdenken' unverfügbar ist. Die biographisch gewordene Weltsicht, die sich durch die begegnende Umwelt offenbart, ist situativ unumstößlich. Ich muss erst eine Lebenswelt „begegnen lassen" (ebd.: 85), sie also annehmen, um tätig zu werden. Das Weltverständnis konstituiert und fixiert die jeweilige bedeutsame Umwelt, diese wiederum zeichnet meine Möglichkeiten des handelnden, mit ihr umgehenden In-der-Welt-seins vor. Das allgemeine Zugangstor zur existenziellen Situation ist also das Weltverständnis des Menschen. Eine Hermeneutik der Lebensführung muss hier ansetzen.

2.4 Das Selbst

Sowohl die einzelnen Begriffsbestimmungen so eingängiger Schlagworte wie ‚Individualität der Person', ‚Individualität des Denkens oder Deutens von Wirklichkeit' und ‚Individualität des Handelns' wie auch der (anthropo-)logische Zusammenhang dieser Momente bleiben in der Literatur oftmals dunkel. Diese Unterbestimmtheit setzt sich dann in die pädagogische Rede von Selbstfindung und Selbstbestimmung fort. Ein möglicher systematischer Zusammenhang von Weltverständnis und biographisch gewordenem Selbst wurde nun bereits oben angesprochen. Daraus lässt sich eine existenzialanthropologisch fundierte Konzeption des Begriffs ‚Selbst' gewinnen (vgl. Ried 2010).

Heidegger führt sein schon genanntes Beispiel vom Redepult im Hörsaal wie folgt fort: „Sie sehen diese Holz- und Bretteranordnung *als* Katheder. Dieser Gegenstand, den wir alle hier wahrnehmen, hat irgendwie die bestimmte Bedeutung »Katheder«. Anders ist es schon, wenn wir einen Bauern vom hohen Schwarzwald in den Hörsaal führen. Sieht der das Katheder, oder sieht er eine Kiste, einen Bretterverschlag? Er sieht ‚den Platz für den Lehrer'" (Heidegger 1999: 71). Ein archaischer afrikanischer Ureinwohner sähe „vielleicht etwas, was mit Zauberei zu tun hat, oder etwas, hinter dem man guten Schutz gegen Pfeile und Steinwürfe fände" (ebd.: 72).

In dieser plastischen Schilderung ist ein ursprünglicher Zusammenhang angesprochen, nämlich der zwischen dem, wer ich bin, und dem, was ich sehe. Darin drückt sich aber nicht ein – womöglich einseitiges – Bedingungsverhältnis aus, sondern die systematische Identität von Selbst und Weltsicht. Zur Entwicklung dieses Gedankens mögen folgende kurze Hinweise genügen: Schon Johann Friedrich Herbart fasste den menschlichen Charakter als „die stetig bestimmte Art, wie der Mensch sich mit der Außenwelt in Verhältnis setzt" (Herbart 1919, 524). Der Charakter des Selbst ist der spezifische Charakter des In-der-Welt-seins. Das Selbst ist damit dynamisch konzipiert, entspricht also keinem der Welt isoliert gegenübergestellten Subjekt, sondern ist erst aus seinem stetigen Sein in der Welt zu bestimmen.

Die konkret möglichen Weisen des Ins-Verhältnis-Setzens mit der Welt sind nun wie gesehen von der jeweiligen Konstitution der Lebenswelt bestimmt, welche wiederum von einem dispositiven Weltverständnis getragen ist. Oder, einfach formuliert: Interpretationsformen sind „Lebensformen" (Lenk 1993: 84). Den Schritt von hier zu einer Konzeption des Selbst resp. der Persönlichkeit hat Max Scheler in seinem Fragment *Ordo Amoris* beschrieben. Der deskriptive, anthropologische *ordo amoris* (Scheler kennt darüber hinaus noch einen metaphysischen, ethisch-normativen) meint das „faktische[...] Ethos" (Scheler 1933: 239) einer Person, d.i. „das stets irgendwie gegliederte System seiner faktischen Wertschätzungen und seines Wertvorziehens" (ebd.: 227). Analog zu Blaise Pascals *ordre du cœur* meint der *ordo amoris* die „Ordnung der Liebe und des Hasses" (ebd.: 227) eines Menschen.

Zunächst stellt dieses Konzept die schon genannte wichtige Ergänzung eines im Anschluss an Heidegger entwickelten Existenzials ,Weltverständnis' dar: Während Heidegger eher den lebenspraktischen Funktionscharakter der Umwelt beschrieben hat, thematisiert Scheler nun dezidiert deren persönlichen Wertcharakter. Dadurch lässt sich das Weltverständnis in hierarchischer Gliederung darstellen. Der *ordo amoris* ist damit ebenso in die existenziale Fassung des schematischen, transzendentalen Dispositivs ,Weltverständnis' zu integrieren: Er fungiert als „Auswahlmechanismus" und erschließt so die Behandelbarkeit der Umwelt, indem er „die Aufprägung des Reizwertes, seiner Art und Größe nach, auf irgendwelche vom Menschen unabhängige [...] Wirksamkeiten" (ebd.: 229) leitet. Dies führt ähnlich wie bei Heidegger dazu, dass die „Umweltstruktur jedes Menschen [...] nach ihrer Wert-struktur" (ebd.: 229) gegliedert ist – und Wert besagt existenzial: Bedeutung für mich und meinen Lebensvollzug.

Die Erkenntnis dieser hierarchischen Schemaordnung ist nun zugleich die Erkenntnis des innersten Wesens einer Person: „Wer den ordo amoris eines Menschen hat, hat den Menschen. Er hat für ihn [...] das, was die Kristallformel für den Kristall ist. Er durch-schaut den Menschen so weit, als man einen Menschen durchschauen kann. Er sieht vor sich die hinter aller empirischen Mannigfaltigkeit und Kompliziertheit stets einfach verlaufenden Grundlinien seines Gemüts" (ebd.: 228).

Wenn ich die Art und Weise kenne, wie ein Mensch die Dinge sieht, dann und nur dann kenne ich den Menschen. Das faktische Weltverständnis (also die biographisch gewordenen Schemastrukturen des pragmatisch-funktionellen Weltverstehens und ihre hierarchische Gliederung gemäß dem persönlichen *ordo amoris*) macht so den Kern des Selbst aus. Wenn zuvor gesagt wurde, dass der Charakter des Selbst der spezifische Charakter des In-der-Welt-seins sei, lässt sich nun wie folgt spezifizieren: Das an sich dynamisch in-der-Welt-seiende Selbst kann in heuristischen, statischen Momentaufnahmen hermeneutisch eingeholt werden. *Zu beschreiben* ist der Charakter eines Selbst also (nur) über den das konkrete In-der-Welt-sein bedingenden, bestimmten Charakter des Interpretierens, also durch ein Verstehen des Weltverständnisses.

Die klassische Methode hierfür ist das Gespräch. In Äußerungen, in denen sich uns der Andere als er selbst offenbart, ist dies nur möglich, weil wir darauf zurückschließen, wie er die Dinge sieht (vgl. auch Mührel 2008: 93f). Gerade weil diese Konzeption des Selbst auch mit einer Persönlichkeitstheorie des psychologischen Konstruktivismus (z.B. nach Kelly, vgl. dazu Bannister/Fransella 1981: 53; vgl. auch Schwermer 1990: 196-203) vereinbar wäre, ist sie nun schon sehr weit von ihrem Initiator Heidegger entfernt. Sie hält sich aber in existenzialanthropologischer Manier strikt an dessen Aufgabenbestimmung, konkrete anthropologische Phänomene (wie hier Charakter, Selbst, Persönlichkeit, Mentalität etc.) im Rückgang auf existenziale Strukturen (das In-der-Welt-sein) zu erklären.

Es bleibt damit für die Sozialpädagogik bei einem methodisch individualistischen Ansatz, mit dem etwa die oftmals als für sie konstitutiv identifizierte Spannung von individuellen Bedürfnissen und sozialen Ansprüchen oder Systemfunktionalität unter einer anthropologischen Struktur als Wertschätzungskonflikt zu diskutieren ist. Die Probleme mit Ansprüchen des Anderen, von sozialen Gruppen oder ‚der Gesellschaft' sind methodisch auf individuelle Konflikte im *ordo amoris* herunterzubrechen. Die Forderung nach Einkehr beim Individuum und in dessen Lebenswelt ist keine auf ‚anachronistische' Formen subjektorientierter Sozialpädagogik abzielende Nostalgie, sondern existenzialanthropologisch aus dem Bedürfnis nach dem Verstehen der Lebensweise des Klienten begründet.

2.5 Die Krise

Einer von den konkreten Handlungsfeldern her bestimmten Sozialpädagogik geht es ganz allgemein um Menschen in bestehenden oder sich anbahnenden

Krisenlagen. Sie war schon „von Anfang an eine Krisenpädagogik" (Menne-mann 2000: 221). Die Unterstützung der Klienten „bei der Bewältigung ihrer Entwicklungsaufgaben, von individuellen Krisen und von prekären Lebensla-gen" (Mack 2008: 148) ist auch heute noch Ziel sozialpädagogischen Handelns. Daraus lässt sich der spezifische Objektbereich „Bewährungskrise" für die Theo-riebildung als pädagogisch zugängliches Problemzentrum extrapolieren (vgl. Schmidt 1998: 198).

Es gehört nun jedoch zum Berufsethos Sozialer Arbeit im Gesamten, die Kri-se als möglichen Neubeginn und als Chance zur richtungsweisenden Selbstbe-stimmung des Zukünftigen zu sehen. Hierfür ließe sich etwa mit Maja Heiner auch heute noch die keineswegs antiquierte Unterscheidung zweier handlungspraktisch vereinbarer Aufgabenbereiche Sozialer Arbeit vornehmen: einerseits eine eher pädagogische („Optimierung der Lebensweise", Heiner 2004: 42) und andererseits eine eher organisatorisch-managende Aufgabe („Optimierung [...der] Lebensbe-dingungen", ebd.). Damit wäre unter einem etwas technologischen Begriff der ‚Optimierung' sinngemäß die alte heuristisch-analytische Unterscheidung Hans-Ludwig Schmidts zwischen Sozialpädagogik und Sozialarbeit rehabilitiert:

Schmidt versteht die Bewährungskrise als Selbstbestimmungskrise (vgl. Schmidt 1981: 280) und expliziert sie als allumfassende „*Krise der Person*" (Schmidt 1998: 185), die sich v.a. im doppelten Misslingen von alltäglicher Sinnorientierung und Handlungskompetenz niederschlage (vgl. auch Birgmeier 2003; 2006). Daraus lässt sich auch das spezifisch pädagogische Moment des Verhältnisses von professionellem Akteur und Klienten in der Sozialen Arbeit begründen, welche damit insgesamt primär auf Identitätsbildung und einen als gelingend erlebten Lebensvollzug abzielt. Genuin sozial*pädagogische* Soziale Arbeit schafft kommunikative und interaktive Situationen, in denen Selbstbe-stimmung gefordert und initiiert ist. Demgegenüber kommt den materiellen, organisatorischen und in Institutionsfragen beratenden Hilfen nur eine auf der Handlungsebene unterstützende Funktion zu (vgl. Schmidt 1981: 274f), sofern diese den Weg aus der Krise dort begleiten, wo das konkrete instrumentelle Wis-sen fehlt.

Zunächst gilt es nun für eine theoretische Annäherung an den Objektbe-reich, die Krise als ein existenzielles Phänomen zu begreifen, d.h. als etwas, das im Lebensvollzug auftritt und diesen betrifft. Otto Friedrich Bollnow, einer der wichtigsten pädagogischen Krisen-Theoretiker, erkannte in der Krise ganz all-gemein eine Zäsur im kontinuierlichen Dahinleben (vgl. Bollnow 1959: 24ff). Diese schicksalhafte Störung erfordert eine Neuorientierung des Lebensvollzugs, da dieser in der gewohnten Form unmöglich geworden ist. Schmidts analytische Ausdifferenzierung der Krise in eine Sinn- und eine Handlungsdimension erlaubt ihre Rückführung auf existenziale Strukturen des In-der-Welt-seins. Diese wur-den in den zurückliegenden Ausführungen in vier Schritten bestimmt:

1. Das In-der-Welt-sein meint den dynamischen Seinsvollzug als individuelle Lebensführung und -bewältigung.
2. Lebensführung erfordert eine als bedeutsam begegnende Umwelt.
3. Die Umwelt wiederum erhält ihre Bedeutsamkeit von einem Weltverständnis gestiftet. Das Weltverständnis ist das schematisch dispositive, nach dem Grad individueller Wertschätzung gegliederte, funktionale Verständnis potentiell begegnender Lebenswelt.
4. Das Weltverständnis charakterisiert so den einzelnen Menschen in seinem Sein.

Gelingende „Lebensführung" (vgl. Volz 1993; 2009) und gelingende „Lebensbewältigung" (vgl. Böhnisch 2001; 2005) zeichnen sich nach diesem Modell darin aus, dass die Welt ‚in Ordnung' ist: Ein Handeln ist möglich, da all das, was mir begegnet, für mich eine bestimmte Bedeutsamkeit trägt und mir damit eine eindeutige Orientierung verschafft. Die feste Hierarchie des *ordo amoris* konstituiert behandelbare Situationen. In der Krise hingegen bewährt sich das gewohnte Weltverständnis nicht mehr. Der *ordo amoris* zerbricht, da das (im beruflichen oder privaten Bereich) Geliebte, welches die individuelle Lebenswelt bisher gegliedert hat, entweder wegbricht oder sich anderem unterordnen muss.

Obwohl die möglichen Gründe hierfür vielfältig sind, bleibt das Resultat das selbe: Der Seinsvollzug ist durch die Bedeutungslosigkeit der gewohnten Umwelt gelähmt. Die Umwelt, in deren Bedeutsamkeit man immer ‚zuhause' war (vgl. Heidegger 2006: 188f), wird fremd, da sich mit dem Geliebten der Sinn und Zweck der Dinge verabschiedet. Aus Angst vor einer in die Handlungsunfähigkeit mündenden Sinn- und Bedeutungslosigkeit sehnt sich der Mensch nach „Rück-Bindungen, nach Formen und Gestalten von ‚*re-ligio* '" an *liebenswürdige* Deutungsordnungen, die „letzte Quellen des existenziell not-wendigen Lebenssinnes" (Volz 2009: 294; Birgmeier 2006; Mührel 2009a) darstellen und so eine verlässliche Basis für den Lebensvollzug bieten.

Da das ganze In-der-Welt-sein von der Verlässlichkeit des Weltverständnisses getragen ist, ist Schmidts analytische Differenzierung des Krisenbegriffes existenzialanthropologisch wie folgt nachzuzeichnen: Handlungskrisen *resultieren* aus Sinnkrisen, diese sind aber – gemäß der oben vorgetragenen Korrelation von Selbst und Weltverständnis – ganz wesentlich Selbstbestimmungskrisen. Die über eine hierarchische Sinngliederung des *ordo amoris* zu leistende Selbstbestimmung schafft erst eine bedeutungsvolle Umwelt, die dann den tätigen Lebensvollzug ermöglicht.

Daraus ist nun auch der im Kern *pädagogische Auftrag einer Sozialen Arbeit* ersichtlich, die sich den gelingenden Lebensvollzug des Klienten zum Ziel setzt: In der Krise liegt die Möglichkeit, zu sich als biographisch gewordenem

Selbst Stellung zu nehmen. Die Krise wirft einen an ihrem Höhepunkt „in die Stille seiner selbst zurück" (Heidegger 2006: 296) und kann so zum Initialmoment des selbstbestimmten Lebens werden. Der Mensch versucht nun jedoch, sich zugunsten des gelingenden Lebensvollzugs am krisenhaften Ereignis „vorbeizuschleichen [...], solange er irgendwie dazu eine Hoffnung hat" (Bollnow 1959: 34). Der erste pädagogische Schritt ist es hier, das Zurückgeworfenwerden dort, wo es aus dem misslingenden Alltag heraus von selbst notwendig wird, zuzulassen und damit die Selbstthematisierung zu ermöglichen, anstatt ihr in einem blinden Aktionismus zu entfliehen. Bollnow beschreibt den letzten Endes fruchtbaren Verlauf einer Krise so, dass sie auch im Gedankenkreis des *ordo amoris* diskutabel bleibt: „Von einer unhaltbar gewordenen alten Ordnung geht es durch den Höllensturz der Verzweiflung über die lösende Entscheidung zu einer neuen Ordnung" (ebd.). Die Restitution der Handlungsfähigkeit in der Krise ist nur über eine neubestimmte Sinnorientierung zu erreichen. Dass dies primär eine pädagogisch zugängliche Selbstbestimmungsaufgabe ist, liegt daran, dass ein bestimmtes Selbst dasselbe meint wie eine feste und sichere Art zu haben, die Dinge zu sehen. Das über die Selbstbestimmung erlangte und gefestigte Weltverständnis garantiert die gelingende Orientierung in konkreten Lebenssituationen, die dann richtiggehend ‚anzupacken' sind.

3   Fazit

Nun ist ja doch jeder irgendwie er selbst, insofern sich bei ihm biographisch ein bestimmtes Weltverständnis eingestellt hat. Manche allerdings, ließe sich hinzufügen, sind das, was und wie sie sind, mehr durch eigenen Entschluss geworden als andere. Echte Selbstbestimmung meint die „*Entschlossenheit*" (Heidegger 2006: 297) zu einem bestimmten Weltverständnis. Darin liegt dann – gewissermaßen über einen Umweg – auch die Entschlossenheit, sich selbst zu bejahen, nämlich als jemanden, der die Dinge so und so sieht und bewertet, für liebens- und hassenswert hält, dem dieses und jenes wichtig ist usw.

In der Bejahung einer Art, die Dinge zu sehen, ist also zugleich auch die Bejahung einer darin beschlossenen Seinsweise mitvollzogen. Dieser Akt der Sinn bestimmenden Stellungnahme zur Welt ist dann die Geburt des „*eigentlichen*, das heißt eigens ergriffenen *Selbst*" (ebd.: 129). Er initiiert das neuerliche Hinausschreiten in das Leben. Die entschlossene Wahl einer hierarchisch gegliederten Weltsicht, die dem in der Krise auf sich selbst zurück geworfenen Menschen aufgegeben ist, ist darum „keine weltflüchtige Abgeschiedenheit, sondern bringt illusionslos in die Entschlossenheit des »Handelns«" (ebd.: 310). Bollnow hält für diese „verbindliche Aneignung" einer Denk- und Wertungsart den Begriff ‚Engagement' für „gut gewählt, weil er nicht nur das eine bedeutet, daß ich mich für eine Sache einsetze, mich ihr verpflichte, sondern zugleich und in eins damit, daß ich mich auf etwas gründe und selber darin einen festen Stand gewinne" (Bollnow 1959: 105). Nur eine engagierte, eigenständige Bewertung wird als Antwort der Aufforderung gerecht, welche die Entscheidungssituation ‚Krise' mit sich bringt, nämlich eine „désordre du cœur" (Scheler 1933: 235) entschlossen zu beheben.

Für die Sozialpädagogik bedeutet die vorgestellte Konzeption nun konkret, dass krisenhafte Lebenslagen nur verstanden werden können, wenn man das nicht mehr greifende Weltverständnis in seiner Erschütterung begreift und sieht, warum aufgrund dessen die zur Krise führende Situation nicht mehr bewältigt werden kann. Der in Thierschs Lebensweltorientierung eminent praktische Orientierungsgedanke, aus der Beschreibung der Krisensituation als Erosion tradierter Alltagsorientierung die zwei grundlegenden Möglichkeiten der Restauration oder der Neuinszenierung bisheriger Lebensführung abzuleiten, kann dabei zwar formal beibehalten werden. Die konkrete Entscheidung darf vom Sozialpädagogen aber nicht abgenommen werden, die beiden ‚Richtungen' des Auswegs aus der Krise müssen als wertneutrale Optionen bestehen bleiben. Denn: den methodischen Individualismus in der sozialpädagogischen Beobachtung durch politisch tendenziöse („dezidiert gegen konservative Interpretationen", Grunwald/Thiersch 2001: 1137) oder systemische Erklärungsmodelle zu begrenzen kommt einer Aberkennung der Zuständigkeit des Klienten für das eigene Leben gleich, da diese entsprechende Lösungsstrategien in pädagogisch transformierter Form suggerieren.

Die Initiation von Selbstbestimmung geht mit einer Auslotung und Ausdehnung des individuellen Verantwortungsbereichs einher und vollzieht sich als undogmatische Aufforderung zur Selbstaufforderung (vgl. Schmidt 1981: 278). Der Sozialpädagoge kann seinen Klienten ‚wachrütteln', indem er im Gespräch implizite Deutungsstrukturen der bisherigen Lebensführung explizit thematisiert und darin mäeutisch die Verantwortlichkeit und das Engagement für das eigene Leben (wieder) erweckt[3]. Nur so kann er Lenks Plädoyer, die Sinnfrage wieder als eine unvermeidlich alltägliche aufzufassen und individuelle Deutungsmuster

---

3   Der etwas pathetische Begriff der ‚Erweckung' spielte in der Pädagogik bei Spranger, Montessori, Derbolav und Bollnow eine gewichtige Rolle (vgl. Bollnow 1959: 42ff). Analog dazu ließe sich aus aktuellerer, therapeutischer Sicht mit Fetz/Graeßner in Viktor Frankls Versuch, die in der Lebensführung seiner Klienten wirksame Wertordnung aufzudecken und das so gehobene Sinnpotential in logotherapeutischer, geistig-reflexiver Arbeit für das Lebensganze zu aktivieren, eine an Schelers *ordo amoris* ansetzende „wertpragmatische Methode" identifizieren (vgl. Fetz/Graeßner 2005: 140-145), die im Kontext der vorliegenden Überlegungen auch eine zentrale sozialpädagogische Relevanz erhalten kann.

des Alltags als selbstbestimmte Antworten darauf zuzulassen (vgl. Lenk 2008: 196f), Rechnung tragen.

Gerade für die Sozialpädagogik im Umkreis von Psychotherapie und Psychiatrie sowie in der ambulanten und stationären Jugendhilfe ist die Lebensführung des Klienten auch ein ethisches Thema. Wenngleich der Vorschlag zur Wiederherstellung von Handlungskompetenz durch prägnante Sinnkonstitution aus existenzialanthropologischer Perspektive generiert wurde und daher an sich noch keine moralische Dimension hat, ist es offensichtlich ein ethisches Problem, dass gerade die prägnantesten Deutungsmuster oft auch die fragwürdigsten sind. Ethische Überlegungen sind also im konkreten sozialpädagogischen Handeln als Korrektiv der Lebensgestaltung zu integrieren und wären der vorgestellten Konzeption zufolge methodisch in der Frage anzusetzen, welche Dinge in der Wertschätzungshierarchie eben nicht oben stehen dürften.

Auch darin muss es demnach bei der methodisch individualistischen Position bleiben, die moralische Konfliktsituationen als Konflikte individueller Wertschätzungen anstatt als solche zwischen individuellem Wollen und äußeren, sozialen Ansprüchen rekonstruiert, um die Möglichkeit des Engagements auch für die andere Sichtweise aus der Innenperspektive näher zu bringen. So ist es möglich, die Sozialpädagogik entgegen dem Pessimismus angesichts eines immer mehr zu einem Vehikel gesellschaftlicher Funktionssysteme verkommenden Bildungsbegriffs auch in der Postmoderne noch *pädagogisch* zu verstehen: als Beitrag zur Charakterbildung. Diese zielt auf ein fest bestimmtes Selbst, das sich in den stetig wandelnden sozialen und kulturellen Gegebenheiten zu positionieren weiß und nicht selbst in seinem Innersten dieser Wandlung unterworfen ist.

Nur aus einem in vorurteilsloser und selbst vollzogener Reflexion zustande gekommenen Weltverständnis erwächst eine gefestigte Persönlichkeit, deren Lebenspraxis dauerhaft gelingt. Es wäre Zeit, sich der wissenschaftlichen – z.B. existenzialanthropologischen – Untermauerung solcher Pathosformeln zu widmen, anstatt sie vorschnell als Ausdruck einer antiquierten Pädagogik zu verwerfen. Denn diese sind es letztlich auch, die das Engagement des theoretisch interessierten Praktikers Tag für Tag aufrechterhalten.

Mit diesen Vorüberlegungen zur existenzialen Anthropologie als (mögliche) Denkfigur einer dezidiert an philosophischen Grundlagen orientierten Sozialpädagogik ist eine denkbare Antwort auch auf die Frage nach der Theorie und Theoriebildung in Sozialpädagogik und Sozialer Arbeit gegeben (vgl. dazu Mührel/Birgmeier 2009, Birgmeier/Mührel 2011) – selbst dann, wenn wir diesbezüglich vor der Tatsache stehen, dass der derzeitige Stand des Wissens und der Forschung über Theorie(n) trotz vielfältiger Bemühungen der Experten noch immer ausgesprochen unbefriedigend und unzulänglich (vgl. Rauschenbach/Züchner 2010) ist. Die Gründe für diese Unzulänglichkeiten sind dabei auf mehreren

Denk-Ebenen zu finden, wie z.B. in einem – nach wie vor – divergierenden Verständnis der scientific community zum Begriff „Soziale Arbeit", in gegensätzlichen Ansichten zur Funktion von Theorie (und Wissenschaft), in konträr zueinander stehenden Bestimmungen des Verhältnisses zwischen Disziplin und Profession, in einer höchst undifferenzierten Verwendung des Begriffs „Erkenntnistheorie" und nicht zuletzt in der phänomenalen Vielfalt sozialpädagogischer wie sozialarbeiterischer „Zuständigkeitsbereiche" und Interessensgebiete im Denken *und* Handeln. Gerade der zuletzt genannte Aspekt erscheint uns ursächlich für die Heterogenitäten im Diskurs um (richtige) Denk- und (wirksame) Handlungslogiken in Sozialer Arbeit, zumal Denklogiken (Theorien) heutzutage auch „wirksam" sein sollten und Handlungslogiken (Methoden) „richtig", wodurch es kaum mehr möglich erscheint, Grundlagenforschung und Angewandte Forschung, Disziplin und Profession, Theorie und Praxis voneinander zu isolieren. Um den unbezweifelbaren (und ebenso erwünschten) Bezugsmomenten zwischen diesen jeweiligen Kategorien als *eine* Wissenschaft systematisch Rechnung tragen zu können, wäre es folglich auch wünschenswert, im Nachklang an eine seit Jahren anhaltende Phase der Ausdifferenzierung und Spezifizierung von Theorien der Sozialen Arbeit allmählich eine Phase der Reflexion über eben diese Ausdifferenzierung und Spezifizierung einzuläuten und von dort aus – vor allem philosophisch – nach einer konsensfähigen Rahmenstruktur der Theorie- und Wissenschaftsproduktion in Sozialer Arbeit Ausschau zu halten. Spezifische Einzelforschungen ließen sich so im Ganzen des disziplinären Betriebs lokalisieren.

Im Hinblick auf dieses Programm ist auch die Rolle der Philosophie im Kontext der (strengen) Wissenschaften als eine Grund- und Orientierungswissenschaft für die Soziale Arbeit in ihren Verwissenschaftlichungsbemühungen zu bestimmen. Denn die Philosophie kann für alle Wissenschaften wissenschaftswissenschaftliche, normative, integrative, vor allem aber reflexive Funktionen erfüllen. Durch diese vier Funktionen schlüpft sie analog dazu in vier Rollen, die – in aufsteigender Wichtigkeit – ihre Rolle als Wissenschaftstheorie gleichermaßen wie die als Ethik, als „Remedium gegen Übersichtsverluste durch zunehmende Spezialisierung" und schließlich ihre Rolle zum „rückbezüglichen Denken" (vgl. Marquard 1981: 196 f) zum Ausdruck bringen wollen. Damit sind die „Wissenschaften und auch die Philosophie […] kritische, ‚hinterfragende', reflektierende Wissenschaften, aber die Philosophie ist dies – und das unterscheidet sie von den etablierten Grundwissenschaften – so, dass sie die Reflexion nicht vor der Radikalisierung zur sekundären Naivität stoppt, nämlich der reflexiven, rückbezüglichen Frage: ‚Was hat das mit mir/mit uns zu tun?' d.h. mit der Lebenswelt und dem Leben, nicht sofern wir es erforschen, sondern sofern wir es selber leben müssen" (ebd. 1981: 197).

Indem Philosophie die Wissenschaftswelt auf die Lebenswelt, in der wir leben müssen, zurück bezieht, wird sie zu einer „Agentur" von Rückbezüglichkeit,
die deshalb so notwendig erscheint, weil durch die vielen Theorien und Theorie-
fragmente die Lebenswirklichkeiten in solche Konstrukte verwandelt werden, in
denen tatsächlich nur wenige zu leben imstande sind. Gerade hier muss die Philosophie einspringen mit der Frage: „Was bedeutet es für das Leben, das zu leben uns niemand abnehmen kann?".

Durch diese Funktionen, die durch die Philosophie als der „common sense" in
den Wissenschaften zusammenwirken, wird sie – auch als Mittel zur Überwindung
einer „Inkompetenzkompensationskompetenz" (vgl. Marquard 2005) – so „modern
und gerade gegenwärtig so nötig wie nie zuvor"; dies liegt vorwiegend daran, dass
in der modernen Welt der Wissenschaften – wegen ihrer wachsenden Änderungs-
geschwindigkeit und der damit zusammenhängenden Orientierungskrisen – der
Orientierungsbedarf wächst und eben deswegen der Bedarf auch und gerade nach
der fundamentalen Orientierungswissenschaft: der Philosophie.

Um solch ein „Projekt" auch für die Soziale Arbeit zu realisieren, ist es jedoch nötig, eine neutrale und von jeglichen wissenschaftspolitischen Sachzwän-
gen und szientistischen Sozio-Logiken unabhängige Instanz (bzw. Institution) für
die Soziale Arbeit zu schaffen, deren Aufgabe es ist, mittels *reflexiver* und ord-
nungssystematischer Zugänge zumindest eine *ganzheitliche Struktur der Fragen*
an die Theorie(n)entwicklung in Sozialer Arbeit zu zeichnen. Ein – hoffenswert-
erweise – für die Zukunft zu etablierendes und hochschulpolitisch unabhängiges
Institut für Wissenschaft und Theorie der Sozialen Arbeit böte die Chance, die
Klassiker und die Pioniere der Theorieentwicklung in Sozialer Arbeit weiter zu
motivieren, bisherige Theoriegrenzen zu überschreiten bzw. neue Theoriegebiete
zu erobern und gleichzeitig all diese „Fundstücke" zu katalogisieren, zu ordnen,
zu kategorisieren und – metatheoretisch mit Hilfe philosophischer, wissen-
schafts- und erkenntnistheoretischer Kriterien – zu beurteilen. Vielleicht könnten
wir damit die vielen Fragen und Fragwürdigkeiten im Zusammenhang mit der
Diskussion um die Theorie und die Wissenschaft der Sozialen Arbeit mit der
nötigen Übersicht angehen.

Literatur

Arlt, Gerhard (2001): Philosophische Anthropologie. Stuttgart/Weimar: Metzler.
Bannister, Don/Fransella, Fay (1981): Der Mensch als Forscher (Inquiring Man). Die
    Psychologie der persönlichen Konstrukte. Münster: Aschendorff.
Bauman, Zygmunt (1995): Ansichten der Postmoderne. Hamburg: Argument Verlag.
Birgmeier, Bernd (2003): Soziale Arbeit: „Handlungswissenschaft", „Praxiswissenschaft"
    oder „Praktische Wissenschaft"? Überlegungen zu einer handlungstheoretischen
    Fundierung Sozialer Arbeit. ESOPA Band 11. BPB-Verlag: Eichstätt.

Birgmeier, Bernd (2005): Sozialpädagogik als Handlungswissenschaft. Wissenschaftstheoretische Fragen und Antworten einer handlungstheoretisch fundierten Sozialpädagogik. In: Sozialmagazin 30. Jg., H. 5/2005.

Birgmeier, Bernd (2006): Krisen und Widerfahrnisse als Grundkategorien der Sozialpädagogik. In: Mührel, Eric (Hrsg.): Quo vadis Soziale Arbeit? Essen: Die Blaue Eule, 125-148.

Birgmeier, Bernd (2007): Handlung und Widerfahrnis. Prolegomena einer strukturellen Betrachtung von Lebenswirklichkeiten im Rahmen von Handlungs-Widerfahrnis-Kontexten. Frankfurt a. M.: Lang.

Birgmeier, Bernd (2009): Odo Marquards philosophisch-anthropologische Implikationen zum „Menschlichen" – oder: von der Entdeckung eines bislang unentdeckten Klassikers ontologischer und ontischer Sozialpädagogik. In: Mührel, Eric (Hrsg.): Zum Personenverständnis in der Sozialen Arbeit und der Pädagogik. Essen: Die Blaue Eule, 19-41.

Birgmeier, Bernd (2010): Die Menschen ihre Geschichte erzählen lassen. Adressaten als Kompetenzquellen in der Sozialen Arbeit. In: Blätter der Wohlfahrtspflege 4/2010, 142-145.

Birgmeier, Bernd/Mührel, Eric (2011): Wissenschaftliche Grundlagen der Sozialen Arbeit. Schwalbach/Ts: Wochenschau Verlag.

Böhnisch, Lothar (2001): Lebensbewältigung. In: Otto, Hans-Uwe/Thiersch, Hans (Hrsg.): Handbuch Sozialarbeit/Sozialpädagogik. Neuwied: Luchterhand, 1119-1121.

Böhnisch, Lothar (2005): Sozialpädagogik der Lebensalter. Weinheim: Juventa.

Bollnow, Otto Friedrich (1959): Existenzphilosophie und Pädagogik. Stuttgart: Kohlhammer.

Cassirer, Ernst (2002): Philosophie der symbolischen Formen. Dritter Teil: Phänomenologie der Erkenntnis. Hamburg: Meiner.

Fahrenbach, Helmut (1970): Heidegger und das Problem einer „philosophischen" Anthropologie. In: Klostermann, Vittorio (Hrsg.): Durchblicke. Martin Heidegger zum 80. Geburtstag. Frankfurt a. M.: Klostermann, 97-131.

Fetz, Reto Luzius/Graeßner, Melanie (2005): Die wertpragmatische Methode. Frankls therapeutische Umsetzung von Schelers *Ordo Amoris*. In: Batthyány, Dominik/Zsok, Otto (Hrsg.): Viktor Frankl und die Philosophie. Wien: Springer, 125-148.

Foerster, Heinz von (1993): Wissen und Gewissen. Versuch einer Brücke. Frankfurt a. M.: Suhrkamp.

Grunwald, Klaus/Thiersch, Hans (2001): Lebensweltorientierung. In: Otto, Hans-Uwe/Thiersch, Hans (Hrsg.): Handbuch der Sozialarbeit/Sozialpädagogik. 2. Auflage. Neuwied/Kriftel: Luchterhand, 1136-1148.

Heidegger, Martin (1976): Wegmarken. In: Ders.: Gesamtausgabe. Bd. 9. Frankfurt a. M.: Klostermann.

Heidegger, Martin (1991): Kant und das Problem der Metaphysik. In: Ders.: Gesamtausgabe. Bd. 3. Frankfurt a. M.: Klostermann.

Heidegger, Martin (1995): Ontologie (Hermeneutik der Faktizität). In: Ders.: Gesamtausgabe. Bd. 63. Frankfurt a. M.: Klostermann.

Heidegger, Martin (1999): Zur Bestimmung des Philosophie. In: Ders.: Gesamtausgabe. Bd. 56/57. Frankfurt a. M.: Klostermann.

Heidegger, Martin (2006): Sein und Zeit. Tübingen: Niemeyer.

Heiner, Maja (2004): Professionalität in der Sozialen Arbeit. Theoretische Konzepte, Modelle und empirische Perspektiven. Stuttgart: Kohlhammer.

Hejl, Peter M. (2000): Konstruktion der sozialen Konstruktion. Grundlinien einer konstruktivistischen Sozialtheorie. In: Glasersfeld, Ernst von/Foerster, Heinz von et. al.: Einführung in den Konstruktivismus. München: Piper, 109-146.

Herbart, Johann Friedrich (1919): Die ältesten Hefte. In: Ders.: Johann Friedrich Herbarts Pädagogische Schriften. Bd. III. Osterwieck/Leipzig: Zickfeldt, 505-540.

Ignatow, Assen (1979): Heidegger und die philosophische Anthropologie. Eine Untersuchung über die anthropologische Dimension des Heideggerschen Denkens. Königstein: Verlagsgruppe Athenäum, Hain et. al.

Lenk, Hans (1978): Philosophische und wissenschaftstheoretische Grundlagenprobleme der Sozialwissenschaften. In: Engfer, Hans-Jürgen (Hrsg.): Philosophische Aspekte schulischer Fächer und pädagogischer Praxis. München: Urban und Schwarzenberg, 90-112.

Lenk, Hans (1993): Interpretationskonstrukte. Zur Kritik der interpretatorischen Vernunft. Frankfurt a. M.: Suhrkamp.

Lenk, Hans (1995): Schemaspiele. Über Schemainterpretationen und Interpretationskonstrukte. Frankfurt a. M.: Suhrkamp.

Lenk, Hans (2008): Humanitätsforschung als interdisziplinäre Anthropologie. Zur philosophischen Anthropologie zwischen Stammesgeschichte und Kulturdeutung. Frankfurt a. M.: Lang.

Mack, Wolfgang (2008): Bewältigung. In: Coelen, Thomas/Otto, Hans-Uwe (Hrsg.): Grundbegriffe Ganztagsbildung. Das Handbuch. Wiesbaden: VS Verlag, 146-154.

Marquard, Odo (1981): Bemerkungen zur Philosophie als „Grundwissenschaft". In: Zeitschrift für Didaktik der Philosophie 3/1981, S. 196-198.

Marquard, Odo (2001): Homo compensator. In: ders. (Hrsg.): Philosophie des Stattdessen. Reclam Verlag: Stuttgart, 11-29.

Marquard, Odo (2005): Inkompetenzkompensationskompetenz? In: ders. (Hrsg.): Abschied vom Prinzipiellen. Reclam Verlag: Stuttgart, 23-39.

May, Michael (2009): Aktuelle Theoriediskurse Sozialer Arbeit. Eine Einführung. 2. Auflage. Wiesbaden: VS Verlag.

Mayer-Drawe, Käte (1988): Aneignung – Ablehnung – Anregung. Pädagogische Orientierungen an Heidegger. In: Gethmann-Siefert, Annemarie/Pöggeler, Otto (Hrsg.): Heidegger und die praktische Philosophie. Frankfurt a. M.: Suhrkamp, 231-250.

Mennemann, Hugo (2000): Krise als ein Zentralbegriff der (Sozial-)Pädagogik – eine ungenutzte Möglichkeit? In: neue praxis. Jg. 93 (2000), Heft 3, 207-226.

Mührel, Eric (2008): Verstehen und Achten. Philosophische Reflexionen zur professionellen Haltung in der Sozialen Arbeit. 2. Auflage. Essen: Die Blaue Eule.

Mührel, Eric (2009): Was ich liebte. Epilog zur Bestimmung der Sozialpädagogik. In: Mührel, Eric/Birgmeier, Bernd (Hrsg.): Theorien der Sozialpädagogik – ein Theorie-Dilemma? Wiesbaden: VS Verlag, 185-199.

Mührel, Eric (2009a): Soziale Arbeit im Menschenpark. In: ders. (Hrsg.): Soziale Arbeit im gesellschaftlichen Wandel. Essen: Die Blaue Eule, 88-100.

Mührel, Eric (2009b) (Hrsg.): Zum Personenverständnis in der Sozialen Arbeit und der Pädagogik. Essen: Die Blaue Eule.

Mührel, Eric/Birgmeier, Bernd (2009) (Hrsg.): Theorien der Sozialpädagogik – ein Theorie-Dilemma? Wiesbaden: VS Verlag.

Nauerth, Matthias (2009): Fallverstehen als Grundlage der Vorbereitung und nachträglichen Begründung sozialpädagogischer Hilfe. In: Mührel, Eric/Birgmeier, Bernd (Hrsg.): Theorien der Sozialpädagogik – ein Theorie-Dilemma? Wiesbaden: VS Verlag, 215-232.

Otto, Hans-Uwe/Ziegler, Holger (2010) (Hrsg.): Capabilities – Handlungsbefähigung und Verwirklichungschancen in der Erziehungswissenschaft. Wiesbaden: VS Verlag.

Pöggeler, Otto (1966): Existenziale Anthropologie. In: Rombach, Heinrich (Hrsg.): Die Frage nach dem Menschen. Aufriss einer philosophischen Anthropologie. Freiburg/München: Verlag Karl Alber, 443-460.

Rauschenbach, Thomas/Züchner, Ivo (2010): Theorie der Sozialen Arbeit. In: Thole, Werner (Hrsg.): Grundriss Soziale Arbeit. Wiesbaden: VS Verlag, 151-174.

Ried, Christoph (2010): Die Alltäglichkeit der Interpretation. Heideggers früher Weltbegriff als existenzial-anthropologische Perspektive des transzendentalen Interpretationismus von Hans Lenk. Berlin: LIT Verlag.

Rombach, Heinrich (1987): Strukturanthropologie. Freiburg/München: Verlag Karl Alber.

Rumelhart, David E. (1980): Schemata. The building blocks of cognition. In: Spiro, Rand/Bruce, Betram/Brewer, William (Hrsg.): Theoretical issues in reading comprehension. Perspectives from cognitive psychology, linguistics, artificial intelligence and education. Hillsdale/New Jersey: Lawrence Erlbaum, 33-59.

Scheler, Max (1933): Ordo amoris. In: Ders.: Schriften aus dem Nachlass. Bd. I: Zur Ethik und Erkenntnistheorie. Berlin: Der Neue Geist Verlag, 225-261.

Schilling, Johannes (2000): Anthropologie. Menschenbilder in der Sozialen Arbeit. Neuwied/Kriftel: Luchterhand.

Schmidt, Hans-Ludwig (1981): Theorien der Sozialpädagogik. Kritische Bestandsaufnahme vorliegender Entwürfe und Konturen eines handlungstheoretischen Neustarts. Rheinstetten: Schindele.

Schmidt, Hans-Ludwig (1998): Menschen in krisenhaften Lebenssituationen. Überlegungen zu Aufgaben und Grenzen der Sozialpädagogik. In: Jendrowiak, Hans-Werner (Hrsg.): Humane Schule in Theorie und Praxis. Frankfurt a. M.: Lang, 182-203.

Schwermer, Josef (1990): Den Menschen verstehen. Eine Einführung in die Psychologie für seelsorgliche Berufe. Paderborn: Bonifatius.

Thiersch, Hans (1986): Die Erfahrung der Wirklichkeit. Perspektiven einer alltagsorientierten Sozialpädagogik. Weinheim: Juventa.

Thiersch, Hans (1998): Lebensweltorientierte Soziale Arbeit. In: Rauschenbach, Thomas/ Thole, Werner (Hrsg.): Sozialpädagogische Forschung. Weinheim: Juventa, 81-96.

Volz, Fritz Rüdiger (1993): „Lebensführungshermeneutik". Zu einigen Aspekten des Verhältnisses von Sozialpädagogik und Ethik. In: neue praxis. Jg. 23 (1993), Heft 1+2, 25-31.

Volz, Fritz Rüdiger (2009): „In aller Freundschaft" – Thesen zu Personwerdung und Vermögensbildung. In: Mührel, Eric/Birgmeier, Bernd (Hrsg.): Theorien der Sozialpädagogik – ein Theorie-Dilemma? Wiesbaden: VS Verlag, 287-305.

Waldenfels, Bernhard (1985): In den Netzen der Lebenswelt. Frankfurt a. M.: Suhrkamp.

Winkler, Michael (1988): Eine Theorie der Sozialpädagogik. Stuttgart: Klett.

Winkler, Michael (2003): Theorie der Sozialpädagogik – eine Rekonstruktion. In: Zeitschrift für Sozialpädagogik. Jg. 1 (2003), Heft 1, 6-24.

Sozialforschung und Soziale Arbeit: Für einen methodologischen Pluralismus

Tilman Thaler & Bernd Birgmeier

1 Einleitung

Ein Blick auf die Titel der gängigsten Lehrbücher zur Sozialforschung offenbart, dass oftmals zwischen einer *empirischen* und einer *qualitativen* Sozialforschung unterschieden wird (vgl. Lamnek 1989, Mayring 1996, Kromrey 2006, Diekmann 2006, Flick 2007, Atteslander 2008). Eine solche Differenzierung ist begrifflich sehr irreführend, weil damit suggeriert wird, *qualitative* Forschung sei gleichzusetzen mit nicht-*empirischer* Forschung. Dies wäre selbst bei streng naturwissenschaftlicher Wissenschaftsauffassung nicht haltbar, denn: qualitative Merkmale lassen sich empirisch untersuchen und können quantitativ operationalisiert werden. Die Unterscheidung beruht aber im Kern auf der Abgrenzung des *quantitativen* vom *qualitativen* Methodenparadigmas (kritisch dazu: Schurz 2008), weswegen man konsequenterweise zwischen einer *quantitativen* und einer *qualitativen* Sozialforschung differenzieren sollte.

Die Begriffswahl, also *qualitativ* versus *empirisch*, ist u. E. nicht hilfreich, will man methodologische Abgrenzungen verstehen, denn im Grunde geht es um unterschiedliche Forschungsinteressen und um unterschiedliche Zielsetzungen der Erforschung der sozialen Welt: Ralf Bohnsack (2003) beispielsweise verwendet die Begriffe ,hypothesenprüfende' und ,rekonstruktive' (im weiteren Sinn also: hypothesengenerierende) Verfahren (vgl. auch Lamnek 1993, S. 99 ff.), welche die dahinterstehenden Paradigmen weitaus treffender beschreiben. Der Autor selbst zählt die hypothesengenerierenden Verfahren zu einer *rekonstruktiven* Sozialforschung, welche paradigmatisch der *qualitativen* Sozialforschung sehr ähnlich ist bzw. ihr entspricht.

Um die Verwirrung komplett zu machen gibt es eine sog. *interpretative* Sozialforschung (Schröer 1994, Strübing & Schnettler 2004, Rosenthal 2005), eine *integrative* Sozialforschung (Seipel & Rieker 2003), eine *kommunikative* Sozialforschung (Arbeitsgruppe Bielefelder Soziologen 1976), eine *online-*, eine *interdisziplinäre* und eine *kulturvergleichende* Sozialforschung etc. pp. Dahinter stecken nicht immer eigene Wissenschaftsauffassungen, sondern auch programmatische oder gegenstandsbezogene Spezifikationen. Im Folgenden soll nun der Versuch gemacht werden zu klären, was Sozialforschung konkret ist und was sie für die Soziale Arbeit bedeutet.

2 Sozialforschung *für* Soziale Arbeit

Ganz allgemein formuliert geht es in der Sozialforschung um die Erforschung der sozialen Welt. Einleuchtend dürfte sein, dass diese Erforschung Ergebnisse hervorbringen soll, die auch ‚stimmen', also tatsächlich etwas über diese soziale Welt aussagen, also ‚wahr' oder ‚richtig' sind.[1]

Nun gibt es – verkürzt dargestellt – zwei als *empirisch* zu bezeichnende Herangehensweisen für die Erforschung der sozialen Welt:

- einerseits die Formulierung von Hypothesen und deren Überprüfung an der Realität (Kritischer Rationalismus). Dabei ist das Zustandekommen der Hypothesen irrelevant, allein die Prüfung ist das, was wissenschaftliches Arbeiten ausmacht;
- andererseits die datenbasierte (induktive) Aufstellung von Hypothesen aus empirisch gewonnenem Ausgangsmaterial (Empirismus). Dabei ist das Zustandekommen der Hypothesen höchstrelevant und bildet den Kern wissenschaftlichen Arbeitens.[2]

Beide Arten sind auf empirisch gewonnenes Datenmaterial angewiesen. Wir möchten die beiden Herangehensweisen in Anlehnung an Ralf Bohnsacks Terminologie als *Hypothesenprüfung* und *Hypothesengenerierung* bezeichnen, wobei uns die Problematik bewusst ist, dass auch diese Begriffe irreführend sind (es geht ja bspw. nicht nur um Hypothesen, sondern auch um ganze Theorien) und erkenntnis- und wissenschaftstheoretische Probleme nicht erkenntlich machen. Sie bezeichnen aber deutlich die Unterschiede im Prozess des wissenschaftlichen Arbeitens und sind auf paradigmatischer Ebene einleuchtend (vgl. Tabelle 1).

Eine dritte Form der Erforschung der sozialen Welt ist die philosophische Reflexion, konkret: das Philosophieren, das sich nicht auf empirisches Material bezieht (bzw. nicht beziehen *kann*). Wir bezeichnen diese dritte Form als *nicht-empirische* Forschung. Dazu gehört u. a. die Wissenschafts- und Erkenntnistheorie, die Methodologie, die *Bindestrich*philosophien (Sozial-, Bildungs-, Moral-, Religions-, Lebensphilosophie usw.) und die Ethik. Diese philosophischen Reflexionen werden deswegen als ‚nicht-empirische' Forschung bezeichnet, weil sie jene Wertungen, Normen, Sollensforderungen enthalten und – eben – reflektieren, die im empirischen Sinne weder prüfbar noch generierbar sind. Zu ihrem

---

1 Angesichts der Fülle an existierenden Wahrheitstheorien fällt es schwer, Begriffe wie „wahr" oder „richtig" überhaupt zu verwenden.
2 Dass nun ‚empirische' Sozialforschung dem Paradigma des Kritischen *Rationalismus* folgt, erscheint fast wie begrifflicher Dadaismus, vor allem deshalb, weil ‚qualitative' Sozialforschung eher noch an die Forschungslogik des *Empirismus* erinnert als die ‚empirische' Sozialforschung selbst.

methodischen Repertoire gehören die Hermeneutik, die Dialektik und die Phänomenologie, wobei diese Methoden (ob im- oder explizit) auch in empirischer Forschung angewandt werden (realisiert in der sog. Qualitativen Sozialforschung; vgl. u. a. Kron 1999).

Nun gibt es Versuche von Wissenschaftstheoretikern, bestimmte Herangehensweisen als unwissenschaftlich zu markieren (vgl. Habermas 1981, Albert 1991, Bohnsack 2003), wobei Erkenntnis- und Wahrheitstheorien bemüht werden müssen, die nur schwer bis gar nicht widerlegt oder bestätigt werden können (Logizität, Zweck-Mittel-Relationen), und diesbezügliche Auseinandersetzungen in Streitereien und Diskurse über Positivismus, Wertfreiheit und Szientismus münden (Adorno et al. 1974, Lenk 1986, Albert 1991). Für die Zwecke einer methodologischen Systematisierung – auch für die Soziale Arbeit – helfen solcherlei Ausgrenzungen jedoch nicht weiter, sondern es erscheint sinnvoll, die Herangehensweisen so darzustellen, wie sie sich präsentieren: als sozialwissenschaftliche Forschungspraxis!

Will man allgemeine Erkenntnisse über die soziale Welt gewinnen, also grundlegende Einsichten, die relativ repräsentativ für alle Mitglieder sind, so leuchtet ein, dass große Datenmengen erforscht werden müssen, dass deren Erhebung und Auswertung standardisiert erfolgt und vorab definierte Hypothesen quantitativ geprüft werden.[3] Aber auch auf philosophischem Wege lassen sich grundlegende Einsichten formulieren, die zwar nicht empirisch widerlegt oder bestätigt werden können, jedoch wichtig sind, wenn es um Entscheidungshilfen für etwaige politische (und auch pädagogische) Maßnahmen geht. Zum Beispiel sind philosophisch-anthropologische Betrachtungen wichtig für die Setzung ethischer Standards in pädagogischen Bereichen; sie zu vernachlässigen, weil sie nicht empirisch sind und sie aus der Sozialforschung auszuklammern, weil sie als unwissenschaftlich abgestempelt werden, hieße nur, eine Sozialwissenschaft zu beschneiden. Grundlegende Einsichten sind deswegen noch lange nicht immer wahr respektive falsch. Zu Theorien gebündelte Hypothesen bleiben stets revidierbar (falsifizierbar) und dies gilt vor allem für die von Wandlungen, Fortschritten und Weiterentwicklung betroffene soziale Welt. Und diesbezüglich spielt es keine Rolle, ob diese Einsichten auf empirischem Weg gewonnen wurden oder auf einem nicht-empirischem.

Wichtig ist zudem zu bedenken, dass sozialwissenschaftliche Erkenntnisse einen Verwertungszusammenhang besitzen, der praktische Sozialforschung überhaupt erst nötig macht: die Lösung von Problemen, Nöten, Fragen etc., die sich – mit den Worten Dahrendorfs (2006) gesprochen – aus der ärgerlichen

---

3   Eine qualitative, gemeint: einzelfallbezogene Prüfung scheidet für alle Mitglieder schon aus forschungspraktischen Gründen aus, auch methodisch wäre dies mit großer Unsicherheit belastet.

Tatsache der Gesellschaft ergeben. Diese Tatsache ist zugleich auch Entde-
ckungszusammenhang von Sozialforschung und dies zumeist nicht in der Gesamtheit, der Allgemeinheit oder Totalität, sondern: im Einzelfall.

Erforschung der sozialen Welt			
	„Empirische"	„Qualitative"	„Philosophische"
Methodik	Quantitativ	Qualitativ	Diskursiv/Reflexiv
Fragestellung	hypothesenprüfend	hypothesengenerierend	wertreflektierend
Gegenstand	Allgemeinheiten	Einzelheiten	Widersprüche (Ungewissheiten)
Forschungsinteresse	Grundlagen	Anwendungen	Voraussetzungen (normative Implikationen)
Bewährung	Falsifikation	Explikation	Konsens/Dissens
Entdeckungs- zusammenhang	Deduzierbarkeit empirischer Hypo- thesen	Empirische Forschung	Kritik
Begründungs- zusammenhang	Empirische For- schung	Konsensuelle Begrün- dung	Diskurs
Verwertungs- zusammenhang	Instrumentales Handeln	Gestaltung von Praxis	Emanzipation/Reflexion

Tabelle 1:　Heuristik zur Systematisierung forschungsmethodischer Grundlagen
in Bezug auf Forschungsparadigmen/-methodologien

Will man also Probleme, Fragen und Nöte lösen, die sich in einem bestimmten
Kontext ergeben, der zeitlich und räumlich abgegrenzt ist, ist darauf zu achten,
den Gegenstand der Untersuchung möglichst in diesem Kontext zu belassen (d.h.
natürliches Umfeld, keine Standardisierung und damit keine Quantifizierung),
um Artefakte und Verzerrungen zu vermeiden. Dass dies vom Forscher große
Kompetenzen verlangt, dass Teilhabe am Feld und Hypothesenbildung schwieri-
ge Aufgaben sind, ist unbestreitbar. Verallgemeinerungen sind nur insofern möglich, als dass die gewonnenen Hypothesen Ausgangspunkt für weitere (*hypothe-
senprüfende*) Studien sein können.[4] Jedoch gelten die Erkenntnisse erst einmal
nur für die untersuchten Fälle, was die vorteilhafte Kehrseite hat, tiefe Einsichten

---

4　Neben der Tatsache, dass Induktionsschlüsse zur *Begründung* von Theorien nicht zulässig sind
　　(Popper), werden in der Forschungspraxis natürlich Hypothesen und Gesetze formuliert, die durch
　　induktives Schließen aufgrund von ‚Beobachtungen' vieler Einzelfälle zustande kommen.

gewonnen zu haben, die für die Anwendung von Maßnahmen von Nutzen sind, die den Gegenstand verändern (z.B. pädagogische Maßnahmen). Dass hier neben empirischen Methoden auch hermeneutische, dialektische und/oder phänomenologische Techniken zur Anwendung kommen, wurde oben schon angedeutet und deren Notwendigkeit durch verschiedenste Autoren bereits ausreichend begründet (Wilson 1980, Lamnek 1989, Bohnsack 2003).

3   Sozialforschung *und* Soziale Arbeit

Wie immer man nun „Soziale Arbeit" verstehen will (zur Begriffsdiffusion vgl. u.a. Birgmeier & Mührel 2011), der Gegenstand der Sozialen Arbeit ist der gleiche wie der der Sozialforschung: die soziale Welt. Gewiss, die Forschungsfrage führt zur Gegenstandskonstituierung und dies mag die vorherige Feststellung relativieren, doch lassen sich Aussagen über die soziale Welt treffen, die unabhängig von der Forschungsfrage als gegeben angenommen werden dürfen.[5]

Eine der hier vertretenen Annahmen ist die *dialektische* Grundstruktur der sozialen Welt: sie ist widersprüchlich, in sich nicht linear.[6] Das Sein ist stets auf ein Sollen ausgelegt (im ‚Normalfall'), was vor allem für Fragen der Sozialen Arbeit – hier begriffen als Sozialarbeit und Sozialpädagogik – interessant ist. Sowohl der soziale Mensch als auch der Sozialforscher sind nicht lediglich daran interessiert, was ist, sondern auch und vor allem daran, was sein soll, also (noch?) *nicht* ist. So ist auch zu verstehen, dass Handlungen auf einen Zweck hin orientiert sind und dahingehend interpretiert werden und dass diese Interpretationen vom Sozialforscher rekonstruiert werden. Dies erfordert Verstehen und Verständnis, also eine Sinnauslegung, über die Konsens herrscht, jedoch nicht unbedingt *richtig* oder *wahr* sein muss.[7] Eine Sozialforschung, die diesen Sollensaspekt der sozialen Welt unberücksichtigt lässt, muss demnach als eine allenfalls halbierte Sozialforschung begriffen werden (natürlich nicht im quantitativen Sinn!). Und, da dieser Sollensaspekt nicht insofern empirisch untersucht werden kann, als dass er real existierende Entsprechungen in der sozialen Welt vermis-

---

5   Zugegebenerweis nicht angenommen werden *müssen*, da sie nicht widerlegbar sind, sich also nicht *bewähren* können.

6   Diese Widersprüchlichkeit ist ein großes Problem angesichts der Forderung nach Widerspruchsfreiheit in wissenschaftlichen Theorien. Ein Ausweg ist die Verwendung einer Fachsprache, die Transformation von Aussagen und ihre Präzisierung, um Widersprüche definitorisch zu vermeiden. Ein zweiter Ausweg ist der Einsatz der Dialektik, wobei Widersprüche in Form von Synthesen aufgelöst werden (sollen).

7   Wahrheitskriterien sind dabei ohnehin nicht vorhanden (vgl. Popper); daraus ‚folgt' ja der Fallibilismus bzw. die Konsensustheorie der Wahrheit (Habermas). Die Korrespondenztheorie der Wahrheit (Tarski) erlaubt *keine* Ableitung von Entscheidungskriterien (vgl. Schurz 2008).

sen lässt (das Gesollte *ist* nicht), erfordert dessen Erforschung die Verwendung nicht-empirischer Methoden. Auf empirisch-analytischem Wege lässt sich das Vorhandensein von bspw. Wertvorstellungen deskriptiv erforschen, deren Relationen untereinander logisch untersuchen und es lassen sich hierdurch auch Zweck-Mittel-Schlüsse überprüfen (vgl. Schurz 2008).

Doch für die Lösung diesbezüglicher Nöte, Probleme und Fragen im Verwertungszusammenhang sind Entscheidungen notwendig, die durch nicht-empirische Methoden zwar nicht hinreichend, aber fundierter herbeigeführt werden können. Denn, und dies ist die zweite Annahme: Sozialforschung ist im Bereich der Sozialen Arbeit oftmals Anwendungsforschung (vgl. für die Sozialpädagogik: Rauschenbach & Thole 1998) und damit sind ihre Ergebnisse häufig Grundlage für politische, pädagogische, sozialarbeiterische o. ä. Entscheidungen. Zwar werden Entscheidungen oftmals auf der Basis empirischer Studien getroffen, dies aber nur zum Schein, denn solche Berufungen sind meist künstlich und beruhen auf dem naturalistischen Fehlschluss (vgl. Rost 2007). Sozialforschung als Grundlagenforschung entkleidet sich zumeist als naturwissenschaftliche Forschung (Mensch als Gattungswesen, biologisches Wesen …), deren Ergebnisse zumindest bei SozialpädagogInnen den Eindruck hinterlassen, philosophisch-anthropologische Dimensionen unberücksichtigt zu lassen (Mensch als handelndes, interpretierendes, soziales, nicht-festgestelltes, freies Wesen, etc.).

Den Durchschnittsmenschen gibt es freilich nicht. Dies ist zwar eine triviale Feststellung, jedoch höchst relevant im Hinblick auf die Identifizierung von Sollensforderungen, die sich ja oftmals aus Normwerten[8] ergeben, welche wiederum abgeleitet werden aus den Durchschnittswerten einer Merkmalsmessung (z.B. Intelligenztest). Die Problematik der „Rechtfertigungsfähigkeit von Normalitätserwartungen" (Mollenhauer 1998, S. 37) und einer standardisierten Ausgrenzung aus dem Normalfall und daraus sich ergebenden Konsequenzen für den Einzelfall, ist nicht einfach aufzulösen durch den Rekurs auf die forschungsmethodische Nachprüfbarkeit.

Vor allem SozialarbeiterInnen und SozialpädagogInnen sollten sich der Dialektik des sozialen Lebens stets bewusst sein, und zwar in ihrer Ungewissheit, ob Synthesen gefunden werden können oder nicht. Eine Vereinfachung, ein es-sich-leicht-Machen durch quasinaturalistische Fehlschlüsse (gemeint ist die Ableitung von Sollensforderungen aus Mess- und Normwerten) stellt die Vernachlässigung der Reflexion philosophischer Fragen dar. Eine so verkürzte Soziale Arbeit würde sich dann womöglich selbst bald nur noch ‚Arbeit' nennen.

---

8   Der Begriff „Normwert" meint hier den Durchschnittswert, der als Norm gesetzt wird (meist kein einzelner Wert, sondern ein Intervall, z. B. der Mittelwert plus minus einer Standardabweichung).

Eine dritte Annahme ist hier ebenso noch zu explizieren: der (soziale) Mensch ist immer in seiner Ganzheit zu betrachten, genauso wie in den einzelnen Dimensionen seines Daseins. Und diese Forderung entspricht einer Form der Erforschung, deren Erkenntnisschritte hermeneutisch ‚spiralförmig' ablaufen, also die Dialektik aus dem Ganzen und seiner Teile berücksichtigen. Dabei ist das Erkenntnis*subjekt* genauso einzubeziehen wie das Erkenntnis*objekt*. Selbst wenn das Erkenntnissubjekt grundlegende Erkenntnisse generieren will (also hypothesenprüfend, quantitativ forscht), leitet dieses Subjekt doch die Fragestellung, der theoretische Entwurf; und diesbezüglich ist eine ganzheitliche Sicht der beste Ausgangspunkt, um die ‚richtigen' Fragen zu stellen, die ‚besten' Hypothesen aufzustellen und schlüssige Antworten zu finden. Um es mit Heinrich Roth zu sagen: „Unser Wissen ums Ganze (...) macht die Pädagogik gerade frei, Probleme sinnvoll zu isolieren" (Roth 1969, S. 31). Und dies mag nicht nur für die Pädagogik gelten, sondern auch für die Sozialarbeit, die Sozialpädagogik und somit für die Soziale Arbeit im Gesamt.

4   Sozialwissenschaftliche Gegenstandskonstituierung und Soziale Arbeit

Grundlegend kann die Forderung aufgestellt werden, dass wissenschaftliche Forschung Ergebnisse produzieren soll, deren Gültigkeiten intersubjektiv nachprüfbar sind. In gewissem Sinne soll also das Erkenntnissubjekt einen Gegenstand untersuchen, der auch von anderen Erkenntnissubjekten untersucht werden kann, um die Forschungsergebnisse überprüfen zu können. Allerdings sind die Gegenstände Sozialer Arbeit selbst im Wandel begriffen, und: Forschungsgegenstände werden konstituiert, sie liegen nicht an sich dem Forscher bereits vor (vgl. z. B. Kron 1999). Und hier eröffnen sich große Spielräume für die Erforschung von Fragestellungen der Sozialen Arbeit. Bei diesem Prozess spielen Interessen, Auftragsgebung, Zielsetzung, Ressourcen, Motivation usw. eine Rolle, aber auch das *Erkenntnisinteresse* (Habermas 1981), die Frage, inwieweit der Gegenstand schon erforscht ist und, ob es sich um Grundlagenforschung handelt oder um angewandte Forschung, Evaluationsforschung etc. (vgl. dazu auch Birgmeier 2010, Birgmeier & Mührel 2011).

Dem Gegenstand angemessen werden Methodik und Design bestimmt, wobei in der Forschungspraxis auch umgekehrt der Gegenstand entsprechend der geplanten Methodik konstituiert wird. Dieser Zusammenhang von Gegenstand und Methode (Angemessenheit, ‚Adäquanz') ist ein zentraler Aspekt für die Beurteilung der Güte der wissenschaftlichen Forschungsarbeit: z. B. sagen statistische Erhebungen nichts über den konkreten Einzelfall aus; im weiteren Sinne gehört hierzu auch, dass die Voraussetzungen statistischer Analyseverfahren eingehalten werden (Prüfung auf statistische Unabhängigkeit, Beachtung des Skalenniveaus, ...), dass querschnittliche Daten nicht „längsschnittlich vergewaltigt werden" (Rost 2007, S. 12), dass Aussagen über Ursache-Wirkungszusammenhänge streng genommen experimentelle Versuchsanordnungen voraussetzen, dass Evaluationsforschungsarbeiten auf *streitbare* Qualitätskriterien und -indikatoren zurückgreifen (müssen) usw.

In Bezug auf die Soziale Arbeit kann zudem unterschieden werden, ob (I) das Klientel, die Adressaten Gegenstand der Forschung sind, oder (II) die Akteure bzw. Anbieter von Maßnahmen der Sozialen Arbeit bzw. die Maßnahmen selbst und deren institutionellen Rahmenbedingungen oder (III) die Soziale Arbeit selbst (vgl. Tabelle 2)[9]. Auf letztgenannter Ebene herrscht derzeit – wie es auch in einigen Beiträgen in vorliegendem Band deutlich wird – eine kontroverse Debatte darüber, inwieweit Theoriebildung in der Sozialen Arbeit als *Handlungstheorie* oder als *Praxistheorie* begriffen werden soll (vgl. u.a. auch Birgmeier 2009). Das hier zu Grunde liegende Verständnis begreift die beiden Theorieformen als Polarisierung auf der Ebene der Gegenstandskonstituierung[10] und wie so oft – zumindest in der Pädagogik – hat eine Polarisierung heuristische Funktion. Eine Einschränkung und damit Beschneidung der Theoriebildung der Sozialen Arbeit auf eine der beiden Formen erscheint unnötig und trüge darüber hinaus Züge von Dogmatismus oder Ignoranz.

Dass diese Unterscheidung wichtig ist, hängt damit zusammen, dass eine Konfundierung der Theorieformen zu Problemen bei der Theoriebildung führt, denn: Was hier als *Praxisforschung* bezeichnet wird, bezieht sich oftmals auf Forschungsfragen, deren Untersuchung an der Einhaltung von Kriterien der Nützlichkeit oder Wirksamkeit interessiert ist, während sich *Handlungsforschung* am Kriterium der „Wahrheit/Richtigkeit" orientiert (vgl. Birgmeier 2009, S. 19). Fragen der Wirksamkeit erlangen ihre Bedeutung im Entdeckungs- und Verwertungszusammenhang wissenschaftlicher Forschung, Fragen der Richtigkeit, Wahrheit oder Stimmigkeit allerdings im Begründungszusammenhang. Eine Vermengung von Entdeckungs- und Begründungszusammenhang wird oftmals im Hinblick auf hermeneutische und kritisch-dialektische Ansätze kritisiert, wobei die klare Trennung von Deskription und Wertung gefordert wird und, „dass der Wissenschaftler seine fundamentalen Wertannahmen *explizit* macht [...]" (Schurz 2008, S. 43). Insofern ist eine Auseinanderhaltung von *Praxis*- und *Handlungsforschung* (resp. *Praxis*- und *Handlungstheorie*) wichtig, da forschungsmethodische/methodologische Reflexionen und Entscheidungen impli-

---

9   Diese Zuordnungen sollen einen Bezug herstellen zu den in der Diskussion um die Wissenschaft und Theorie ‚der' Sozialen Arbeit verwendeten Forschungsbegriffen und den Ebenen der Gegenstandskonstituierung (vgl. dazu auch Birgmeier 2010, Mührel & Birgmeier 2009).

10   Der eine Pol wird durch das Klientel bzw. die Adressaten Sozialer Arbeit gebildet, der andere durch die professionell Arbeitenden.

ziert sind, die sich auf den gesamten Forschungsprozess, dessen Ergebnisse und wiederum auf deren Nachvollziehbarkeit auswirken.

Forschungsebene	Erkenntnisobjekt	Erkenntnissubjekt (Perspektive)	Theoriebildung
Disziplinforschung	Mensch als Forscher bzw. Gegenstand der Forschung	Metatheorie	Wissenschafts-theorien
Handlungsforschung	Mensch als handelndes (soziales) Wesen	Theorie der Sozialen Arbeit	Handlungstheorien
Praxisforschung	Akteure in der Sozialen Arbeit	Soziale Arbeit	Praxistheorien

Tabelle 2: Begriffsverständnis bezüglich der Gegenstandskonstituierung

5   Die Theoriedebatte aus sozialforscherischer Sicht

Aus forschungsmethodischer Sicht lassen sich Sozialarbeit, Sozialarbeitswissenschaft, Sozialpädagogik und Soziale Arbeit nicht so ohne Weiteres unterscheiden. Die Begriffe sind nicht eindeutig bestimmt, und daher wird diesbezüglich zwar ein Konsens angestrebt, jedoch nicht vorausgesetzt. Als Sozialwissenschaften gehören die Disziplinen der Sozialen Arbeit sowohl zu empirischen als auch nicht-empirischen Methodologien (siehe oben). Gleichwohl stellt sich diesbezüglich doch die Frage, ob und wenn ja, inwieweit sie sich voneinander differenzieren lassen. Ein Versuch zur Annäherung an diese Frage wird – in Bezug auf die Gegenstandsebene – nachfolgend dargelegt (vgl. auch Tabelle 3).

Zunächst wird zwischen Sozialarbeit(swissenschaft) und Sozialpädagogik unterschieden, jene Disziplinen also, die die Soziale Arbeit als Oberbegriff unter sich vereint. Der Terminus *Sozialarbeit / Sozialarbeitswissenschaft* (i. F.: SAW) stammt – historisch betrachtet – aus der praktischen Tätigkeit um Maßnahmen der Wohlfahrtspflege (im weiteren Sinn). Demgegenüber sind die Ursprünge der *Sozialpädagogik* (i. F.: SOP) aus der Pädagogik abzuleiten, wodurch dieser Disziplin neben der praktischen auch und vor allem die theoretische Tätigkeit im Sinne der wissenschaftlichen Reflexion zuzuordnen ist. Diese Differenz äußert sich auch darin, dass SAW primär einen praxis- oder professionstheoretischen Zugang zur wissenschaftlichen Welt präferiert, während SOP darüber hinaus zudem auch einen handlungs- oder disziplintheoretischen Anspruch erhebt (Birgmeier 2009, 2010).

	Soziale Arbeit		
	Sozialpädagogik – Sozialarbeit – Theorie der Sozialen Arbeit		
Gegenstands-ebene	Mensch als handelndes Wesen	Berufspraxis spezifischer Professionen	Metaebene
Schlagwort	Handlungsforschung[11]	Praxisforschung	Wissenschaftsforschung
Entscheidungs-kriterium	Wahrheit (Bewährung)	Wirksamkeit	Konsens
Forschungs-schwerpunkt	Nachprüfbare Theorien	Evaluierbare Programme	Wissenschafts-, Wahrheits- & Erkenntnistheorie, Methodologie
Allgemeines Interesse	Sein, Grundlagen, Fakten	Diskrepanz aus Sein & Soll	Soll, Wertungen, Reflexion
Erkenntniswert	Rationalität, ‚wahres' Wissen, Erklären & Verstehen	Legitimität, ‚wirksames'/ ‚nützliches' Wissen	Normativität, ‚handlungsleitendes' Wissen

Tabelle 3: Heuristik zur Systematisierung forschungslogischer Grundlagen in Bezug zur Gegenstandsebene

Aus diesen Vorannahmen lassen sich Schlussfolgerungen für die Sozialforschung ziehen: eine professionsorientierte Forschung wird Kriterien der Wirksamkeit, eine disziplinorientierte Forschung Kriterien der Wahrheit als wissenschaftliche Kriterien für den Forschungsprozess zu Grunde legen. Zwar lassen sich beide nicht aus einem Forschungsprozess ausschließen, jedoch gewinnt jeweils eines stärkere Gewichtung gegenüber dem anderen. Dies hat zudem Folgen für die Methodenwahl, das Forschungsdesign und die Forschungsergebnisse sowie für den Anspruch auf Wissenschaftlichkeit und dessen Infragestellung im wissenschaftlichen Diskurs. Zwar wird aus wissenschaftstheoretischer Sicht allein die Wahrheit als wissenschaftlicher Wert anerkannt, jedoch gilt dies aus kritisch-rationaler Sicht nur für den Begründungszusammenhang wissenschaftlicher Theorien (vgl. Schurz 2008). Für die *Theoriegenerierung* wird dieser Anspruch nicht erhoben, lediglich für die *Theorieprüfung*.[12] In diesem Sinne ist SAW eine theoriegenerierende und SOP sowohl eine theoriegenerierende als

---

11   ‚Handlungsforschung' wird im oben dargestellten Sinn in Abgrenzung zur ‚Praxisforschung' (vgl. dazu auch Munsch 2011) als grundlagenorientiert begriffen (vgl. auch Brezinka zu ‚Handlungswissenschaft': 1972, S. 36) und nicht etwa im Sinne der ‚action research' oder Klafkis ‚Handlungstheorie', bei der das Erkenntnisinteresse primär auf die Verbesserung von Praxis zielt (Kron 1999, S. 139 f.). Gleichwohl ist dieser Begriff mit äußerst vielfältigen und sehr heterogenen Bedeutungen besetzt (vgl. auch Thiersch 1998, Otto 1998, Birgmeier 2009, Birgmeier 2010, Birgmeier & Mührel 2011 sowie Birgmeier i. d. B.).

12   Genau genommen wird gar kein Wahrheitsanspruch erhoben, sondern allenfalls ein Anspruch auf *Bewährung.*

auch eine theorieprüfende Disziplin (solange das Selbstverständnis obiger Darstellung entspricht).

Aktualisiert man Habermas' Einteilung und Zuordnung von Erkenntnisinteressen (Habermas 1981; kritisch dazu: Schurz 2008), so entspräche einer rein theorieprüfenden Sozialwissenschaft ein technisches Erkenntnisinteresse, während ,qualitatives' Arbeiten eher praktischen Zielen und nicht-empirische Methodik emanzipatorischen Zielen dient. Aus der Forderung nach multimethodischer und multiparadigmatischer Aufstellung einer Disziplin ließe sich daraus folgern, dass die Soziale Arbeit insgesamt ihren Erkenntnisspielraum offen hält, um sich selbst keine allzu scharf gezogenen Grenzen aufzulegen.

Unser Plädoyer besteht hier also darin, keine rein professions- oder rein disziplintheoretische Abgrenzung zu ziehen, sondern beide Stränge in ihrer Berechtigung gelten zu lassen und der Sozialforschung zugänglich zu halten.

Literatur

Adorno, Th. W. u. a. (^{3}1974). *Der Positivismusstreit in der deutschen Soziologie.* Darmstadt und Neuwied: Luchterhand.

Albert, H. (^{5}1991). *Traktat über kritische Vernunft.* Stuttgart: UTB.

Arbeitsgruppe Bielefelder Soziologen (1976). Kommunikative Sozialforschung: Alltagswissen und Alltagshandeln, Gemeindemachtforschung, Polizei, politische Erwachsenenbildung. München: Fink.

Atteslander, P. (^{12}2008). *Methoden der empirischen Sozialforschung.* Berlin: Erich Schmidt Verlag.

Birgmeier, B. (2009). Theorie(n) der Sozialpädagogik – reloaded! Eine Matrix zu Dilemmastrukturen und das Programm eines handlungstheoretischen Neustarts. In ders. & Mührel, E., *Theorien der Sozialpädagogik – ein Theorie-Dilemma?* Wiesbaden: VS Verlag. (S. 13-33)

Birgmeier, B. (2010). Was sind Handlungswissenschaften? *Sozialmagazin* 10/2010. (S. 45-52)

Birgmeier, B. & Mühel, E. (2011). Wissenschaftliche Grundlagen der Sozialen Arbeit. Wochenschau Verlag. Schwalbach/Ts.

Bohnsack, R. (^{5}2003). Rekonstruktive Sozialforschung. Einführung in qualitative Methoden. Opladen: Leske und Budrich.

Brezinka, W. (^{2}1972). *Von der Pädagogik zur Erziehungswissenschaft.* Weinheim und Basel: Beltz Verlag.

Dahrendorf, R. (^{16}2006). Homo Sociologicus. Ein Versuch zur Geschichte, Bedeutung und Kritik der Kategorie der sozialen Rolle. Wiesbaden: VS Verlag.

Diekmann, A. (^{15}2006). Empirische Sozialforschung. Grundlagen, Methoden, Anwendungen. Reinbek bei Hamburg: Rowohlt.

Flick, U. (2007). *Qualitative Sozialforschung. Eine Einführung.* Reinbek bei Hamburg: Rowohlt.

Habermas, J. (^{6}1981). *Erkenntnis und Interesse*. Frankfurt a. M.: Suhrkamp.

Kromrey, H. (^{11}2006). *Empirische Sozialforschung*. Stuttgart: Lucius & Lucius.

Kron, F. W. (1999). *Wissenschaftstheorie für Pädagogen*. München: E. Reinhard.

Lamnek, S. (1989). Qualitative Sozialforschung. Band 2, Methoden und Techniken. München: Psychologie Verlags Union.

Lamnek, S. (^{2}1993). Qualitative Sozialforschung. Band 1: Methodologie. Weinheim: Beltz Verlag.

Lenk, H. (1986). ZwischenWissenschaftstheorie und Sozialwissenschaft. Frankfurt a. M.: Suhrkamp.

Mayring, P. (^{3}1996). Einführung in die qualitative Sozialforschung: eine Anleitung zu qualitativem Denken. Weinheim: Beltz.

Mollenhauer, K. (1998). „Sozialpädagogische" Forschung. Eine thematisch-theoretische Skizze. In Rauschenbach, Th. & Thole, W. (Hrsg.), *Sozialpädagogische Forschung. Gegenstand und Funktionen, Bereiche und Methoden*. Weinheim und München: Juventa. (S. 29-46)

Mührel, E. & Birgmeier, B. (Hrsg.) (2009). *Theorien der Sozialpädagogik – ein Theorie-Dilemma?* Wiesbaden: VS Verlag.

Munsch, Ch. (2011). Praxisforschung in der Sozialen Arbeit. In: Thole, W. (Hg.): Grundriss Soziale Arbeit. Wiesbaden: VS Verlag.

Otto, H.-U. (1998). Die Zukunftsfähigkeit der sozialpädagogischen Forschung. In Rauschenbach, Th. & Thole, W. (Hrsg.), *Sozialpädagogische Forschung. Gegenstand und Funktionen, Bereiche und Methoden*. Weinheim und München: Juventa. (S. 133-140)

Rauschenbach, Th. & Thole, W. (1998). Sozialpädagogik – ein Fach ohne Forschungskultur? In dies. (Hrsg.), *Sozialpädagogische Forschung. Gegenstand und Funktionen, Bereiche und Methoden*. Weinheim und München: Juventa. (S. 9-28)

Rosenthal, G. (2005). *Interpretative Sozialforschung: eine Einführung*. Weinheim, München: Juventa.

Rost, D. H. (^{2}2007). Interpretation und Bewertung pädagogisch-psychologischer Studien. Weinheim, Basel: Beltz Verlag.

Roth, H. (^{2}1969). Die Bedeutung der empirischen Forschung für die Pädagogik. In Oppolzer, S. (Hrsg.), *Denkformen und Forschungsmethoden der Erziehungswissenschaft. Bd 2: Empirische Forschungsmethoden*. München: Ehrenwirt. (S. 15-63)

Schröer, N. (Hrsg.) (1994). Interpretative Sozialforschung: auf dem Wege zu einer hermeneutischen Wissenssoziologie. Opladen: Westdeutscher Verlag.

Schurz, G. (^{2}2008). Einführung in die Wissenschaftstheorie. Darmstadt: WBG.

Seipel, C. & Rieker, P. (2003). Integrative Sozialforschung: Konzepte und Methoden der qualitativen und quantitativen empirischen Forschung. Weinheim, München: Juventa.

Strübing, J. & Schnettler, B. (Hrsg.)(2004). Methodologie interpretativer Sozialforschung: klassische Grundlagentexte. Konstanz: UVK.

Thiersch, H. (1998). Lebensweltorientierte Soziale Arbeit und Forschung. In Rauschenbach, Th. & Thole, W. (Hrsg.), *Sozialpädagogische Forschung. Gegenstand und Funktionen, Bereiche und Methoden*. Weinheim und München: Juventa. (S. 81-96)

Wilson, T. P. (^{5}1980). Theorien der Interaktion und Modelle sozialwissenschaftlicher Erklärung. In Arbeitsgruppe Bielefelder Soziologen (Hrsg.), *Alltagswissen, Interaktion und gesellschaftliche Wirklichkeit. Bd. 1: Symbolischer Interaktionismus und Ethnomethodologie*. Opladen: Leske und Budrich. (S. 54-79)

Die *Soziale Welt* als Gegenstand der Theorien Sozialer Arbeit? Eine kritische Reflexion

Eric Mührel

Auf welchem Wege kann es zu *einer* Theoriebildung *der* Sozialen Arbeit kommen? Diese in der Einleitung zu diesem Band gestellte Frage soll im folgenden Beitrag eine Antwort finden. Es handelt sich freilich um eine mögliche Antwort unter anzunehmend vielen weiteren möglichen. Zudem bleibt zunächst offen, ob überhaupt eine zufriedenstellende Antwort auf die Ausgangsfrage gefunden werden kann und ob die im Folgenden favorisierte Antwort dieser Kategorie < *zufriedenstellend* > zugeordnet werden darf. Dies wird sich daran ermessen, ob sie einen Beitrag leisten kann auf dem Wege „nach einer konsensfähigen Rahmenstruktur der Theorie- und Wissenschaftsproduktion in Sozialer Arbeit Ausschau zu halten" (Ried/Birgmeier 2011, 181).

Gesucht wird die Verknüpfung der sozialpädagogischen und sozialarbeitswissenschaftlichen Theorietraditionen zu einer Theorieentwicklung der Sozialen Arbeit in der traditionellen, vielleicht gar altertümlich wirkenden Beschreibung eines Gegenstandes der theoretischen Betrachtungen in der Wissenschaftsdisziplin Soziale Arbeit. Hier müsste eine wissenschaftstheoretische Debatte anknüpfen, ob eine solche Vorgehensweise generell dem heutigen Stand der Wissenschaften entspricht oder nicht. Da diese besondere Frage an anderer Stelle (vgl. Birgmeier/Mührel 2011) ausgiebig thematisiert wurde, soll diese Erörterung nun nicht wiederholt werden. Es wird daher vorausgesetzt, dass die hier verfolgte Vorgehensweise wissenschaftstheoretisch begründbar ist.

Was kann nun der Gegenstand der Theorien der Sozialen Arbeit sein? Dieser muss zudem als jener *gemeinsame* Gegenstand erkannt werden, der bisher in den unterschiedlichen Theoriesträngen der Sozialpädagogik und der Sozialarbeitswissenschaft betrachtet wurde. Und es ist weiterhin zu klären, ob dieser Gegenstand denn ein exklusiver der Wissenschaftsdisziplin Soziale Arbeit sein kann oder mit verschiedenen wissenschaftlichen Disziplinen geteilt werden muss. Die Hypothese als noch unbegründete Unterstellung und Annahme lautet: der Gegenstand der Theorien der Sozialen Arbeit ist die *Soziale Welt*.

Zu einer ersten Irritation hinsichtlich der Belegbarkeit dieser Hypothese führt, dass der Begriff *Soziale Welt* in originär soziologischen, psychologischen und wirtschaftlichen Zusammenhängen Verwendung findet. So erscheint schon

seit 1949 die soziologische Fachzeitschrift *Soziale Welt*, momentan u.a. herausgegeben von Ulrich Beck, die Ergebnisse sozialwissenschaftlicher Forschung
und Praxis besonders in den Themenfeldern der Industriesoziologie und der
Soziologie der sozialen Ungleichheit veröffentlicht. Angemerkt sei, dass es auch
eine unabhängige Frankfurter Straßenzeitung *Soziale Welt* gibt, die sich als
Sprachrohr von in Armut lebenden Menschen versteht. Unter dem Stichwort
Neue soziale Welt thematisiert zudem Michael Schetsche (2001) Vorüberlegungen zu einer Mikrosoziologie des Cyberspace. Längst hat sich in dieser Parallelwelt des digitalen Lebens (siehe DU 4/2011) eine neue Form der sozialen und
kulturellen Performanzen etabliert, die sozial- und kulturwissenschaftlich zu
erforschen wie philosophisch zu reflektieren sind. Als Beispiele der psychologischen Behandlung des Themas Soziale Welt sei auf die Beschreibungen *Individuum und soziale Welt* (vgl. Bierhoff/Frey 2011) und *Die soziale Welt des Kindes* (vgl. Damon 1990) verwiesen. Das Social Entrepreneurship wiederum versucht mit einer Verwendung in der Wirtschaft bewährter Methoden systematischer Innovationsentwicklung die „Soziale Welt zu revolutionieren" (Reset For
A Better World 2011). Diese kurze Recherche in benachbarten professionellen
und disziplinären Feldern der Sozialen Arbeit zeigt auf, dass einerseits der Begriff Soziale Welt durchaus nicht ungewöhnlich ist und eine Bearbeitung in der
Sozialen Arbeit anschlussfähig erscheint. Andererseits wird sich eine Hervorhe-
bung der Sozialen Welt als Gegenstand der Theorien *der* Sozialen Arbeit als
außerordentlich schwierig umzusetzendes Projekt erweisen.

Im Weiteren wird es zunächst darum gehen, wie die Hypothese, dass der
Gegenstand der Theorien der Sozialen Arbeit die Soziale Welt ist, Berechtigung
erlangt, d.h. wie kommt man überhaupt auf die Idee ihrer Aufstellung. Dem folgt
eine Erörterung darüber, was unter Sozialer Welt verstanden werden kann. Abschließend wird geklärt, ob die Hypothese tragfähig ist, also der Horizont an
Bedeutungen der Sozialen Welt hinreichend für die Theoriebildung der Sozialen
Arbeit erscheint.

1   Die Verwendung des Begriffs Soziale Welt in der Literatur der Sozialen Arbeit

Die Idee, warum gerade die Soziale Welt als Gegenstand der Theorien der Wissenschaftsdisziplin Soziale Arbeit hypothetisch Geltung beanspruchen darf, ergibt sich aus dem einfachen Grund, dass dieser Begriff gerade in der neueren
Literatur der Sozialen Arbeit zahlreich Verwendung findet; und dies sowohl in
ausgewiesen sozialpädagogischen als auch in sozialarbeitswissenschaftlichen
Arbeiten. Einige Beispiele seien im Folgenden genannt.

Tilman Thaler und Bernd Birgmeier konstatieren in ihrem für den vorliegenden Band erstellten Beitrag *Sozialforschung und Soziale Arbeit: Für einen methodologischen Pluralismus*: „Wie immer man nun Soziale Arbeit verstehen will, der Gegenstand der Sozialen Arbeit ist (...): die „soziale Welt" (Thaler/Birgmeier 2011, 191). Sie weisen dabei auf die dialektische Grundstruktur derselben hin, die in der Spannung liegt zwischen dem, was *ist*, und dem, was sein *soll*. Dieses Spannungsfeld kann ihrer Meinung nach durch empirische Methoden sowie philosophische Reflexion erforscht werden (vgl. ebd., 188-191). Exkursiv sei hier angemerkt, dass damit das Normativitätsproblem thematisiert wird, das besonders im Beitrag von Nadine Feldhaus und Nina Oelkers über *Das (vernachlässigte) Normativitätsproblem in der Sozialen Arbeit* im vorliegenden Band beschrieben und diskutiert wird (dazu Feldhaus/N. Oelkers 2011).

Auch Silvia Staub-Bernasconi stellt im Rahmen eines vornehmlich sozialarbeitswissenschaftlich orientierten, geschichtlichen Abrisses des Gegenstandes der Theorie und der Wissenschaft Soziale Arbeit die Frage: „Wie eng oder wie weit ist (...) der Blickwinkel auf die soziale Welt der Adressant(inn)en?" (Staub-Bernasconi 2007, 135). Daraus lässt sich schließen, dass die von ihr vorgenommen Bestimmung des Gegenstandes der Theorien Sozialer Arbeit im Bereich der Sozialen Probleme (vgl. ebd., 153 u. 271; siehe dazu auch dies. 2009) auf den grundlegenderen Horizont der Sozialen Welt rekurriert, in welchem Soziale Probleme erst in Erscheinung treten.

Des Weiteren nehmen in einer aktuellen Expertise zur Bedeutung lebensgeschichtlicher Erzählungen in der Sozialen Arbeit auch Birgit Griese und Hedwig Rosa Griesehop Bezug auf die Soziale Welt. Sie führen aus:

„Wollen wir Menschen in problematischen Lebenslagen oder -situation in ihrem Selbstverständnis, ihrem Deuten und Handeln verstehen, so sind wir aufgefordert, nach (Lebens-)Geschichten zu fragen. Im Erzählen kommt die subjektive Sicht auf das Selbst und die soziale Welt, kommen Handlungsorientierungen zum Ausdruck" (Griese/Griesehop 2011, 178).

Die Soziale Welt erscheint dabei als das Gegenüber des einzelnen Menschen, wobei er dennoch mit dieser unwiderruflich verflochten ist und in der er sein Leben in Handlungsorientierungen gestaltet. In diesen Beschreibungen lebt ein Bezug zwischen Mensch und (Sozialer) Welt auf, wie ihn Johann Heinrich Pestalozzi schon beschrieben hatte. Die Umstände der (Sozialen) Welt wirken auf den Menschen ein, so wie der Mensch auf die Umstände einwirkt (vgl. Pestalozzi 1938, 57).

Zuletzt sei auf Michael Winklers Ausführung in seiner *Kritik der Pädagogik* verwiesen, in der der Begriff „soziale Welt" – in einer Absetzung zur „kulturellen Welt" – durchgehend eine besondere Beachtung findet. Da im weiteren Verlauf der Erörterung auf seine genuin (sozial)pädagogischen Beschreibungen zum Verständnis von Welt und explizit von Sozialer Welt noch näher eingegangen wird, mag an dieser Stelle ein Verweis genügen. (Sozial)Pädagogisches Denken „will mit der Vorstellung vom Subjekt und seiner Subjektivität einsetzen, auch um die Spannungen zu mindern, die sie vorfindet, in der sozialen und kulturellen Welt" (Winkler 2006, 119). Dabei kann es nach Winkler zunächst im (sozial)pädagogischen Denken nur um die Strukturen der sozialen – und kulturellen – Welt gehen mit der Klärung, wie diese Subjekte und Subjektivität ermöglichen.

Mit diesen Hinweisen auf die aktuelle Literatur im Bereich Sozialer Arbeit mag hinreichend ausgewiesen sein, warum die Hypothese der Sozialen Welt als Beschreibung des Gegenstandes der Theorien der Sozialen Arbeit Berechtigung erlangt. Im Weiteren ist nun zu erörtern, ob diese Beschreibung zu rechtfertigen ist.

2   Was kann unter dem Begriff *Soziale Welt* verstanden werden?

Ein Zugang zum Verständnis der Sozialen Welt ergibt sich aus der Bestimmung des Substantivs *Welt*, dem das Adjektiv *sozial(e)* zugestellt bzw. zugeschrieben wird. Handelt es sich also bei der Sozialen Welt um eine bestimmte Kategorie von Welt im Bereich des Sozialen? Oder geht es um die soziale Erscheinungsform der Welt? Ist gar die Welt immer sozial, indem sie immer nur gemeinschaftlich und bzw. oder gesellschaftlich vermittelt wird? Existiert also überhaupt eine Welt außerhalb dieser sozial vermittelten und anzueignenden Sphäre des Menschen? Um diese Fragen zu klären, bedarf es zunächst einer Beschreibung von Verstehensweisen von *Welt*. Dies kann als Vorlage zur Klärung der weiteren Frage dienen, welchen Sinn die Zuschreibung *sozial* umfassen kann.

2.1   Welt

Im Historischen Wörterbuch der Philosophie (HWPh 2004) umfassen die Artikel *Welt* und *Welt, mögliche* insgesamt 40 (!) Spalten. Eine besondere Beschreibung der *Sozialen Welt* in einem spezifischen Artikel liegt nicht vor. Nur sehr stark verkürzend kann an dieser Stelle auf verschiedene Deutungsmöglichkeiten und – traditionen von Verständnissen von Welt eingegangen werden. Zudem muss dem Fokus der Ausgangsfrage Rechnung getragen werden.

Welt ist grundlegend der Inbegriff aller Erscheinungen. Diese Totalität der Erscheinungen wird im erkennenden Zugriff auf diese Erscheinungen in Sinnzusammenhängen gegliedert in der Form von strukturierten Teilaspekten der Welt.

Hierzu dient die erste Unterscheidung der Erscheinungen in räumlichen und zeitlichen Zusammenhängen. Dieser Unterscheidung entspricht die Untergliederung der Welt in Weltraum und Weltzeit, welche sich in verschiedene Unterbezirke verschiedener Räume und Zeiten (Weltalter) einteilen lassen. In der Vermischung von räumlich wie zeitlich zu erfassenden Erscheinungen ergeben sich systematische Einteilungen in unterschiedlichste Arten von Welten. Einige seien hier beispielhaft genannt: die Naturwelt, die Geisteswelt, die Welt des Atoms und das Atomzeitalter, die Welt der Tiere, die Welt des Meeres, die Menschenwelt, die reale und irreale Welt, die sinnliche Welt, die Welt der Vernunft, die Kulturwelt, die globale bzw. globalisierte Welt, die Welt des Automobils, die Arbeitswelt, die digitale Welt. Diese Unterscheidungen sind ins unermessliche ausführbar und ergeben sich aus spezifischen erkenntnistheoretischen Anliegen und Zwecken. Neben dieser Unterscheidung in spezifische und in sich geschlossen zu betrachtenden Subwelten – auch in der Variante der systemischen und systemtheoretischen Sichtweisen – widmet sich eine andere Tradition den Verständnisweisen von Welt als Sinnkonstruktionen des Menschen, der sich in seiner exzentrischen Positionalität (vgl. Plessner 1975, 291 u. 309; dazu C. Müller 2009 u. Mührel 2008, 53-56) einerseits als Teil der Welt und andererseits diese dennoch als unmittelbares Gegenüber erfährt. Der Mensch bedarf stets der gestalterischen Eingewöhnung in die Welt(en) mit den jeweiligen Lebensumständen. Dies geschieht über Prozesse der Vermittlung und Aneignung von Welt (siehe grundlegend Winkler 2006). Hier eröffnet sich – neben dem explizit pädagogischen Anliegen der Vermittlung und Aneignung – die Welt der Religionen und die Sphäre der Weltanschauungen, der Weltmythen und -ideologien als *Lesbarkeit der Welt* (siehe Blumenberg 1986, hierzu auch Hundeck 2000), aus der heraus sich zudem die Handlungsmaximen einer *Moralischen Welt* ergeben können. Beispielhaft genannt seien hier besonders die philosophischen (existenzialen) Beschreibungen von Martin Heidegger zum In-der-Welt-sein (vgl. Heidegger 2006, besonders §§ 12 u. 13, dazu in diesem Band Ried/Birgmeier 2011), die Thematisierung der Welt als alles was der Fall ist und nicht der Fall ist bei Ludwig Wittgenstein (vgl. Wittgenstein 1963, besonders Satz I und I,12) und José Ortega y Gassets Erörterung der Welt als „Inbegriff unserer Lebensmöglichkeiten" (Ortega 1978, 31). Diese Lebensmöglichkeiten eröffnen sich *dem* Menschen, der „die dynamische Seele eines Pfeils (besitzt), der in der Luft sein Ziel verloren hat" (Ortega 2008, 174), und sich daher stets neu in der Welt seiner Lebensmöglichkeiten orientieren und gestalten muss (dazu Mührel 2008, 72-79).

Dieser kurze und daher völlig verkürzende Überblick hinsichtlich einer mindestens dreitausend Jahre alten Tradition von Zugangsweisen zum Verständnis von *Welt* macht deutlich, dass es völlig heterogene und in sich nicht oder kaum vereinbare Verständnisse von *Welt* gibt. Wer diesen Begriff in wissenschaftlichen und philosophischen Kontexten gebraucht, wird sein jeweiliges Verständnis von Welt in Relation zum erörterten Thema nachvollziehbar offenlegen müssen. Ansonsten entsteht der Verdacht der Beliebigkeit. Dies gilt auch für die Verwendung des Begriffes Welt im Zusammenhang mit wissenschaftlichen und theoretischen Fragestellungen der Sozialen Arbeit. Zu beachten ist zudem: philosophisches Nachdenken bezieht sich grundlegend auf die Reduktion von Erkenntnissen auf Prinzipien und Prämissen, während Wissenschaft dem Fortscheiten der Erkenntnis dient. Diese Ambivalenz der Vorgehensweisen von reflexiver Rückbesinnung und weiterer Erkenntnisgewinnung durch Forschung macht es hoch problematisch, philosophisch geprägte Begriffe wie den der Welt als Gegenstandskonstruktionen einer Wissenschaft zu erheben. Nehmen wir dafür als Beispiel nochmals Wittgensteins logische *Schluss*folgerung, dass „die Welt meine Welt ist" (Wittgenstein 1963, Satz 5.62), die zur weiteren Schlussfolgerung führt: „Die Welt und das Leben ist eins" (ebd., Satz 5.621). Wenn die Welt das Leben ist und die Disziplin Soziale Arbeit die Soziale Welt als Gegenstand der Theorien fasst, müsst dann nicht eher im Verständnis von Wittgenstein das *Soziale Leben* als Gegenstand der Theorie Sozialer Arbeit gemeint sein? Oder weist eine solche Exploration nicht eher dem Weg im Sinne von Ortega, wie oben ausgeführt, die *Lebens*möglichkeiten als Inbegriff der Welt und Gegenstand der Theorien der Sozialen Arbeit, Berechtigung. Was aber wäre dann noch ein Unterschied zu einer Theorie der Lebenswelt im Sinne Blumenbergs (vgl. Blumenberg 2010)? Diese Unwägbarkeiten und Aporien sind unzweifelhaft hohe Hürden für die Konstitution der Sozialen Welt als Gegenstand der Theorien der Sozialen Arbeit. Doch könnte sich aus der Zuschreibung *Soziale* Welt nicht eine Konkretisierung und sinnvolle Eingrenzung ergeben, die sich als hinreichend hilfreich erweist?

2.2 Soziale Welt

Das Verständnis von *Sozial* im Sinne von *das Soziale* oder auch der Zuschreibung *sozial* ist in seinen verschiedenen Traditionslinien nicht unproblematischer und nicht weniger heterogen als das Verständnis von Welt (vgl. HWPh 1995). So kann sich das Soziale auf das allgemein Zwischenmenschliche, das Gemeinschaftliche und Gesellschaftliche beziehen. Der Mensch wird dabei als soziales Wesen verstanden, dem sich die Welt grundlegend in der Sozialität erschließt. Das Soziale kristallisiert sich in einem anderen Verständnis im Rahmen gesellschaftlicher und politischer Entwicklungen, besonders zu Beginn des 19. Jahrhunderts, zudem als ein besonderer Bereich des Gesellschaftlichen und Politischen heraus. Mitunter erscheint das Soziale, wie Nina Oelkers mit Bezug auf

Jacques Donzelot und Gilles Deleuze ausführt, „als politisches Konstrukt menschlichen Zusammenlebens, welches nicht zeitlos und unhintergehbar ist, sondern sich als veränderlich erweist" (Oelkers 2007, 20). Damit verbunden sind Fragestellungen und Problematiken, die unter den Stichworten *Soziale Bewegung*, *Soziale Frage* und auch *Soziale Politik* gefasst wurden und werden (dazu Pankoke 1970). An dieser Stelle ergibt sich aus der Ausgangsfrage nach der Gegenstandsbestimmung der Theorien Sozialer Arbeit wiederum die Frage, ob nicht genau diese näheren Bestimmungen des Sozialen die eigentlich konkretisierten Gegenstände der Theorien der Sozialen Arbeit sein sollten. Auf jene zielten doch schon immer in breitem Umfang die Fragestellungen der Sozialpädagogik und der Fürsorgewissenschaften, beispielsweise in ihrem Verständnis als *sozialpolitischer Bewegungshebel* zur Veränderung gesellschaftlicher Lebensumstände wie individueller Lebenslagen (vgl. Mührel 2009).

Mit Bezug auf die Soziale Welt sei ein weiterer Versuch einer Bestimmung beschrieben. Wenn Welt wie im vorherigen Kapitel in räumlichen Zusammenhängen verstanden werden kann, könnte sich Soziale Welt auf soziale Räume beziehen. Gegenüber dem Verständnis eines physischen Raums ließe sich ein sozialer Raum beschreiben, wie dies beispielhaft Ortega y Gasset hinsichtlich der Bestimmung Europas vornimmt:

> „Es ist nicht von entscheidender Bedeutung, daß diesem gemeinsamen historischen Raum, in dem alle Völker des Okzidentes sich wie zu Hause fühlen, ein physischer Raum entspricht, den die Geographie Europa nennt. Der historische Raum, den ich im Auge habe, mißt sich eher an dem Radius effektiven und lange dauernden Zusammenlebens – es ist ein sozialer Raum" (Ortega 1954, 9).

Nun hat im Zusammenhang der Sozialen Arbeit der Soziale Raum – auch als Sozialraum – in verschiedenen Traditionslinien bis in die aktuellen Diskurse ohne Zweifel enorme Bedeutung erlangt (vgl. z.B. Früchtel u.a. 2007 sowie Kessl/Reutlinger 2007). Ließe sich daher eine Gegenstandsbestimmung der Theorien der Sozialen Arbeit im Sinne der Sozialen Welt durch den Sozialen Raum (Sozialraum) mittelbar konkretisieren? Dann wiederum stellt sich die Frage, warum nicht unmittelbar der Sozialraum begrifflich als der zentrale Gegenstand der Theorien der Sozialen Arbeit verwendet wird. Dagegen einzuwenden wäre, dass dies eine Verkürzung darstellen könnte, da mit dem Begriff *Raum* in Zusammenhang mit *Sozial* nicht alle sozialen Phänomene – beispielsweise das der Personalität der Adressaten Sozialer Arbeit (dazu Mührel 2009a) – umfasst sind, die Soziale Arbeit thematisiert und bearbeitet.

Ein weiterer Zugang zum Verständnis von Sozialer Welt ergibt sich aus den Beschreibungen Michael Winklers in seiner *Kritik der Pädagogik*. Hierbei erörtert er den Sinn der Erziehung in der sozialen – gemeinschaftlich, gesellschaftlich und auch politisch zu verstehenden – Vermittlung und Aneignung der Welt, was sich phänomenologisch weiter gefasst aus den Verstrickungen in Lebensgeschichten im Sinne Wilhelm Schapps ergeben könnte (vgl. Schapp 1981 u. 2004; dazu Joisten 2010). Erziehung fasst er dabei (wie auch C. Müller 2005) als einen Prozess, der nicht auf die Bereiche Kindheit und Jugend zu beschränken ist: „Erziehung ist in dieser Hinsicht als ein offenes Geschehen zu begreifen, das mit dem Versuch einer Verständigung über Welt zu tun hat" (Winkler 2006, 47). Pädagogische Institutionen als Vermittlungsinstanzen der Welt in ihren verschiedenen Begegnungsformen der Gesellschaft, der Techniken und Wissenschaften im Bereich der Natur, des Sozialen und des *Geistes* als Orientierungsstiftungen, insgesamt gesehen der Kultur, eröffnen dabei Aneignungsprozesse von Welt durch Menschen. Diese Prozesse sind nebenbei angemerkt nicht effektiv steuerbar durch die Vermittlungsinstanzen. Wenn es aber in der Erziehung um den „Versuch einer Verständigung über Welt" geht, worum sollte es sich dann sonst in Beratung und Betreuung im Rahmen der Sozialen Arbeit in ihren unterschiedlichen Arbeitsfeldern handeln? Ist die Soziale Arbeit nicht doch in einem weiten Sinne pädagogischer zu fassen als es vielen Vertretern der Disziplin und Profession in ihrer originär sozialwissenschaftlichen Ausrichtung insgeheim recht sein mag? Das *Soziale* der Sozialen Welt wäre somit in Prozessen der Vermittlung und Aneignung der Welt zu situieren, die den Aufgabenbereichen der (Sozial-)Pädagogik und der Sozialen Arbeit obliegen. In dieser Betrachtung könnte die Beschreibung der Sozialen Welt als Gegenstand professionellen Handelns wie der Theorien der Sozialen Arbeit Berechtigung erlangen.

Fazit: auch der Begriff Soziale Welt eröffnet in der Zustellung *Sozial* zur *Welt* verschiedene Lese- und Verständnismöglichkeiten, die eben keinesfalls zu einer einheitlichen Programmatik führen.

3   Die Soziale Welt als Gegenstand der Theorien der Sozialen Arbeit?

Die Erörterung, ob die Soziale Welt im Sinne eines Terminus technicus als zentraler Gegenstand der Theorien der Sozialen Arbeit sinnvoll verstanden und zu rechtfertigen ist, konnte in diesem kurzen und damit verkürzenden Abriss nur in Ansätzen ausgeführt werden. Es ist offensichtlich, dass es hierfür weiterer, vertiefender Diskussionen bedarf. Die aus dieser Thematisierung sich ergebenden Schlussfolgerungen können daher nur als vorläufig und nicht zufriedenstellend betrachtet werden.

Es ergibt sich – zunächst – ein positives Fazit: der Terminus Soziale Welt als Bestimmung des Gegenstandes der Theorien der Sozialen Arbeit eröffnet verschiedenen erkenntnistheoretischen und wissenschaftsmethodischen Zugängen einen hinreichenden Horizont der Exploration. In diesem Horizont können sowohl systemische wie systemtheoretische Betrachtungen als auch phänomenologische, historisch-kritische, hermeneutische, dialektische, ethisch-moralische und empirische Expertisen ein gemeinsames *Dach* ihrer wissenschaftlichen Ausgangspunkte finden. Dies ist bei einer anderen Gegenstandsbestimmung wie beispielsweise der *Lebenswelt* nur begrenzt möglich, da dieser Begriff vorwiegend – allein durch seine philosophische Genese – phänomenologisch besetzt ist. Unter dem *Dach* Soziale Welt lassen sich zudem verschiedene Gegenstandsunterteilungen subsumieren wie *Soziale Probleme* (vgl. Staub-Bernasconi 2007), *Gesellschaftliche Konflikte* (vgl. Maurer 2009), *Wohlfahrt* und *Wohlfahrtsproduktion* (Wendt 2009 u. 2010, Böllert 2011), *Soziale Kohäsion* (Burdewick u.a. 2011), aber auch explizite Arbeitsfelder der Sozialen Arbeit wie die Jugendhilfe (vgl. Niemeyer 2009) als Gegenstandobjekte von theoretischen Betrachtungen. Nicht zu unterschätzen ist auch die Generierung neuer Begriffe, um vermeintlich alte Fragestellungen gesellschaftlich neu zu positionieren und wieder aufzugreifen. Mit der Bestimmung der Offenheit des Horizontes und der Möglichkeit der Reformulierung alter Theoriebestände, die der Terminus technicus Soziale Welt offeriert, sind die positiven Zuschreibungen markiert.

Aus einer anderen Perspektive heraus erweckt der Terminus Soziale Welt den Verdacht einer gewissen Beliebigkeit bei der Bestimmung des Gegenstandes der Theorien der Sozialen Arbeit. Wird damit nicht der Anschein erweckt, die Soziale Arbeit als wissenschaftliche Disziplin befasse sich mit allen möglichen Fragestellungen? Im Rahmen einer *Allzuständigkeit* für Mensch und Gesellschaft – halt *Gott und die Welt* – eröffnet diese Disziplin eine Spielwiese für Forschung und Theorieentwicklung, ohne dass es zu einer prägnanten Umgrenzung als Innen- und Außenwirkung der Disziplin kommen könnte, was zugegebener Maßen auch bis dato unter anderen Gegenstandsbestimmungen nicht unbedingt der Fall gewesen ist. Begründen lässt sich der Verdacht der Beliebigkeit mit der nachgewiesenen, uneinholbaren Heterogenität und Vielfalt der Verstehensweisen von Sozialer Welt, eben auch in benachbarten Disziplinen. Sind die oben beispielhaft genannten, vermeintlichen *Subwelten* der Sozialen Welt wie *Soziale Probleme, Soziale Kohäsion, Gesellschaftliche Konflikte, Wohlfahrt* und *Wohlfahrtsproduktion* nicht prägnanter und zumindest im allgemeinen Sprachgebrauch in der Gesellschaft konkreter zu fassen? Für das Selbstverständnis der Disziplin und ihre Außenwirkung wären diese Gegenstandsbestimmungen sicherlich vorteilhafter. Zudem sind diese international anschlussfähig, was ein Blick auf die Definition der Sozialen Arbeit durch die IFSW und die IASSW aufzeigt:

„Die Profession Soziale Arbeit fördert sozialen Wandel, Problemlösungen in menschlichen Beziehungen und die Stärkung und Befreiung von Menschen, um das Wohlergehen zu stärken. Gestützt auf Theorien über menschliches Verhalten und soziale Systeme greift Soziale Arbeit an den Stellen ein, wo Menschen mit ihrer Umwelt in Wechselwirkung stehen. Die Grundlagen der Sozialen Arbeit sind die Prinzipien der Menschenrechte und der sozialen Gerechtigkeit" (DBSH 2009, 1).

Was in dieser Definition – zugegeben sind Definitionen selbstredend immer einer Verkürzung verdächtig – an Zuschreibungen für die Profession Soziale Arbeit genannt wird, könnte gespiegelt auf die Gegenstandsbestimmung der Theorien der Sozialen Arbeit zu eben den oben genannten Beispielen führen.

Mit welcher Begründung lässt sich die Soziale Welt als Gegenstand der Theorien der Sozialen Arbeit bestimmen? Vielleicht als *Hinter*(grunds)*welt* der genannten vermeintlichen sozialen Subwelten? Aber ist nicht deutlich geworden, dass dafür der Terminus Welt als solcher in seinen verschiedenen Verständnissen schon ausreichend ist?

Warum, so soll zum Ende hin zynisch gefragt sein, soll gerade die *Soziale Welt* als Gegenstand befragt sein? Wäre es nicht ertragreicher, ehrlicher und sinnvoller die *Un-Soziale Welt* als Gegenstand zu bestimmen? Denn liegen nicht genau dort – in der Verletzung der Menschenwürde und den Verbrechen gegen die Menschlichkeit, den gesellschaftlichen Ungerechtigkeiten und den Formen der Behinderung sozialer und solidarischer Lebensformen – die eigentlichen Aufgaben Sozialer Arbeit?

Literatur

Bierhoff, Hans-Werner; Frey, Dieter (2011): Sozialpsychologie. Individuum und soziale Welt. Hogrefe Verlag. Göttingen

Birgmeier, Bernd; Mührel, Eric (2011): Wissenschaftliche Grundlagen Sozialer Arbeit. Wochenschau. Schwalbach/Ts.

Birgmeier, Bernd; Mührel, Eric (Hg.) (2009): Die Sozialarbeitswissenschaft und ihre Theorie(n). Positionen, Kontroversen, Perspektiven. VS Verlag. Wiesbaden

Blumenberg, Hans (2010): Theorie der Lebenswelt. Herausgegeben von Manfred Sommer. Suhrkamp. Berlin

Blumenberg, Hans (1986): Die Lesbarkeit der Welt. Suhrkamp. Frankfurt a. M.

Böllert, Karin. (2011): Soziale Arbeit als Wohlfahrtsproduktion. Offene oder geschlossene Lebenschancen? VS Verlag. Wiesbaden.

Burdewick, Ingrid; Mührel, Eric; Müller, Carsten (2011): Soziale Kohäsion – Stärkung des sozialen Zusammenhaltes durch Soziale Arbeit. Chancen und Grenzen. In: Flösser, Gabriele; Groenemeyer, Axel (Hg.): Gerechtigkeit – Verantwortung – Sicherheit. Soziale Arbeit positioniert sich. Kongressband zum 7. Bundeskongress Soziale Arbeit in Dortmund. Im Erscheinen

Damon, William (1990): Die soziale Welt des Kindes. Suhrkamp. Frankfurt a. M.

DBSH (2009): Grundlagen für die Soziale Arbeit. Essen und Berlin

DU. Das Kulturmagazin. Nr. 815, April 2011. Digitales Leben. Reportagen aus der Parallelwelt.

Feldhaus, Nadine; Oelkers, Nina (2011): Das (vernachlässigte) Normativitätsproblem in der Sozialen Arbeit. In: Mührel, Eric; Birgmeier, Bernd (Hg.): Theoriebildung in der Sozialen Arbeit. Entwicklungen in der Sozialpädagogik und der Sozialwissenschaft. VS Verlag. Wiesbaden, S. 69-83.

Früchtel, Frank; Cyprian, Gudrun; Budde, Wolfgang (2007): Sozialer Raum und Soziale Arbeit. Textbook: Theoretische Grundlagen. VS Verlag. Wiesbaden 2007

Griese, Birgit; Griesehop, Hedwig Rosa (Hg.) (2011): Zur Bedeutung lebensgeschichtlicher Erzählungen in der Sozialen Arbeit. Berliner Beiträge zu Bildung, Gesundheit und Sozialer Arbeit, Bd. X. Schibri-Verlag. Berlin

Heidegger, Martin (2006): Sein und Zeit. Neunzehnte Auflage. Max Niemeyer Verlag. Tübingen

Historisches Wörterbuch der Philosophie (HWPh) (1995): Bd. 9, Art. Sozial, das Soziale, Sp. 1113-1121, herausgegeben von Joachim Ritter und Karlfried Gründer. WBG. Darmstadt

Historisches Wörterbuch der Philosophie (HWPh) (2004): Bd. 12, Art. Welt u. Welt, mögliche, Sp. 407-446, herausgegeben von Joachim Ritter, Karlfried Gründer und Gottfried Gabriel. WBG. Darmstadt

Hundeck, Markus (2000): Welt und Zeit. Echter. Würzburg.

Joisten, Karen (Hg.) (2010): Das Denken Wilhelm Schapps. Perspektiven für unsere Zeit. Alber. Freiburg i. Br.

Kessl, Fabian; Reutlinger, Christian (2007): Sozialraum. Eine Einführung. VS Verlag. Wiesbaden

Maurer, Susanne (2009): Soziale Arbeit als „offenes Archiv" gesellschaftlicher Konflikte. In: Mührel, Eric; Birgmeier, Bernd (Hg.): Theorien der Sozialpädagogik – eine Theorie-Dilemma? VS Verlag. Wiesbaden. S. 147-164

Müller, Carsten (2009): Exzentrisch in der Mitwelt – Helmuth Plessners philosophische Anthropologie als Anlass zu einem kritischen Nachdenken über das Bürgerbild der Sozialpädagogik. In: Mührel, Eric; Birgmeier, Bernd (Hg.): Theorien der Sozialpädagogik – eine Theorie-Dilemma? VS Verlag. Wiesbaden. S. 201-214

Müller, Carsten (2005): Sozialpädagogik als Erziehung zur Demokratie. Ein problemgeschichtlicher Theorieentwurf. Klinkhardt. Bad Heilbrunn

Mührel, Eric; Birgmeier, Bernd (Hg.) (2009): Theorien der Sozialpädagogik – eine Theorie-Dilemma? VS Verlag. Wiesbaden

Mührel, Eric (2009): Die Begründung der Sozialarbeitswissenschaft in den Sozialwissenschaften. Eine theoretische Reflexion. In: Birgmeier, Bernd; Mührel, Eric (Hg.): Die Sozialarbeitswissenschaft und ihre Theorie(n). Positionen, Kontroversen, Perspektiven. VS Verlag. Wiesbaden. S. 257-267

Mührel, Eric (Hg.) (2009a): Zum Personenverständnis in der Sozialen Arbeit und der Pädagogik. Verlag Die Blaue Eule. Essen

Mührel, Eric (2008): Verstehen und Achten. Philosophische Reflexionen zur professionellen Haltung in der Sozialen Arbeit. Zweite Auflage. Verlag Die Blaue Eule. Essen

Niemeyer, Christian (2009): Sozialpädagogik als Theorie der Jugendhilfe. Historische Reminiszenzen und systematische Perspektiven. In: Mührel, Eric; Birgmeier, Bernd (Hg.): Theorien der Sozialpädagogik – eine Theorie-Dilemma? VS Verlag. Wiesbaden. S. 233-254

Oelkers, Nina (2007): Aktivierung von Elternverantwortung. Zur Aufgabenwahrnehmung in Jugendämtern nach dem neuen Kindschaftsrecht. Transcript Verlag. Bielefeld

Ortega y Gasset, José (2008): Der Mensch ist ein Fremder. Schriften zur Metaphysik und Lebensphilosophie. Alber. Freiburg i.Br.

Ortega y Gasset, José (1978): Der Aufstand der Massen. In: Gesammelte Werke, Bd. III. Deutsche Verlagsanstalt. Stuttgart. S. 7-155.

Ortega y Gasset, José (1954): Europäische Kultur und Europäische Völker. Deutsche Verlags-Anstalt. Stuttgart

Pankoke, Eckart (1970): Sociale Bewegung – Sociale Frage – Sociale Politik. Grundfragen der deutschen „Socialwissenschaft" im 19. Jahrhundert. Ernst Klett. Stuttgart

Pestalozzi, Johann Heinrich (1938): Meine Nachforschungen über den Gang der Natur in der Entwicklung des Menschengeschlechts. In: Sämtliche Werke. 12. Band. Schriften aus der Zeit von 1797-1799. Verlag Walter de Gryter & Co. Berlin, S. 1-166.

Plessner, Helmuth (1975): Die Stufen des Organischen und der Mensch. Dritte Auflage. Walter de Gruyter. Berlin

Reset For A Better World (2011): Soziale Innovatoren revolutionieren soziale Welt. Unter: http://reset.to/blog/soziale-innovatoren-revolutionieren-soziale-welt. Abruf: 20.03.2011

Ried, Christoph; Birgmeier, Bernd (2011): Existenziale Anthropologie als sozialpädagogische Denkfigur. Ein Beitrag zur Renaissance philosophischer Fundamente in den Theorien der Sozialpädagogik und Sozialen Arbeit. In: In: Mührel, Eric; Birgmeier, Bernd (Hg.): Theoriebildung in der Sozialen Arbeit. Entwicklungen in der Sozialpädagogik und der Sozialwissenschaft. VS Verlag. Wiesbaden, S. 161-186.

Schapp, Wilhelm (2004): In Geschichten verstrickt. Zum Sein von Mensch und Ding. Vierte Auflage. Vittorio Klostermann. Frankfurt a. M.

Schapp, Wilhelm (1981): Philosophie der Geschichten. Zweite Auflage. Vittorio Klostermann. Frankfurt a. M.

Schetsche, Michael (2001): Eine „neue soziale Welt". Vorüberlegungen zu einer Mikrosoziologie des Cyberspace. Unter: http://www-user.uni-bremen.de/~mschet/soziale welt.html. Abruf: 20.03.2011

Staub-Bernasconi, Silvia (2009): Soziale Arbeit als Handlungswissenschaft. In: Birgmeier, Bernd; Mührel, Eric (Hg.): Die Sozialarbeitswissenschaft und ihre Theorie(n). Positionen, Kontroversen, Perspektiven. VS Verlag. Wiesbaden. S. 131-146

Staub-Bernasconi, Silvia (2007): Soziale Arbeit als Handlungswissenschaft. Systemtheoretische Grundlagen und professionelle Praxis – Ein Lehrbuch. Haupt Verlag. Bern

Thaler, Tilman; Birgmeier, Bernd (2011): Sozialforschung und Soziale Arbeit. In: Mührel, Eric; Birgmeier, Bernd (Hg.): Theoriebildung in der Sozialen Arbeit. Entwicklungen in der Sozialpädagogik und der Sozialwissenschaft. VS Verlag. Wiesbaden, S. 187-198.

Wendt, Wolf Rainer (2010): Umsorge im Gemeinwesen. Der sozialwirtschaftliche Gestaltungsauftrag zwischen Staat und Bürger. In: Mührel, Eric (Hg.): Der Staat und die

Soziale Arbeit. Bestandsaufnahem und Perspektiven eines fragwürdigen Verhältnisses. Verlag Die Blaue Eule. Essen. S. 127-138

Wendt, Wolf Rainer (2009): Handlungstheorie der Profession oder Theorie der Wohlfahrt? Erörterungen zum Gegenstandsbereich der Wissenschaft Sozialer Arbeit. In: Birgmeier, Bernd; Mührel, Eric (Hg.): Die Sozialarbeitswissenschaft und ihre Theorie(n). Positionen, Kontroversen, Perspektiven. VS Verlag. Wiesbaden. S. 219-230

Winkler, Michael (2006): Kritik der Pädagogik. Der Sinn der Erziehung. Kohlhammer. Stuttgart

Wittgenstein, Ludwig (1963): Tractatus logico-philosophicus. Logisch-philosophische Abhandlung. Suhrkamp. Frankfurt a. M.

Autorinnen und Autoren

PD Dr. habil. Bernd Birgmeier, Katholische Universität Eichstätt-Ingolstadt, Akademischer Rat am Lehrstuhl für Sozialpädagogik und Gesundheitspädagogik, Luitpoldstr. 32, D-85071 Eichstätt; mail: bernd.birgmeier@ku-eichstaett.de

Prof.'in Dr. Susanne Dungs, FH Kärnten, Standort Feldkirchen (A), Professorin für Ethik, Geschichte und Theorie der Sozialen Arbeit, Hauptplatz 12, A-9560 Feldkirchen in Kärnten; mail: s.dungs@fh-kaernten.at

Dipl.-Päd. Nadine Feldhaus, Universität Vechta, Institut für Soziale Arbeit, Bildungs- und Sportwissenschaften (ISBS), Wissenschaftliche Mitarbeiterin im Fach Soziale Arbeit, Driverstraße 22, D-49377 Vechta; mail: nadine.feldhaus@uni-vechta.de

Prof. Dr. habil. Eric Mührel, Hochschule Emden/Leer (in Ostfriesland), Fachbereich Soziale Arbeit und Gesundheit, Professor für Sozialpädagogik und Sozialarbeitswissenschaften, Constantiaplatz 4, D-26723 Emden;
mail: eric.muehrel@hs-emden-leer.de
www.eric-muehrel.de

Prof. Dr. Carsten Müller, Hochschule Emden/Leer (in Ostfriesland), Fachbereich Soziale Arbeit und Gesundheit, Professor für Sozialarbeit/Sozialpädagogik mit dem Schwerpunkt sozial- und gesellschaftspolitische Aspekte Sozialer Arbeit, Constantiaplatz 4, D-26723 Emden; mail: carsten.mueller@hs-emden-leer.de
www.dr-carsten-mueller.de

Univ.-Prof.'in Dr. Nina Oelkers, Universität Vechta, Institut für Soziale Arbeit, Bildungs- und Sportwissenschaften (ISBS), Professorin für Soziale Arbeit, Driverstraße 22, D-49377 Vechta; mail: nina.oelkers@uni-vechta.de

Christoph Ried, M.A., Katholische Universität Eichstätt-Ingolstadt, Doktorand am Lehrstuhl für Sozialpädagogik und Gesundheitspädagogik, Luitpoldstr. 32, D-85071 Eichstätt; mail: ch_ried@hotmail.com

Prof. Dr. Dieter Röh, Hochschule für Angewandte Wissenschaften Hamburg, Fakultät für Wirtschaft und Soziales, Department Soziale Arbeit, Professor für Sozialarbeitswissenschaften, Alexanderstraße 1, D-20099 Hamburg; mail: dieter.roeh@haw-hamburg.de

Prof. em. Dr. Klaus-Dieter Scheer, Universität Vechta, Institut für Soziale Arbeit, Bildungs- und Sportwissenschaften (ISBS), Professor für Pädagogik und Sozialpädagogik, Driverstraße 22, D-49377 Vechta; mail: klaus-dieter.scheer@uni-vechta.de

Dipl.-Päd. Tilman Thaler, Katholische Universität Eichstätt-Ingolstadt, Wissenschaftlicher Mitarbeiter und Doktorand am Lehrstuhl für Sozialpädagogik u. Gesundheitspädagogik, Luitpoldstr. 32, D-85071 Eichstätt; mail: tilman.thaler@ku-eichstaett.de

Prof. em. Dr. Friedhelm Vahsen, Hochschule für Angewandte Wissenschaften und Kunst Hildesheim/Holzminden/Göttingen, Fakultät Soziale Arbeit und Gesundheit (Hildesheim), Professor für Soziologie, Leiter der Dokumentations- und Informationsstelle zur Geschichte der Erziehung und Sozialen Arbeit (DIGESA), Hohnsen 1, D-31134 Hildesheim; mail: vahsen@hawk-hhg.de

Univ.-Prof. Dr. Dr. habil. Michael Winkler, Friedrich-Schiller-Universität Jena, Lehrstuhl für Allgemeine Pädagogik und Theorie der Sozialpädagogik, Direktor des Instituts für Bildung und Kultur, Am Planetarium 4, D-07743 Jena; mail: michael.winkler@uni-jena.de